收入结构　资产结构
与居民消费变动实证研究

骆祚炎　著

中国财政经济出版社

图书在版编目（CIP）数据

收入结构、资产结构与居民消费变动实证研究/骆祚炎著.
—北京：中国财政经济出版社. 2010. 12

ISBN 978-7-5095-2158-8

Ⅰ. 收… Ⅱ. 骆… Ⅲ. 居民-消费者行为论-研究-中国 Ⅳ. F126.1

中国版本图书馆 CIP 数据核字（2010）第 062664 号

责任编辑：洪　钢　　　责任校对：黄亚青
封面设计：孙俪铭　　　版式设计：董生萍

中国财政经济出版社 出版

URL：http：//www.cfeph.cn

E-mail：cfeph@cfeph.cn

社址：北京市海淀区阜成路甲 28 号　邮政编码：100142

发行处电话：88190406　财经书店电话：64033436

北京财经印刷厂印刷　　各地新华书店经销

880×1230 毫米　32 开　12.625印张　300 000 字

2010年 12 月第 1 版　2010 年 12月北京第 1 次印刷

印数：1－1 000　　定价：25.00 元

ISBN 978-7-5095-2158-8/F·1707

（图书出现印装问题，本社负责调换）

本社质量投诉电话：010-88190744

本研究得到广东省自然科学基金的资助

本研究得到广东商学院国民经济研究中心的资助

序

改革开放以来，中国的经济发展和社会发展取得了长足的进步，人民生活水平不断提高，综合国力不断提升，民族自豪感不断增强。实践证明，社会主义市场经济体制的确立是符合中国国情的。在改革和开放的过程中，出口导向型的战略为中国经济增长开辟一条稳定的高速增长路径。外商直接投资稳定增加，中国已成为世界制造业最大的基地。中国国内的先进制造业基地和经济增长的中心区域不断拓展。长三角经济圈，珠三角经济圈，环渤海湾经济圈，诸多的综合改革实验区，国家级的高新技术产业开发区，这些区域的发展齐头并进，良性竞争。在国家创新型政策的导向和激励之下，中国正经历着从“中国制造”向“中国创造”的转型。

在外向型经济发展的同时，国内需求对经济增长的推动和拉动作用也越来越重要。投资是国内经济增长的主力军之一。电信、铁路、高速公路、机场、城市公共服务设施、农村水利水电设施等不断完善，在推动经济增长的同时改善了居民的生活条件和生活质量。与此同时，包括居民消费和政府消费在内的消费需求对经济增长的拉动作用日益明显。尤其是，居民消费需求的增长正成为中国经济增长方式实现转型的重要支撑和杠杆。消费需求的增长和扩展已经是中国经济增长和经济发展过程中的中心议题。

一段时期特别是2000年以来，党和国家以及社会各界对消费需求越来越重视。2005年2月，国际货币基金组织总裁拉托在一次演讲中正式提出全球经济失衡这一概念。国内许多专家和学者敏锐地发现，全球经济失衡将在一段时期内存在，中国在全球经济失衡的背景下面临的贸易摩擦将会加剧，国内流动性问题对货币政策、物价和资产价格波动带来的调控压力加大，扩大消费是中国在全球经济失衡背景下发展经济的重要途径。2005年10月，由中国社会科学院经济研究所等单位联合主办的"首届中国经济论坛"在北京召开。本次会议形成的一个主要观点是，应该扩大消费对经济增长的拉动作用，增加消费在GDP中的份额。2006年3月发布的《中华人民共和国国民经济和社会发展第十一个五年规划纲要》提出，合理控制投资规模，增强消费对经济增长的拉动作用。中共十六届六中全会《中共中央关于构建社会主义和谐社会若干重大问题的决定》提出，到2020年合理有序的收入分配格局基本形成，家庭财产普遍增加，人民过上更富足的生活。党的十七大提出要增加居民财产性收入和扩大内需。2007年的中央经济工作会议和党的十七届三中全会继续提出扩大消费需求。2007年开始的全球金融危机使中国的出口贸易大幅下滑，对中国经济形成较大的冲击。在此背景下，2008年中央经济工作会议和2009年中央经济工作会议更加紧迫地提出扩大消费需求的问题。2010年及今后一段时间通过消费拉动经济增长是一项基本的国策。

然而，现实的问题是，中国国内的消费需求远没有起到预期的作用。从宏观层面看，包括居民消费和政府消费在内的最终消费率不断下降，2008年已经下降到50%的水平，远远低于发达国家。相比之下，中国更是一个以投资为主导的社会。这限制了消费对经济的拉动作用。从微观层面看，中国居民的边际消费倾向不断降低。城镇居民1985—2008年的边际消费倾向依次为：91.1%、88.8%、88.2%、93.4%、88.1%、84.7%、85.5%、82.5%、81.9%、81.6%、82.6%、81.0%、81.1%、79.8%、78.9%、79.6%、77.3%、78.3%、76.8%、76.2%、75.7%、73.4%、72.5%、71.2%。农村居民1985—2008年的消费倾向依次为 80.0%、84.2%、85.9%、87.5%、88.8%、85.2%、87.5%、84.1%、83.5%、83.3%、83.1%、81.6%、77.4%、73.6%、71.4%、74.1%、73.6%、74.1%、74.1%、74.4%、78.5%、78.9%、77.8%、76.8%。扩大消费需求必须要抑制居民边际消费倾向的下降。

无论从长期还是从短期看，消费问题在中国都是很值得研究的。骆祚炎教授近年来在消费问题方面潜心研究，以他主持的教育部人文社科规划基金项目和广东省自然科学基金课题为依托，经过近 4 年的研究，将他发表在《数量经济技术经济研究》、《经济学动态》、《中国软科学》等杂志上的 15 篇论文进行汇总，统一体例，对过去的一些研究适当修正后，终于完成今天的这本专著。这是研究中国消费经济问题的一篇力作。该专著系统地跟踪国际上的最新文献，较全面地对居民消费行为和消费函数进行比较分析。在对居民消费行为的解释上，作者从收入水平、收入结构、资产规模和资产结构、消费过度敏感性、总体财富效应、分资产类别的财富效应、支出预期和预防性储蓄等方面展开。难能可贵的是研究创新。例如，作者不仅分析总体资产的财富效应，还对金融资产和不动产的财富效应进行比较分析；在对消费函数进行创新的基础上研究居民消费的过度敏感性；引入支出预期因素结合预防性储蓄动机分析近年来居民消费行为的变化；对五种社会保险资产、证券资产、住房资产和储蓄资产进行科学计量并纳入到消费函数中；采用 VAR 模型、状态空间 Space State 模型、两阶段回归 TSLS 模型、变量协整检验和经典回归等多种技术，综合分析居民消费函数。这些创新是作者在阅读大量原始文献的基础上进行的，需要经过艰苦的探索，成果的取得来之不易。

诚如作者所言，消费行为和消费函数还有大量研究工作要做。例如，财富效应的“六比较”问题，财富效应的“三性”问题，财富效应的“二挤”问题，财富效应的稳定性问题，财富效应的非对称性问题等。在研究财富效应时，如何把资产市场价格波动与之更好地结合起来同样值得研究。一段时期来，西方一些主要国家采用单一的盯住通货膨胀率目标的政策。这些国家将通货膨胀率控制在较低的水平，并且把波动幅度也控制在较小的范围内。但是，这种物价的稳定没有带来金融的平衡和稳定。在物价稳定的同时资产价格出现大幅度波动，并通过“次贷”危机演变成为全球性金融危机，使居民的消费行为发生变异。从现有文献看，资产价格波动通过财富效应、托宾 Q 效应、现金流效应和金融加速器效应对实体经济产生影响。资产价格是否作为货币政策的调控目标存在较大争议。显然，这些问题的逐步解决，将为居民消费增长提供一个更加稳定的环境。我期望作者能够在今后的研究中，对上述问题进行更深入的分析，把研究推上一个新的层次。

中国人民银行支付结算司司长
欧阳卫民 博士、研究员
2010 年 1 月 19 日

目 录

第一章

导 论

第一节 扩大消费具有重要意义

一、居民消费倾向递减的趋势需要遏止

消费是国民收入核算和决定理论中的重要支出变量，它对经济可持续增长的拉动作用不可忽视。近年来，中国经济增长受到消费需求不足的制约，投资和消费比例关系出现了不平衡。尽管政府部门、企业部门和居民部门的投资仍在以一定的速度增长，但国内居民消费需求的增长却不容乐观。从宏观方面看，中国1993—2002年的平均最终消费率（包括居民消费和政府消费）为58.8%，2001年的最终消费率为60.6%，2002年最终消费率为58.0%，2003年的最终消费率为55.4%，2004年最终消费率下降到53%，2005年最终

消费率继续下降到51.9%，2006年为52.12%，远远低于发达国家的水平。相比之下，中国更是一个以投资为主导的社会。这限制了消费对经济的拉动作用。

从微观方面看，中国居民的边际消费倾有不断降低的趋势（见图1－1）。城镇居民1985—2006年的边际消费倾向依次为：91.1%、88.8%、88.2%、93.4%、88.1%、84.7%、85.5%、82.5%、81.9%、81.6%、82.6%、81.0%、81.1%、79.8%、78.9%、79.6%、77.3%、78.3%、76.8%、76.2%、75.7%、73.4%；农村居民1985—2006年的消费倾向依次为80.0%、84.2%、85.9%、87.5%、88.8%、85.2%、87.5%、84.1%、83.5%、83.3%、83.1%、81.6%、77.4%、73.6%、71.4%、74.1%、73.6%、74.1%、74.1%、74.4%、78.5%、78.9%（见表1－1和图1－1）。这反映消费占居民可支配收入的比例在不断降低①。

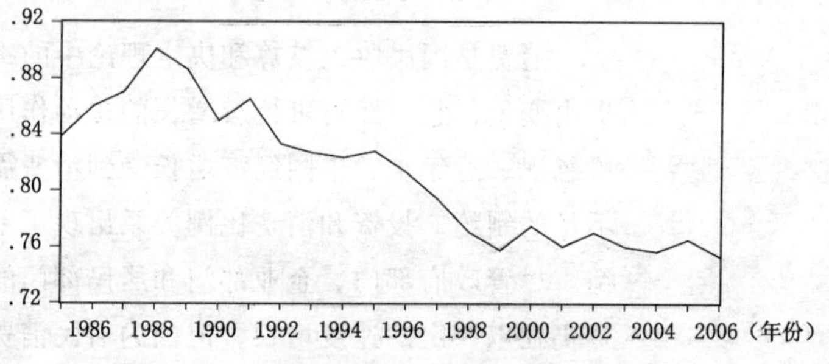

图1－1 中国居民边际消费倾向变化图

① 部分数据引述自如下文献：骆祚炎、刘朝晖．中国居民消费倾向变动及其影响因素的实证分析［J］．消费经济．2005，(3)：14－17；其他数据根据《中国统计年鉴（2007）》及以前各期计算。

表 1－1 中国居民消费倾向历年统计（%）

项 目	1990 年	1991 年	1992 年	1993 年	1994 年	1995 年	1996 年	1997 年	1998 年
城市居民	84.7	85.5	82.5	81.9	81.6	82.6	81.0	81.1	79.8
农村居民	85.2	87.5	84.1	83.5	83.3	83.1	81.6	77.4	73.6
项 目	1999 年	2000 年	2001 年	2002 年	2003 年	2004 年	2005 年	2006 年	2007 年
城市居民	78.9	79.6	77.3	78.3	76.8	76.2	75.7	73.4	—
农村居民	71.4	74.1	73.6	74.1	74.1	74.4	78.5	78.9	—

注：1. 本表根据历年《中国统计年鉴》编制。2. 城市居民消费倾向＝平均每人消费性支出÷可支配收入；农村居民消费倾向＝居民生活消费支出÷人均纯收入。

同样，广东省居民的消费倾向总体上存在递减的趋势，其对经济的拉动作用有所减弱。1980—2006 年广东全省居民的边际消费倾向[①]分别为：0.87、0.85、0.85、0.86、0.84、0.83、0.86、0.86、0.89、0.92、0.88、0.84、0.81、0.82、0.84、0.84、0.82、0.78、0.78、0.78、0.78、0.75、0.77、0.76、0.77、0.79、0.77（见图 1－2）。广东省城镇居民 1981—2006 年的边际消费倾向分别为：0.92、0.94、0.92、0.91、0.90、0.90、0.92、0.95、0.92、0.86、0.87、0.81、0.82、0.81、0.84、0.83、0.79、0.79、0.82、0.82、0.78、0.80、0.78、0.78、0.79、0.78。广东省农村居民 1980—2006 年的边际消费倾向分别为：0.81、0.81、0.81、0.83、0.81、0.78、0.83、0.82、0.84、0.91、0.89、0.82、0.81、0.83、0.86、0.83、0.81、0.75、0.76、0.73、0.72、0.72、0.72、0.72、0.74、0.79、0.76。虽然广东省农村居民的边际消费倾向比城镇居民要

① 根据《广东统计年鉴》1980—2007 各期计算。

稳定，但两者都呈现下降趋势。这种变化趋势与全国居民边际消费倾向的变化是一致的。

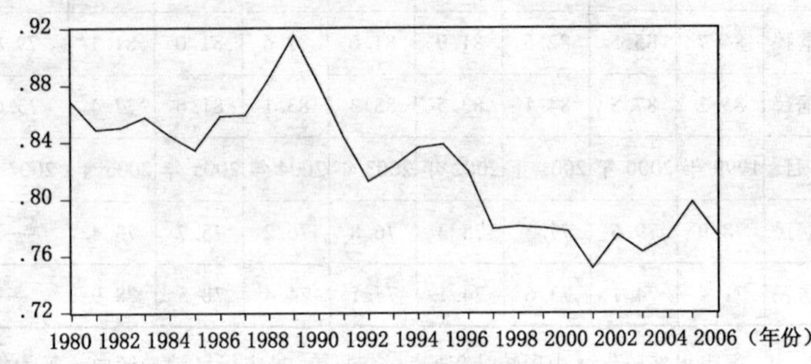

图 1－2　广东省居民边际消费倾向变化图

由此可见，消费在国民收入分配中的比例出现下降，促进消费增长成为一个现实而又长远的战略课题。

二、增强消费对经济增长的拉动作用

2005 年 10 月 22—23 日，由中国社会科学院经济研究所、科研局和国际合作局等联合主办的“首届中国经济论坛”在北京召开。在该次会议上，与会学者研讨了关系经济和社会发展的重大问题。其中，消费被作为一个重要问题进行讨论。会议形成的一个主要论点是：应该扩大消费对经济增长的拉动作用，增加消费在 GDP 中的份额，调整消费热点并满足人们关于教育、文化、医疗、旅游消费等方面的消费需求和消费需要。朱之鑫认为，“十一五”期间要采取措施应对居民消费结构升级并刺激消费需求，消费要由舒适型向发展型转变。郑新立认为，中国过去的投资率高，消费率低，对 GDP 的分解不公平，投资产出的效率下降；城市基础设施建设占全国投资总额的 30%，而这部分投资大多通过财政担保和银行贷款来解决，扩大消费的作用迫在眉睫。郑新立同时提出通过增加低收入者的收入、扩大中高收入者的比重和调整高收入者的收入来扩大消费。他认为要调整消费热点，满足居民教育、文化和旅游等方面的消费需要，满足中低收入者的住房需要，提高城市的综合承载能力，要积极开展消费信贷，引导消费预期，扩大和提高农村消费市场的作用。中国社会科学院金融研究所所长李扬认为，中国目前的储蓄过大，居民储蓄通过顺差的形式流向国外，与此同时中国的外汇储备在大幅度增加，一部分储备形成对国外的投资，但是另外一方面中国又在引进外资弥补本国的投资不足，从而形成一个矛盾。实际上从宏观角度看，改革以来中国居民银行储蓄的增长速度一直高于经济增长和居民收入的增长速度，而且储蓄率始终在高位上运行（袁志刚等，2005）[1]。与此同时，伴随着中国居民消费倾向呈现下降的趋势，居民的储蓄倾向在逐步提高（骆祚炎，2005）[2]。郑新立（2007）[3]认为，提高居民消费率是当前宏观调控的重要任务。

2006 年 3 月发布的《中华人民共和国国民经济和社会发展第十一个五年规划纲要》提出，要进一步扩大国内需求，调整投资和消费的关系，合理控制投资规模，增强消费对经济增长的拉动作用。中共十六届六中全会《中共中央关于构建社会主义和谐社会若干重大问题的决定》提出，到 2020 年合理有序的收入分配格局基本形成，家庭财产普遍增加，人民过上更富足的生活。党的十七大提出要增加居民财产性收入和扩大内需。2007 年 12 月召开的中央经济工作会议提出要扩大消费需求。党的十七届三中全会和 2008 年中央经济工作会议更加紧迫地提出扩大消费需求的问题。综合上述观点，本研究认为应该通过积极引导储蓄向消费的转化，化解目前的高储蓄和投资及高引进外资之间的矛盾，通过扩大消费带动经济的持续增长并促进社会的和谐发展①。

三、扩大消费抑制全球经济失衡的负面影响

近年来，全球贸易不平衡现象有加剧的趋势。2005 年 2 月，国际货币基金组织总裁拉托在一次演讲中正式提出全球经济失衡这一概念。根据拉托的解释，全球经济失衡的主要表现是，美国经常账户赤字庞大，债务增长迅速，而日本、中国和亚洲其他重要新兴市场国家对美国持有大量盈余。这种不平衡，造成不发达国家在实物上“补贴”发达国家并向其输出资本，是一种不正常的均衡关系，使贸易摩擦加剧，并蕴涵着巨大的风险，一旦脆弱的循环断裂，全球经济将陷入危机之中（陈佳贵，2006）[4]。以 DFG（2004）[5]为代表的学者认为，这一体系至少能维持 10 至 20 年，或者无限制地维持下去。总体来看，全球贸易寻找新的平衡还需要若干年时间（周小川，2006）[6]，全球经济失衡将在一段时期内存在。中国在全球经济失衡的背景下面临的贸易摩擦将会加剧，国内流动性过剩对货币政策、物价和资产价格带来调控的压力。

扩大消费是中国在全球经济失衡背景下发展经济的重要途径。关于全球经济失衡的原因和如何纠正这种失衡存在多种观点。Mckinnon（2004，2005）[7]等认为，由于美元体系的不对称，东亚国家被迫与美国保持贸易盈余关系；东亚国家的顺差不是通过汇率低估来取得。另一种观点认为，东亚国家的贸易政策对全球经济失衡有重要影响（DFG，2003，2004）[8]。还有观点

---

① 上述主要观点见：骆祚炎. 从化解高储蓄的角度谈消费的扩大——参加首届中国经济论坛有感［J］.《消费经济》. 2006，（3）：31—34.

认为国际贸易重组加速造成全球经济失衡（周小川，2006）[9]。但是，大多数学者认为，储蓄率的差异是全球经济失衡的重要原因。陈佳贵（2006）[10]认为，全球经济失衡量，本质上反映出各国国内储蓄和投资的长期不平衡。在当前的全球经济失衡中，中国属于长期对外贸易顺差、外汇储备规模不断扩大、国内储蓄大于投资，以及流动性相对过剩的国家（流动性过剩的情况下导致中央银行频繁使用存款准备金率和利率等政策，货币政策被动性增强），中国应增加消费，从根本上改变过度依赖出口和投资的不利局面。李扬等（2006）[11]认为，未来中国经济增长要靠内需拉动，特别是要扩大消费需求。尹世杰（2006）[12]认为，当前提高消费率，扩大消费需求，对经济增长具有重要作用。本研究认为，从国民收入的支出法核算角度看，扩大消费可以抵消贸易从顺差状态向基本平衡状态转移过程中的影响。这是因为国民收入 $Y=C+I+G+(X-M)$，当贸易顺差 $(X-M)$ 逐渐减少时，由于消费 C 的扩大，国民收入 Y 仍然可以一定的速度增长。

四、扩大消费是当前全球金融危机时期保增长的重要举措

2007 年 2 月 13 日，汇丰控股为美国次级房贷业务增加 18 亿美元坏账准备等事件，预示美国抵押贷款风险浮出水面。2007 年下半年以来，美国“次按”危机引发的风险迅速释放，“蝴蝶效应”显现。2007 年 8 月 3 日，欧美股市全线暴跌，美国信贷市场呈现 20 年来最差状态，中国部分商业银行和 A 股市场（在资本项目管制的情况下，资本通过经常账户等途径进行部分流动）也受到一些影响。为减轻危机的负面影响，美联储、欧洲央行和日本央行纷纷向银行系统注入资金，美联储在 2007 年 9 月 18 日和 10 月 30 日两次大幅度降低利率。然而，危机没有就此停止。事实上，美国“次按”危机已经不仅仅是信贷危机，

它对经济系统的冲击逐渐显露，促使美国经济放缓并对世界经济产生影响。其中，在本次危机中显示出来的财富效应值得关注。美国互联网泡沫破灭后，美联储为促进经济发展采取宽松的货币政策，低利率（1%）刺激住房价格持续上升，在房地产财富效应的“利好”作用下，住房投资和抵押贷款市场迅速扩大，从信用良好的投资者向一些信用不好的次级贷款者扩散。虽然美国居民储蓄率很低，但受到住房价值不断增加的影响，投资者用住房进行抵押获得贷款进行再投资或者消费，一些中介机构也以价值不断上升的住房作为“优质”资产为基础，发行次级债券和次级抵押贷款证券，从而推动美国经济在一种低储蓄率的情况下增长。这种储蓄不足的增长缺乏持续性。从 2004 年 6 月开始，美联储持续加息，加上住房价格从 2006 年开始出现下跌，房地产的财富效应从相反的方向再次得到验证。一些借款人违约还贷，导致一些贷款机构出现亏损甚至破产，次级抵押贷款证券变为垃圾债券，投资者要求赎回投资，基金公司出现流动性困难，商业银行出于安全性考虑不愿拆出资金，流动性危机加剧。同时，由于住房价值的降低，美国投资者的再投资和消费能力降低，消费意愿也出现萎缩，美国国内经济增长动力不足，并且通过进口等渠道影响到其他国家的出口。同时，“次按”危机现在正向信用卡消费扩散，居民消费受到进一步的影响，美国经济增长的预期下调。当前，由美国“次贷”危机演变并迅速扩散的全球金融危机已经对实体经济造成了有害的影响，不仅欧美等发达经济体受到影响，而且“金砖四国”等新兴经济体和发展中国家也受到很大影响，中国也不例外。尽管 G20 先后在美国和伦敦召开了两次金融峰会，各国也出台了了许多经济刺激计划，但是经济并未出现好转。各国对在经济复苏中所使用的对策出现分歧，有的国家强调经济刺激，有的国家强调治理和监管（这些国家担心过度的经济刺激会导致物价上涨而经济裹足不前的所谓经济“滞涨”现象)。世界银行和 IMF 曾预测全球 2009 年的经济不会恢复，2010 年才有可能复苏。在这样的背景下，中国对外部的出口必然要受到较大负面影响。中国国家统计局公布的 2009 年第 1 季度出口下降 19.7%，这已经是连续第 2 个季度出口增速大幅度下降，而消费在第 1 季度 6.1% 的 GDP 增速中占到 4%。通过扩大消费来实现全球金融危机期间保增长的作用日益明显，消费对促进内需扩大具有重要意义。

第二节 主要研究内容

本研究围绕广东省居民消费函数展开，对广东省居民的消费行为与全国居民消费行为进行比较，寻求促进广东居民消费的对策。在写作过程中，在节标题所言“居民”一词，如果没有特别指明，均指广东居民。本研究的样本主要是各种居民人均数据。这些人均数据包括：人均消费水平，人均可支配收入水平，人均可支配收入的结构，人均储蓄资产，人均社会保险资产(包括基本养老保险、医疗保险、失业保险、工伤保险和女工生育保险)，人均股票资产，人均住房资产价值。根据研究的需要，本研究又引入了利率和物价水平等变量。在分析各因素之间的内在联系时，本研究把原始样本数据转化为实际不变价格进行处理。样本时间的总体跨度为 1980—2006 年各期。

本研究集中了在完成广东省自然科学基金课题过程中公开发表的 15 篇相关论文成果。这些成果独立发表在《数量经济技术经济研究》、《经济学动态》、《中国软科学》、《当代财经》、《消费经济》、《当代经济科学》、《经济经纬》、《经济体制改革》、

《山西财经大学学报》、《上海金融》、《南方金融》、《福建论坛》、《统计与决策》等核心期刊上。在《中国统计年鉴(2007)》和《广东统计年鉴（2007)》于2007年下半年出版后，本研究在过去研究的基础上，在相关研究中把2006年的年度样本引入到分析对象中，力图使研究反映最新的经验事实。2007年的年度主要数据需要通过《中国统计年鉴（2008)》和《广东统计年鉴（2008)》等查找和计算。本研究在出版前经过了本单位外的三位专家的匿名评审，在匿名评审时本研究还没有掌握这些统计资料。匿名评审结束，本单位学术会员会通过出版资助的决议及至签订出版协议时已经是2009年4月中旬，本研究已经没有时间把2007年的数据加入到实证分析中，这些将在以后研究中加以弥补。

本研究对居民消费函数的分析，主要包括以下内容：收入水平对消费的制约，收入结构对消费的影响，消费的过度敏感性，资产的总体财富效应，金融资产和住房资产的财富效应比较，支出预期和预防性动机对居民消费和储蓄的作用等。同时，开展各种居民的消费行为比较。一是广东省居民与全国居民的总体比较。二是广东城镇居民与全国城镇居民的比较。三是广东农村居民与全国农村居民的比较。四是广东城镇居民与广东农村居民的比较。本研究共分七章。

第一章　导论。该章共分四节。该章的主要内容包括：一是论述扩大消费对当前中国经济的重要性。这主要是因为当前中国居民的边际消费倾向有递减的趋势，为了缓解国内储蓄与投资的矛盾、投资与消费的矛盾，需要发展消费。同时面对全球经济失衡和全球金融危机对中国造成的负面影响，中国同样需要扩大消费。二是论述主要的研究方法。从总体上看，本研究使用规范分析和实证分析相结合的方法。规范分析方面，本研究主要从各种影响居民消费的因素中来分析居民消费行为。实证分析方面，以规范分析提出的各种理论分析模型为基础，主要以广东和全国居民 1980—2006 年的数据为样本，具体分析各种因素的影响效果，并进行各种居民消费行为之间的比较。三是对本研究的主要创新之处进行总结。

第二章 影响居民消费的因素。本章是本研究的理论基础和基本框架，共分五节。第一节主要分析居民收入水平对消费的作用。这些理论包括凯恩斯绝对收入论、库兹涅茨反论、杜森贝里的相对收入假说、弗里德曼的持久收入理论、生命周期理论等。第二节进一步分析收入水平对消费的制约即消费的过度敏感性问题。这些理论包括 Hall 的预期消费理论，Flavin 的消费过度敏感性理论，Campbell 等的 λ 假说等。第三节分析总体资产的财富效应。该部分对各种消费函数理论中，有关资产价值的变化对消费作用的部分进行总结。第四节进一步分析分资产类别的财富效应比较。这种比较主要是围绕居民持有的金融资产和住房资产财富效应展开。第五节主要分析支出预期因素和预防性动机对居民消费与储蓄行为的影响。上述理论分析均查阅了大量的国内外文献，尤其把国外最新的理论研究应用到对中国和广东消费问题的分析上来。

第三章 收入水平及结构与居民消费。本章共分四节。第一节就有关收入对消费影响的文献进行简单总结。第二节主要分析居民收入水平。这包括广东省居民的人均收入水平、广东城镇居民的人均收入水平、广东农村居民的人均收入水平，并把各种广东省居民的人均收入水平与相应的全国居民人均收入水平进行比较。第三节分析居民收入结构的特征。这里的收入结构主要是指居民的可支配收入结构。主要内容包括：广东省城镇居民和农村居民收入结构的总体特征，广东省居民的收入结构同全国居民收入结构的比较。本研究认为，广东省居民的收入结构中，工薪和其他劳动收入是收入来源的主体，这种收入结构决定广东省居民的消费存在过度敏感性。第四节实证分析广东省居民收入水平对消费的影响。这里主要使用了协整检验和误差修正模型。在ECM分析的过程中，还进行模型系数的稳定性检验，以确定居民消费行为的阶段性特征和制度环境变迁。

第四章 消费的过度敏感性检验。本章共分七节。第一节对消费敏感性研究方面的文献进行回顾。第二节实证分析广东省全体居民的消费过度敏感性表现，利用λ假说首先建立起消费过度敏感性分析的理论模型，在此基础上进行实证检验并分析了广东省居民产生消费过度敏感性的原因，提出克服消费过度敏感性和促进广东消费的对策。第三节实证比较广东省居民与全国居民的消费过度敏感性特征。第四节利用已经建立起来的实证分析模型，对广东城镇居民的消费过度敏感性进行状态空间模型分析，同时分析广东城镇居民消费过度敏感性的成因及克服的对策。第五节比较分析广东城镇居民与全国城镇居民消费过度敏感性的特征。第六节分析广东农村居民消费过度敏感性，分析广东农村居民出现消费过度敏感性的原因及解决的措施。第七节实证比较广东农村居民与全国农村居民消费过度敏感性的特征。

第五章 资产规模及结构与财富效应。本章共分六节。第一节对资产财富效应的研究进行文献综述。第二节分析居民的资产规模。本节分析广东省城镇居民和农村居民的资产规模，并对广东省各种类型的居民资产规模与全国同类型居民进行比较。第三节分析居民的资产结构。对资产结构的分析主要是从金融资产和不动产（主要指住房资产）的结构上进行。该节分析广东城镇居民、广东农村居民和广东省居民整体的资产结构特征，同时比较广东省各种类型的居民与全国同类型居民的资产结构。第四节实证分析广东全省居民总体资产的财富效应特征。这里对财富效应的分析是建立在各种资产具有相同的边际消费倾向的基础上的。本节对广东省居民的总体财富效应特征的原因进行了分析，并提出通过发挥资产的财富效应促进居民消费的对策。第五节实证检验广东城镇居民的总体资产财富效应特征。第六节实证分析广东农村居民的总体资产财富效应。

第六章 金融资产与不动产财富效应的比较。本章共分六节。第一节分析财富效应的最新理论进展，对金融资产和不动产财富效应比较的文献进行回顾。第二节在分析四种财富效应理论和实证分析模型的基础上，建立本研究所使用的实证分析模型。该模型假定金融资产和住房资产具有不同的财富效应，同传统上的财富效应模型假定（所有资产具有相同的财富效应）存在较大差异。第三节实证分析广东全省居民金融资产和住房资产财富效应的大小，分析两种资产财富效应产生差异的原因，并提出通过发挥两种资产的财富效应促进消费的对策。第四节实证比较广东城镇居民金融资产和住房资产财富效应的大小，分析了造成财富效应差异的原因。第五节实证检验广东农村居民金融资产和住房资产的财富效应。第六节进行广东省各种类型居民资产财富效应与全国同类型居民的比较。一是比较广东全省居民与全国居民的两种资产财富效应大小。二是比较广东城镇居民与全国城镇居民两种资产财富效应的特点。三是比较广东农村居民与全国农村居民两种资产财富效应的差异。对上述金融资产和住房资产财富效应差异的原因，本研究从居民的资产规模和资产结构及收入结构等方面进行分析。

第七章 支出预期、预防性储蓄与消费。本章共分五节。第一节指出预防性储蓄因素和支出预期因素要结合起来，才能较完整解释居民消费行为。本研究认为，预防性储蓄仅从收入的波动性（包括就业的波动性等）方面阐述居民消费行为是不够的，预防性储蓄在理论分析和实证研究的结果上也出现一些矛盾。改革开放以来居民的教育、医疗保健和居住支出压力逐渐增加，产生支出增长的预期，它对居民消费行为的影响不容忽视。第二部分通过利用各种消费函数理论，建立包括支出预期和预防性储蓄因素在内的消费函数模型，作为以后各节展开实证分析的基础。以后各节在借鉴该模型进行实证分析时，根据样本数据的平稳性等特征又对理论模型进行具体修正，建立符合要求的实证分析模型。第三节实证分析广东城镇居民支出预期和预防性动机对居民消费的影响。该节采用向量自回归 VAR 模型来分析。在该分析中，既有静态的比较，又借鉴脉冲响应函数和方差分解来具体分析各种影响因素的变化对未来消费产生的各种影响。在此基础上，本节提出通过建立社会保障体系和控制各种物价及费用上涨等措施来促进居民消费的对策。第四节实证检验广东农村居民支出预期和预防性动机因素对居民消费的作用。与第三节不同的是，本节同时采用线性回归分析和 VAR 分析方法，分析广东农村居民支出预期等因素对居民消费影响的效果及其原因，并提出促进农村居民消费的对策。第五节实证比较广东城镇居民与全国城镇居民、广东农村居民与全国农村居民，在支出预期和预防性动机等因素上对居民消费影响的不同效果，并从居民资产结构、收入结构、收入水平、消费水平、市场化改革中各种系统风险及个体风险等方面，进行产生差异原因的比较。

第八章　促进居民消费的对策。本章共分五节。第一节论述提高居民收入的途径。这些途径包括：提高居民就业水平，增加居民在初次收入分配中的比重，增强所得税的收入调节功能，加大对贫困群体的转移支付力度。第二节论述改善居民收入结构的措施。一是要提高财产性收入。二是要增加城镇居民经营性收入。第三节论述促进居民资产的稳定增长。一是要增加居民财产。二是要发展多层次市场。三是要增加人均拥有的住房资产的价值。四是要维持股票市场稳定发展的预期。五是要防止美国“次按”危机的负面影响在中国重演。第四节论述健全社会保障体系。该节首先论述广东省社会保障体系建设情况，然后提出建立和健全城镇和农村居民社会保障体系的构想。第五节论述抑制住房等价格和费用的过快增长的对策。一要实行从紧货币政策，抑制房价的过快上涨。二要多种措施促进教育和医疗服务的公平。三要加强对农村公共品的供给。

第三节 主要研究方法

本研究采用规范分析和实证分析相结合的方法。规范分析主要结合各种消费函数理论对广东省居民的消费行为和消费函数进行分析。实证分析方法包括两个方面。一是对数据的收集和整理。二是采用有效的统计、计量分析方法来分析和验证有关结论。

一、规范分析

（一）收入类因素[①]对居民消费的影响

影响消费的因素很多。这些因素包括：收入、非人力财富（或资产）、物价、利率、流动性约束、预防性储蓄动机的强度、国家政策、人口比重的变化、新产品和新技术的出现、心理预期、消费偏好、时间偏好等。在这些因素中，收入对消费起主要

① 收入类因素对消费影响的详细文献请参见本研究第二章第一节的内容。

的决定作用是各种理论的共同点。凯恩斯的绝对收入理论把收入看成是影响消费的唯一因素。其短期消费函数理论认为，消费倾向有递减的规律，从而拉动平均消费倾向降低。但是西蒙·库兹涅茨1942年对美国1869—1938年的国民收入与个人消费资料进行整理和分析发现，消费始终与收入维持一个固定比率。这便是"库兹涅茨反论"。围绕"库兹涅茨反论"，经济学家提出许多新的理论来解释长期消费函数与短期消费函数的矛盾。斯密西斯认为，短期内消费者根据现期收入水平来决定消费，但在长期中，除了收入对消费的影响外，还有其他诸多因素对消费有影响。杜森贝里的相对收入假说从消费的示范效应和棘轮效应两方面解释长期消费函数与短期消费函数的矛盾，示范效应和棘轮效应都和收入有着直接的关系。弗里德曼以持久收入假说发展消费函数理论。该理论的基本思想是，持久消费与持久收入存在长期稳定的关系。莫迪里安尼与布伦贝阐述了生命周期假说（LCH）的基本原理。该理论认为，个人现期消费取决于个人现期收入、预期收入、开始时的资产和个人年龄大小。霍尔采用理性预期的概念，用随机方法得到欧拉方程：$E_0(c_t) = c_0$。这就是说，在每一时期，下一时期消费的期望等于现期消费。即有 $c_t = c_{t-1} + e_t$。这表明消费符合随机游走特征，消费的变化与收入水平等无关且是不可预测的。但是霍尔的理论却无法获得证实。对该理论的验证表明消费对收入存在过度敏感性和过度平滑性。流动性约束理论（LC）、λ假说、厌恶损失假说、预防性储蓄理论（PS）、行为生命周期理论和近似理性假说等各种理论也都没有否定收入对消费的主要决定作用。尽管有些理论提出资产存在财富效应，但是实证分析表明，财富效应对消费的作用相对于收入来说是微弱的。正是因为收入对消费的增长具有重要作用，因此本研究在理论分析上将收入类的因素作为重要变量。收入类因素包括收入水平和收入结构。

（二）资产类因素对居民消费的影响

除了收入类因素外，资产类因素是影响居民消费的另一个重要变量，这就是居民资产的财富效应。根据《新帕尔格雷夫经济学辞典（Q—Z）》定义，财富效应是指，货币余额的变化，假如其他条件相同，将会在总消费开支方面引起变动。庇古在《就业与均衡》一书中描述了其原理。帕廷根利用 IS—LM 模型对实际余额效应和凯恩斯的利率效应理论进行了比较。弗里德曼以持久收入假说发展消费函数理论。该理论的基本思想是，持久消费与持久收入存在长期稳定的关系。持久收入论在以下几个方面涉及到财富效应。一是弗里德曼认为，非人力财富、职业、能力和个人的年龄等，对个人消费产生影响。二是关于持久收入与持久消费之间的固定比率 k，弗里德曼认为它主要取决于诸如存款和贷款的利率 i 和财富占收入的比例 ω 等。这又一次把财富引入到消费函数中。西方学者利用财富效应对美国 1950 年代出现的消费相对于收入的急剧膨胀进行解释，并认为 1973 年消费的下降与股票行情的下跌和其他资产价值的下降有关。持久收入论对此经济现象的解释是，消费者得自股市的收益本来属于暂时收入，由于美国股市从 20 世纪 80 年代初开始稳定增长很长时间，消费者产生将股票收入由暂时收入转为持久收入的心理预期，从而增强消费者的信心和刺激消费。生命周期理论和流动性约束理论在论述消费函数时也涉及到资产因素①。

---

① 该部分理论见以下文献：骆祚炎．广东省居民资产财富效应的 VEC 模型分析［J］．消费经济．2007，（1）：7—10；骆祚炎．居民资产结构、资产规模与消费变动关系研究——基于广东数据的协整检验和 VAR 模型分析［J］．经济体制改革．2007，（2）：168—172。

资产因素除了在总体上对居民的消费行为产生影响外，不同种类的资产例如不动产和金融资产对居民消费产生不同的影响[①]。财富效应理论以1990年为分界点可以划分为两个阶段。第一阶段的财富效应理论以生命周期理论为主要理论基础把资产引入到对消费的影响因素中。第二阶段的财富效应研究，随着检验技术的进一步完善，其理论研究和实证分析进一步深化。当前财富效应研究的一个重要特点是，对各种资产的财富效应进行分类研究。传统的财富效应理论主要关注金融资产尤其是股票资产对消费的影响，当前不仅研究金融资产的财富效应，还研究不动产对消费的影响。在金融资产和不动产财富效应比较研究的基础上，还进行财富效应的国别比较，财富效应的研究提升到新的高度。从理论上说，财富效应要受到系列因素的制约。例如，资产流动性的强弱，资产回报率期望值的高低，消费者的收入分布和收入状况，与资产相关的税收政策，消费者的消费习惯，消费偏好，心理账户和消费预算等。由于这些差异，导致金融资产和住房资产的财富效应出现差别，也导致各国的财富效应不尽相同。本研究结合中国国情和广东省的省情进行具体分析。

（三）支出预期和预防性储蓄等因素对居民消费的影响

支出预期和预防性储蓄同样对居民的消费行为产生影响。对

① 该部分理论可见以下文献：骆祚炎．财富效应理论研究新进展［J］．经济学动态．2007，(6)：105—109；骆祚炎．城镇居民金融资产和不动产财富效应的比较分析［J］．数量经济技术经济研究．2007，（11）：56—65；骆祚炎．金融资产与住房资产财富效应的比较检验——以广东省为例［J］．南方金融．2007，（6）：8—11。

于居民边际消费倾向的降低和储蓄倾向的不断提高①，文献把原因归结为三个方面：未来收入的不确定性，未来大额的刚性支出和贫富差距的扩大（李学彦等，2006）[13]。其中，许多文献从预防性储蓄理论的角度分析居民储蓄的增长。该理论认为，居民在转轨过程中面临的不确定性增强导致预防性储蓄增加和流动性约束限制了居民消费。龙志和以1991—1998年分地区的截面数据为基础进行分析后认为，用来衡量预防性储蓄的相对谨慎系数达到5.0834，居民预防性储蓄动机较强。汪红驹等认为，制度变革增加了不确定性，不确定性和流动性约束的增强是居民消费倾向下降的主要原因。杜海韬等认为，20世纪90年代中期以来持续走低的收入增长率直接抑制了消费需求的增长，偏紧的流动性约束和日益增强的不确定性增大了预防性储蓄动机。但是，从其他研究看，预防性动机对居民储蓄增长的解释力并不强。例如，Dynan模型对预防性动机的显著性提出疑问。该模型认为预防性储蓄在家庭总储蓄中只占到一个很小的比例。这说明，仅用预防性储蓄理论解释储蓄的增长是不完备的。由于预防性动机不能完全解释储蓄的增长，考虑到近年来居民在教育、医疗保健和居住等三项支出的不断增长等现象，本研究认为未来支出增加的压力同样促使居民增加储蓄②。

① 有一种观点认为，社会储蓄率的上升主要是由于政府储蓄率上升引起的。前者的观点见文献如下：李扬．中国高储蓄率问题探究——1999—2003年中国资金流量表的分析［J］．经济研究．2007，（6）：14—26。

② 该部分主要观点及文献来源可以参考以下文献：骆祚炎．支出增长预期对居民消费和储蓄的影响分析——兼评预防性储蓄理论的不足［J］．山西财经大学学报．2007，（8）：33—38；骆祚炎．教育、医保和住房支出压力对城镇居民消费影响的VAR分析［J］．广东商学院学报．2007，（1）：58—62。

（四）影响消费的其他变量

影响消费的其他因素，诸如物价、利率、宏观经济政策、心理预期等，已经包含在本研究前面描述的影响因素中。物价因素和心理预期因素可以通过支出预期消费模型反映出来。在论述收入对消费影响的过度敏感性模型中，已经把利率等国家政策因素考虑在内。本研究不仅分析居民整体消费行为的影响因素，还分别对城镇居民和农村居民展开分析，在一定程度上考虑到人口结构对居民消费的影响。

二、数据收集与整理

为了研究居民的消费行为和消费函数，本研究对数据的收集和整理主要采用人均指标。样本数据的时间跨度总体上为1980—2006年。数据资料主要来源于《中国统计年鉴》、《中国金融年鉴》、《广东年鉴》和《广东统计年鉴》、《国际经济年鉴》等。这些指标包括两个层次。一是名义上的指标。二是实际不变价格数据。名义指标具体包括：人均可支配收入（农村居民为人均纯收入），人均可支配收入的结构（工薪收入、家庭经营收入、转移性收入和财产性收入等四类），人均消费水平（或消费性支出），人均金融资产（包括储蓄存款、证券资产、基本养老保险金、失业保险金、医疗保险金、工伤保险金和生育保险金），人均住房资产，利率水平（按时间经过加权处理），物价水平，城镇居民和农村居民的人口数据，居民在各年的教育、医疗保健和居住等三项支出数据。居民购买的商业保险和住房公积金由于从公开信息中很难获得数据，本研究没有统计。以上数据包括六种类型的居民：广东省居民整体，广东城镇居民，广东农村居民，全国居民整体，全国城镇居民，全国农村居民。

为了使数据具有可比性和使数据符合实证检验特别是数据平稳性的要求，本研究对名义数据利用定基物价指数转换成实际不变价格数据。不同类型的居民使用的价格定基指数各不相同。数据的详细整理见后面章节相关的描述。

三、理论模型与实证分析方法

根据研究问题的需要和数据的特征，本研究综合借鉴各种消费函数理论，建立多种理论和实证分析模型。

（一）建立金融资产和住房资产财富效应的比较检验模型

本研究建立分析金融资产和住房资产财富效应的理论模型：$c_t = \beta[b_Y + (b_G - b_Y)g_t + \lambda_S s_t + h_t]$（见第六章第二节），在此基础上，根据中国居民和广东居民人均实际不变数据的性质，建立起各种相应的实证分析模型，从而区分两种资产财富效应的大小。通过这种实证分析，可以发现金融资产和住房资产价值的变化（与可支配收入相比的倍数）将引起居民边际消费倾向的变化。在理论模型的基础上，又根据统计数据的性质和实证分析的需要，通过线性回归和 VAR 分析等手段拟合实证分析数据。

（二）利用 VAR 模型分析消费行为

向量自回归 VAR 模型是基于数据的统计性质，把系统中每一个内生变量作为系统中所有内生变量的滞后值的函数来构造模型，从而将单自变量单方程回归模型推广到由多元时间序列组成的向量自回归模型。VAR 模型验证居民消费行为时从三个方面进行。一是进行 Granger 因果检验。二是构造各种内生变量对居民消费的脉冲响应函数。三是更进一步对各因素对消费的贡献进行方差分解。

（三）两阶段回归 TSLS 分析法

Carroll 等（2006）[14]认为，使用两阶段最小二乘法可以较好地分析不同资产的财富效应。Carroll 把习惯形成引入到消费的效用函数中，得到下式：

$$u(c,H)=\frac{(c-xH)^{1-\rho}}{1-\rho}\text{（}x\text{ 代表习惯形成的相关系数）}$$

然后，Carroll 得到欧拉方程为：$\Delta \log c_{t+1}=c_0+x\Delta \log c_t+\varepsilon_{t+1}$。该方程中，扰动项和解释变量之间存在相关关系，OLS 和 WLS 估计量有偏且不一致，可以采用工具变量法进行估计。Carroll 等对该欧拉方程进行变形，并假定当前资产对消费的 MPC 为 μ，根据无穷递缩等比数列的性质得到，资产对消费影响的累积效应为：$MPC_{LR}=\mu/(1-x)$。由于该理论存在一些不足，本研究把它与其他财富效应分析模型结合起来共同说明问题。

（四）状态空间模型（State Space Model）分析法

本研究根据 λ 假说，并借鉴其他文献的研究成果，建立消费过度敏感性的理论分析模型：$\Delta c_t=c_0+\alpha\lambda\Delta y_t+\delta r_t+\varepsilon_t$（见第四章第二节）。同时，采用状态空间模型和卡尔曼滤波方法来对理论进行模拟。通过估计可以发现各年非理性消费者和理性消费者之间的比例关系，对居民消费的路径变化有一个较好理解。

（五）协整检验

利用协整理论来分析收入和消费之间的关系，主要是为了克服时间序列不平稳性问题，较好地解决收入与消费之间的长期稳定均衡关系。在此基础上，利用系数稳定性检验等技术，可以发现居民消费函数的阶段性特征。当然，由于税收、人口、产出增长率、金融结构、社会保险和其他因素都在发生变化，消费和收入之间的关系往往是不稳定的，所以对居民消费函数的分析必须有其他模型配合。

（六）以收入和整体资产检验资产的总体财富效应

这种模型的理论基础主要来源于生命周期理论。按照该理论，其消费函数的基本形式为：$C_t = \alpha A_t + \beta Y_t, 0 < \alpha, \beta < 1$。$\alpha$ 和 β 分别为实际财富 A_t 和劳动收入 Y_t 的边际消费倾向。A_t 包括储蓄、股票、债券和遗产等。A_t 的边际消费倾向可以用来衡量财富效应的大小。该理论认为所有资产具有相同的边际消费倾向。在检验整体资产财富效应的基础上，本研究结合金融资产和住房资产财富效应的比较分析模型，具体分析金融资产和住房资产财富效应的大小。

第四节　研究的主要创新

同其他一些研究特别是同中国居民和广东居民消费问题的文献相比，本研究在分析对象、理论分析模型的建立、多种实证分析技术的采用及进行消费行为的比较分析等方面具有一定的创新，弥补相关文献在消费问题研究上的某些不足。

一、对金融资产和住房资产的财富效应进行比较

国际上对金融资产和不动产财富效应的比较研究，主要是在2000 年以后开展的。这些国外文献为本研究的创新提供了较好的理论思路。这些国外文献没有研究中国居民的消费问题，更没有研究广东居民的消费问题（见本研究第六章第一节）。中国当

前的财富效应研究集中在股市财富效应的分析上。例如，卢嘉瑞等（2006）[15]分析了股市财富效应的传导机制并检验其财富效应。段进等（2005）[16]、骆祚炎（2004）[17]和李振明（2001）[18]对股市财富效应进行理论和实证分析。贺菊煌等（2000）[19]和臧旭恒（1995）[20]分别分析1996年和1995年以前金融资产对消费的影响。上述文献在财富效应研究上存在某些不足。一是这些分析主要集中在股市财富效应的研究上，对住房资产财富效应的研究很少见。即使是对金融资产财富效应的研究，在金融资产的统计上还存在需要改进的地方。例如，应该把居民的社会保险账户等资产纳入到消费函数中①。二是对不动产财富效应的分析还停留在理论分析阶段。目前对住房资产财富效应研究的典型文献是，刘建江等（2005）[21]对房地产财富效应作用机制的分析。他们运用持久收入理论和生命周期理论，认为持续上涨的房地产市场，既增加公众财富，又增强市场信心，扩大短期边际消费倾向，促进消费和经济的增长。但是该论文没有建立金融资产和不动产财富效应的比较分析模型，也没有对房地产财富效应进行实证分析。本研究通过借鉴国外理论分析模型，建立起中国居民两种资产财富效应的实证分析模型，实证比较广东省全体居民的金融资产和住房资产财富效应，实证检验广东城镇居民金融资产和住房资产财富效应的大小，实证研究广东农村居民金融资产和住

① 本研究在出版前经过了外单位三位专家的匿名评审。2009年4月中旬本研究得到评审意见。其中一位专家对将社会保险账户纳入金融资产持保留意见。其理由是，社会保险账户在中国是不能随便动用的，其对消费的作用不是太明显。本研究认为，虽然社会保险资产不能直接影响居民的当期消费，但是社会保险制度的力度和完善程度对居民的消费行为具有较大的潜在影响。社会保险制度越健全力度越大，就越能鼓励居民消费。社会保险账户应该纳入消费影响因素中。当然这里也存在一个问题。那就是社会保险账户是采用累积余额数据还是采用发生额数据（包括当年缴纳和支出数据），还需要认真研究。本研究采用前者。

房资产财富效应的大小。不仅如此，本研究还对全国居民整体、全国城镇居民、全国农村居民的金融资产和住房资产财富效应进行研究，同时把广东省的各种类型居民与全国同类型居民的金融资产和住房资产财富效应进行比较，增强分析的可信性和说服力。通过不同资产财富效应的比较，可以寻找更加具体的通过财富效应促进消费的对策。

二、引入支出预期变量对居民消费进行分析

预防性储蓄对解释中国经济在转轨过程中居民消费和储蓄行为，从理论上说具有一定说服力（见本研究第七章第一节的描述）。但是，预防性储蓄在解释居民消费和储蓄行为时，出现了一些矛盾。例如，Wilson（1998）① 的预防性储蓄模型认为，当总消费支出中包含劳务消费时，谨慎储蓄的比例开始大幅度上升。当季度收入中有 15% 处于风险之中时，谨慎储蓄占总储蓄的比例达到 42%—55%。而当季度收入中有 30% 是风险收入时，则所有的储蓄都是预防性的。这说明预防性储蓄的影响是很显著的。Dynan（1993）② 模型则认为预防性储蓄在家庭的总储蓄中只占到一个很小的比例，预防性储蓄不是消费者行为中的重要部分。Skinner（1988）③ 发现最有风险的职业（例如自我雇佣者和商人）有较低的储蓄率，这说明通过职业的特征来判断一个人所面临的风险时可能会造成不准确。Skinner（1988）认为，如

① 朱春燕，臧旭恒．预防性储蓄理论——储蓄函数的新进展［J］．经济研究．2001，（1）：88—89。

② Dynan Karen E.，“How Prudent are Consumers”，Journal of Political Economy，1993，（101）：1104—1113.

③ Skinner，Jonathan，“Risky Income，Life Cycle Consumption，and Precautionary Savings”，Journal of Monetary Economics，1988，（22）：237—255.

果对风险不太介意的个人进入收入有较高风险的职业，预防性储蓄理论不必然支持这些高风险职业的个人就会储蓄更多。Guiso、Jappelli 和 Terlizzese（1992）① 认为，那些报告自己未来收入有较大变动的人其消费只是略微降低一点，同时财产积累稍微提高一点。

前已述及，即使利用预防性储蓄理论来解释中国居民的消费和储蓄行为时，也存在结论不一致的问题。例如，龙志和等(2000)[22]以 1991—1998 年分地区的截面数据为基础进行分析后认为，用来衡量预防性储蓄的相对谨慎系数达到 5. 0834，居民预防性储蓄动机对储蓄的影响是显著的。万广华等（2001）[23]的实证分析表明，用来衡量不确定性的 var(Δc_t) 的系数在 1961—1983 年为 -0. 01465，在 1984—1998 年为 -0. 18353。虽然从系数的变化看，居民面临的不确定性增强了，但这些系数并不大，不确定性对储蓄增长的解释力度远不及居民收入等因素。施建淮等（2004）[24]采用 1999 年 1 月到 2003 年 3 月 35 个大中城市的月度数据进行实证分析认为，35 个大中城市居民的相对谨慎系数为 0. 878，城市居民虽然存在预防性储蓄，但预防性动机并不是非常强烈。

这说明，预防性储蓄理论只从居民收入等方面的不确定性来解释居民消费是不够的，它忽视了诸如物价和居民主要支出变化的预期对消费的影响，需要与其他理论结合起来。实际上改革开放以来，中国居民和广东居民在教育、医疗保健和居住方面的支出压力在不断增加，该三项支出占居民当年消费支出的比例也在增加（农村居民主要表现为教育和医疗保健两项支出占消费支

① Guiso, Lullio Jappelli and Daniele Terlizzese, “Earnings Uncertainty and Precautionary Savings”, Journal of Monetary Economics, 1992, (30): 307—337.

出比重的增加，居住支出的比重相对稳定）。这种实际支出的增加导致居民在这三项支出上的预期增加（见图1－3和图1－4）。因此，本研究考虑将支出预期和预防性储蓄理论结合起来共同解释居民的消费和储蓄行为。将支出预期引入消费函数的文献很少。朱宪辰等（2001）[25]的研究提出了支出预期对消费的影响，该研究主要是通过滞后的可支配收入和消费来模拟居民预期的可支配收入，然后分两个阶段以模拟的预期可支配收入为主要解释变量对居民消费进行解释。其结论是1993年以后居民的边际消费倾向下降，支出结构预期使居民消费结构发生变化。但是，该研究没有具体分析居民消费结构中的各项支出的时间变化趋势，没有直接分析各项支出与居民储蓄之间的关系。本研究直接从居民的教育、住房和医疗保健等三项支出的角度，结合预防性动机因素，来分析支出增长的预期对居民消费和储蓄形成的影响（见第七章第三节至第五节）。

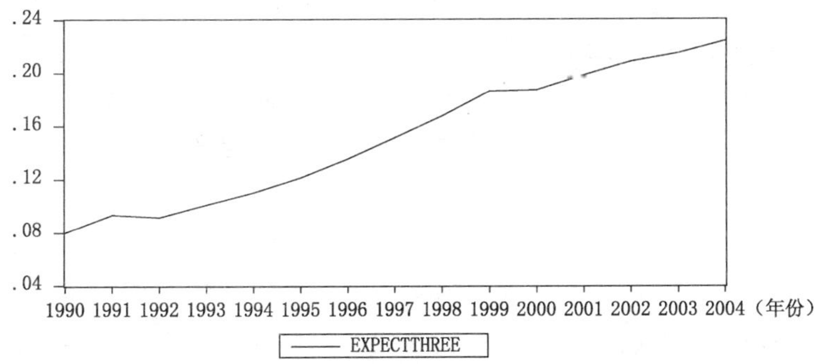

图1－3 广东城镇居民三项支出比例增长的预期

三、将多种资产等变量纳入消费函数

国内文献对中国居民财富效应的研究大多集中在股市的财

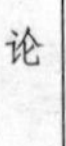

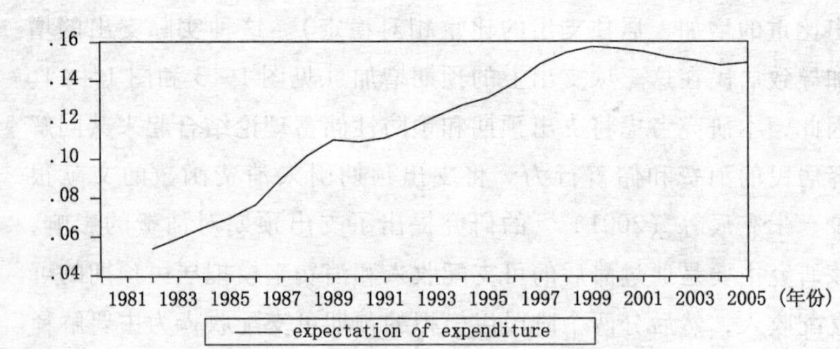

图 1-4 广东农村居民两项支出占居民消费支出比例的预期

富效应上（研究住房资产财富效应的文献很少），对居民消费行为的分析很多集中在收入水平和收入分配等影响因素上。这些文献在居民消费支出、可支配收入、股票资产和收入分配程度上进行较好的研究，对中国消费问题的研究起到有力的推动作用。本研究在这些成果的基础上，把居民的各种资产尤其是除股票之外的金融资产和住房资产纳入到消费函数的分析中，使统计数据更加全面，弥补当前消费问题研究中的某些不足。具体来说，本研究做了如下补充工作。一是把居民储蓄资产引入到居民金融资产中。二是把居民的社会保险账户引入到居民金融资产中。在本研究中，社会保险账户包括基本养老保险、医疗保险、失业保险、工伤保险和女工生育保险等五种资产。三是把居民住房资产纳入到消费函数中。本研究在计算居民住房资产时，按照人均居住面积和住房价格计算出市场价值。四是在某些模型中（例如消费的过度敏感性模型）把利率因素也引入到消费函数中。从总体上看，这些影响因素及其样本在1980—2006 年期间，形成了一个有效的时间序列。

四、多种理论模型和实证分析模型相结合

根据研究问题的需要和数据的特征，本研究综合借鉴各种消费函数理论，建立多种理论和实证分析模型。在某些情况下，对同一个问题的分析，建立两个以上模型来分析问题，以期对居民消费行为进行更深入和准确的分析。

（一）建立金融资产和住房资产财富效应相比较的模型

本研究借鉴 Benjamin（2004）[26] 的理论成果，建立分析金融资产和住房资产财富效应的理论模型：$c_t = \beta[b_Y + (b_G - b_Y)g_t + \lambda_S s_t + h_t]$（见第六章第二节），在此基础上，根据中国居民和广东居民人均实际不变数据的性质，建立起各种相应的实证分析模型，从而比较两种资产财富效应的大小。通过这种实证分析，可以发现金融资产和住房资产价值的变化（与可支配收入相比的倍数）将引起居民边际消费倾向的变化。但是，由于样本的数据性质有时候不能满足理论模型的要求，需要对原始变量进行求对数和二次差分等，使理论模型的原始经济意义发生改变，此时应该对财富效应从新的角度进行补充解释。

（二）建立 VAR 模型（包括误差修正 VEC 模型）分析

向量自回归 VAR 模型是基于数据的统计性质，把系统中每一个内生变量作为系统中所有内生变量的滞后值的函数来构造模型，从而将单自变量单方程回归模型推广到由多元时间序列组成的向量自回归模型。VAR 模型验证资产的财富效应和支出预期及预防性储蓄动机等变量对消费的影响时从三个方面进行。一是进行 Granger 因果检验。二是构造各种内生变量对居民消费的脉冲响应函数。三是更进一步对各因素对消费的贡献进行方差

分解。

（三）两阶段回归 TSLS 分析法

Carroll 等（2006）[27] 认为，使用两阶段最小二乘法可以较好地分析不同资产的财富效应。Carroll 把习惯形成引入到消费的效用函数中，得到下式：

$$u(c,H)=\frac{(c-xH)^{1-\rho}}{1-\rho}\text{（}x\text{ 代表习惯形成的相关系数）}$$

然后，Carroll 得到欧拉方程为：$\Delta\log c_{t+1}=c_0+x\Delta\log c_t+\varepsilon_{t+1}$。该方程中，扰动项和解释变量之间存在相关关系，OLS 和 WLS 估计量有偏且不一致，可以采用工具变量法进行估计。Carroll 等对该欧拉方程进行变形，并假定当前资产对消费的 MPC 为 μ，根据无穷递缩等比数列的性质得到，资产对消费影响的累积效应为：$MPC_{LR}=\mu/(1-x)$。计算资产的累积财富效应是 Carroll 等的贡献。该模型也存在不足。一是研究者改变了欧拉方程中的对数表达。二是累积效应在现实中很难存在，因为消费时间不可无限制分期。三是该模型要求使用较高频数据，这有一定困难。因此，本研究与其他财富效应分析模型结合起来共同说明问题。

（四）使用状态空间模型分析消费过度敏感性

本研究根据 λ 假说，并借鉴其他文献的研究成果，建立消费过度敏感性的理论分析模型：$\Delta c_t=c_0+\alpha\lambda\Delta y_t+\delta r_t+\varepsilon_t$（见第四章第二节）。同时，采用采取状态空间模型和卡尔曼滤波方法来对理论进行模拟。卡尔曼滤波的主要作用是，当扰动项和初始状态向量服从正态分布时，能够通过预测误差分解计算似然函数，从而可以对模型中的所有未知参数进行估计，并且当出现新的观测值时，能够利用卡尔曼滤波连续地修正状态向量的估计。

这样，通过估计可以发现各年非理性消费者和理性消费者之间的比例关系，对居民消费的路径变化有一个较好理解。

（五）对居民收入和消费进行单方程协整

利用协整理论来分析收入和消费之间的关系，主要是为了克服时间序列不平稳性问题，较好地解决收入与消费之间的长期稳定均衡关系。在此基础上，利用系数稳定性检验等技术，可以发现居民消费函数的阶段性特征。当然，由于税收、人口、产出增长率、金融结构、社会保险和其他因素都在发生变化，消费和收入之间的关系往往是不稳定的，所以对居民消费函数的分析必须有其他模型配合。

（六）以收入和资产整体作为自变量解释消费

这种模型的理论基础主要来源于生命周期理论。按照该理论，其消费函数的基本形式为：$C_t = \alpha A_t + \beta Y_t, 0 < \alpha, \beta < 1$。$\alpha$ 和 β 分别为实际财富 A_t 和劳动收入 Y_t 的边际消费倾向。A_t 包括储蓄、股票、债券和遗产等。A_t 的边际消费倾向可以用来衡量财富效应的大小。但是利用该理论进行实证分析时面临几个问题。一是居民资产和收入之间存在较强的相关性，容易产生多重共线性的问题。二是收入、资产和消费等时间序列可能并不平稳，OLS 方法可能产生伪回归，使得出的结论可能不可靠。三是该理论认为所有资产具有相同的边际消费倾向，这在理论上很难得到肯定。因此，本研究又结合其他模型进行更深入的分析。

此外，本研究大量进行地进行比较分析。一是在居民收入水平和收入结构方面，进行广东城镇居民与全国城镇居民，广东农村居民与全国农村居民之间，广东城镇居民与广东农村居民，以及广东省全体居民同全国全体居民之间的比较。二是整体资产的财富效应方面，进行广东城镇居民与全国城镇居民，广东农村居民与全国农村居民之间的比较。三是在金融资产和住房资产财富效应大小的比较分析方面，进行广东城镇居民与全国城镇居民，广东农村居民与全国农村居民之间，以及广东省全体居民同全国全体居民之间的比较。四是在支出预期和预防性动机对消费的影响方面，进行广东城镇居民与全国城镇居民，广东农村居民与全国农村居民之间的比较。通过这种多层次的比较，可以更好地研究广东居民各影响因素同居民消费之间的内在联系，更好地理解广东居民的消费行为。

参考文献：

［1］袁志刚等．居民储蓄与投资选择：金融资产发展的含义［J］．数量经济技术经济研究．2005，（1）：34—36.

［2］骆祚炎．中国居民消费倾向变动及其影响因素的实证分析［J］．消费经济．2005，（3）：14—17.

［3］郑新立．提高居民消费率是当前宏观调控的重要任务［J］．数量经济技术经济研究．2007，（6）：23—26.

［4］陈佳贵．前言．中国社会科学院经济学部编．全球经济失衡与中国经济发展［C］．北京：经济管理出版社．2006，（11）．

［5］转引自李扬等．全球经济失衡与中国经济发展战略．中国社会科学院经济学部编．全球经济失衡与中国经济发展［C］．北京：经济管理出版社．2006，（11）：22—38.

［6］周小川．中国的贸易平衡和汇率有关问题．中国社会科学院经济学部编．全球经济失衡与中国经济发展［C］．北京：经济管理出版社．2006，（11）：3—5.

[7] 转引自李扬等．全球经济失衡与中国经济发展战略．中国社会科学院经济学部编．全球经济失衡与中国经济发展［C］．北京：经济管理出版社．2006，(11)：22—38.

[8] 转引自李扬等．全球经济失衡与中国经济发展战略．中国社会科学院经济学部编．全球经济失衡与中国经济发展［C］．北京：经济管理出版社．2006，(11)：22—38.

[9] 周小川．中国的贸易平衡和汇率有关问题．中国社会科学院经济学部编．全球经济失衡与中国经济发展［C］．北京：经济管理出版社．2006，(11)：3—5.

[10] 陈佳贵．前言．中国社会科学院经济学部编．全球经济失衡与中国经济发展［C］．北京：经济管理出版社．2006，(11)．

[11] 中国社会科学院经济学部编．全球经济失衡与中国经济发展［C］．经济管理出版社．2006，(11)：前言，3—4，22—38.

[12] 尹世杰．再论以提高消费率拉动经济增长[J]．社会科学．2006，(12)：20—26.

[13] 李学彦等．过度储蓄理论与我国的过度储蓄问题［J］．经济学动态．2006，(7)：106—110.

[14] Christopher D. Carroll, Misuzu Otsuka, Jirka Slacalek. How Large Is the Housing Wealth Effect? A New Approach［R］. Working Paper, October 18. 2006.

[15] 卢嘉瑞、朱亚杰．股市财富效应及其传导机制[J]．经济评论，2006，(6)：36—44.

[16] 段进、曾令华、朱静平．我国股市财富效应对消费影响的协整分析[J]．消费经济，2005，(2)：86—88.

[17] 骆祚炎．近年来中国股市财富效应的实证分析[J]．当

代财经，2004，(7)：10—13.

[18] 李振明. 中国股市财富效应的实证分析[J]. 经济科学，2001，(3)：58—61.

[19] 贺菊煌. 消费函数分析 [M]. 北京：社会科学文献出版社，2000：53—55.

[20] 臧旭恒. 中国消费函数分析 [M]. 上海：上海三联书店和上海人民出版社联合出版，1995：239—246.

[21] 刘建江、杨玉娟、袁冬梅. 从消费函数理论看房地产财富效应的作用机制[J]. 消费经济，2005，(2)：93—96.

[22] 龙志和、周浩明. 中国城镇居民预防性储蓄实证研究[J]. 经济研究. 2000，(11)：33—38.

[23] 万广华、张茵、牛建高. 流动性约束、不确定性与中国居民消费[J]. 经济研究. 2001，(11)：35—44.

[24] 施建淮、朱海婷. 中国城市居民预防性储蓄及预防性动机强度：1999—2003 [J]. 经济研究. 2004，(10)：66—74.

[25] 朱宪辰、吴道明. 支出预期：对消费行为影响的估计[J]. 数量经济技术经济研究. 2001，(6)：51—55.

[26] John D. Benjamin, Peter Chinloy, *G. Donald Jud. Real Estate Versus Financial Wealth in Consumption* [J], Journal of Real Estate Finance and Economics. 2004，(3)：341—354.

[27] Christopher D. Carroll, Misuzu Otsuka, Jirka Slacalek. How Large Is the Housing Wealth Effect? A New Approach [R]. Working Paper, October 18. 2006.

第二章

影响居民消费的因素

影响居民消费的因素很多。这些因素包括：收入、非人力财富（或资产）、物价、利率、流动性约束、预防性储蓄动机的强度、国家政策、人口比重的变化、新产品和新技术的出现、心理预期、消费偏好、时间偏好等。本研究基于实证分析的角度，主要从收入类因素、消费的过度敏感性、资产类因素及其财富效应、支出预期与预防性储蓄、利率、物价等方面，分析广东居民的消费行为特征和消费函数并于全国居民的消费行为进行比较。其中，利率和物价等变量通过前面四大类因素建立的模型反映出来。

第一节 居民收入水平

收入①是影响消费的主要因素之一。凯恩斯最早明确提出消费与收入关系的假说。他提出的消费函数用公式表示为：$c = f(y)$。凯恩斯认为，主要有八个主观因素（或动机）影响居民消费在收入中的比例：谨慎、远虑、改善、计算、独立、投机、自豪、贪婪。凯恩斯进一步认为，这些主观因素在短期内变化缓慢。他认为，影响人们消费行为的不仅有上述主观因素，还有以下六个客观因素。例如，工资单位的变化，收入与净收入之间差额的变化；财产的货币价值意想不到的变化，利息率，政策，各种税收及社会保障等制度的变化，个人对未来收入的预期。凯恩斯认为，除收入外，其他因素在短期内是不影响消费的。其收入论的核心思想是，随着收入的增长，人们的消费支出固然也会增长，但消费支出在收入中所占的比例却在不断减少。这一“心理法则”被称为消费倾向递减规律。

然而，美国统计学家西蒙·库兹涅茨对美国 1869—1938 年的国民收入与个人消费资料进行了整理和分析时发现，在 1869—1938 年长达 70 年的时间内，虽然美国的国民收入从 1869 年的 93 亿美元上升为 1938 年的 720 亿美元，国民收入大约增加

① 收入水平对消费的约束，在各种教材和专著中均可见到。因此，本节不列出文献的出处。例如，可以参考如下文献：臧旭恒著．中国消费函数分析［M］．上海：上海三联书店和上海人民出版社联合出版．1995；臧旭恒等著．居民资产与消费选择行为分析［M］．上海：上海三联书店，上海人民出版社．2001；孙凤著．消费者行为数量研究——以中国城镇居民为例［M］．上海三联书店，上海人民出版社．2002；高鸿业主编．西方经济学（宏观部分）（第二版）［M］．北京：中国人民大学出版社．2003。

了7倍，但人们的消费始终与收入维持于一个固定比率，平均消费倾向相当稳定，一直在0.84与0.89之间徘徊。库兹涅茨的这些发现表明，在长期消费函数中，消费为收入的一个固定比率，平均消费倾向并不呈现递减的趋势，而是相当稳定。这便是著名的“库兹涅茨反论”，它明显否定了凯恩斯绝对收入假说。后来，戈德史密斯利用个人收入而不是国民收入的数据进一步对平均消费倾向长期稳定的结论作了验证并得到了确认。

后来又有大量的实证研究表明，在长期时间序列的分析中，得到具有稳定的平均消费倾向的消费函数形式，亦即没有截距项的线性消费函数形式。但从截面数据分析中却能得到凯恩斯的短期消费函数形式。由于长短期消费函数都有实际数据验证，因此后来在解释长短期消费函数的矛盾以及消费函数为何向上运动的含义过程中，提出了各种新的消费函数理论。

一是杜森贝里的相对收入假说。美国经济学家杜森贝里（J. S. Duesenberry）从消费的示范效应和棘轮效应两方面解释了长期消费函数与短期消费函数的矛盾。他认为，在短期内消费函数受经济周期波动的影响，使消费与收入偏离长期固定比例，但在长期过程中，人们的消费要受示范效应和棘轮效应的影响，使收入与消费舍近求远维持一个稳定关系。他的这一结论是通过研究大萧条时期消费者消费的截面数据得到。他发现该时期大量家庭的消费支出超出了当年的收入，与之形成对照的是，在1941年只有相对少量的家庭支出大于收入得出的。因此，他认为消费函数随经济周期的变化而变化，他把消费函数的这一特性归因于相对收入效应。相对收入假说的消费函数一般表达式为：$C_{it} = \alpha Y_{it} + \beta \overline{Y_t} + \gamma Y_{it_0}$。其中，$C_{it}$ 为第 i 个人第 t 期的消费，Y_{it} 为第 i 个人第 t 期的收入，$\overline{Y_t}$ 为第 t 期所有人的平均收入，Y_{it_0} 为第 i 个人第 t 期以前的最高收入。

二是弗里德曼的持久收入理论。美国经济学家密尔顿·弗里德曼（Milton Friedman）1957 年在其《消费函数理论》一书中从否定绝对收入理论和相对收入理论的“现行收入”概念出发，以他的“持久收入”假说发展了消费函数理论，并从持久收入、持久消费、暂时收入、暂时消费的角度重新解释了收入消费的长期均衡和短期波动的关系。弗里德曼在《消费函数理论》一书中将可支配收入分为两部分：持久收入和暂时收入，用公式表示为：$Y = Y_t^p + Y_t^t$。其中，Y 代表可支配收入，Y_t^p 代表持久收入，Y_t^t 代表暂时收入。与持久收入和暂时收入相对应的消费，弗里德曼则分为持久消费和暂时消费，它们构成个人或家庭的实际消费。用公式表示为：$C = C_t^p + C_t^t$。其中，C 为实际消费，C_t^p 为持久消费，C_t^t 为暂时消费。持久消费与持久收入之间存在长期的稳定关系是弗里德曼持久收入理论中的基础。他认为，尽管暂时消费与暂时收入对这种稳定关系有短期的影响，但长期看，这种影响会正负抵消，持久消费与持久收入之间的稳定关系不受任何绝对经济变量的影响。

三是生命周期理论。根据弗朗科·莫迪利安尼（F. Modighani）等（1954）在《效用分析与消费函数——对横截面资料的一个解释》文中认为，消费者总是想把他一生的全部收入，在消费上作最佳的分配，使他在一生的消费中所获得的总效用达到最大。按照边际效用递减规律，消费者要在一生中获得总效用最大化，他应选择一个与过去平均消费水平接近而稳定的消费率。个人现期消费取决于个人现期收入、预期收入、开始时的资产和个人年龄大小。他的这个思想可以用公式表达如下。假设消费者效用函数为：$u = u(c_i, c_{i+1}, c_{i+2}, \cdots, c_l, A_l)$，约束条件如下：

$$A_t + \sum_{i=1}^{N} \frac{Y_i}{(1+r)^{i+1-t}} = \frac{A_{L+1}}{(1+r)^{L+1-t}} + \sum_{i=t}^{L} \frac{c_i}{(1+r)^{i+1-t}}$$

从上式可以看出，在其他条件相同的情况下，一个人一生的资产（A_t）越多，则该消费者所能获取的消费也将越大。其消费函数的基本形式为：$C_t = \alpha A_t + \beta Y_t, 0 < \alpha, \beta < 1$。$\alpha$ 和 β 分别为实际财富 A_t 和劳动收入 Y_t 的边际消费倾向。从该消费模型也可以看出，在其他条件不变的情况下，个人的收入与资产存量越大，则个人的储蓄就越少，从而使个人在当期的消费增加。

第二节　居民消费的过度敏感性

消费的过度敏感性①主要是指，消费受到当期收入的较大约束。该理论通过检验霍尔提出的理性预期假说，得到了与霍尔理性预期假说相矛盾的经济现象。消费的过度敏感性经历了较长的探讨过程。凯恩斯提出绝对收入理论后，库兹涅茨对美国1869—1938 年的国民收入与个人消费资料进行整理和分析发现，消费始终与收入维持一个固定比率，平均消费倾向一直在 0.84 与 0.89 之间徘徊。这便是“库兹涅茨反论”。为了解释“库兹涅茨反论”，许多新的消费函数理论应运而生。持久收入理论和生命周期理论对此作出了贡献。

但上述两个理论虽然在本质上是前瞻的，但在方法上却是后顾的。为了克服这种矛盾，霍尔采用理性预期的概念，用随机方法修正了上述两种假说的缺陷（Hall，1978）[1]。他描述了一个消费者最优化的欧拉方程，用欧拉方程刻画了消费者在两期消费

---

① 该部分观点可参考如下文献：骆祚炎．消费过度敏感性的状态空间模型检验——基于广东数据的分析［J］．当代财经．2007，（1）：12—16；骆祚炎．1985 年以来中国居民消费过度敏感性的实证检验——基于状态空间模型的分析［J］．经济经纬，2007，（5）：18—21。

之间的边际替代率等于两者相对价格的情形。该相对价格是未来一单位消费的贴现成本。他假定效用函数为二次型：

$$\max\left[\sum_{t=0}^{T-1}\left(c_t-\frac{\alpha}{2}c_t^2\right)\right]$$

这样在某一期消费的边际效用（成本）为 $(1-\alpha c_0)$，在第 t 期的期望效用收益为 $E_0(1-\alpha c_t)$。根据效用最大化的条件，某期的边际效用和第 t 期的的期望效用收益应该相等，从而得到：$E_0(c_t)=c_0$。这就是欧拉方程。依此类推，更一般地，在每一时期，下一时期消费的期望等于现期消费。即有 $c_t=c_{t-1}+e_t$。这表明消费符合随机游走特征，消费的变化与收入水平等无关且是不可预测的。这个理论的涵义是，既然人们的预期是理性的，那么消费者将根据一生的资源或持久收入来安排自己的消费，他就会对今后可能得到的资源或持久收入作出理性的预期，从而使一生预期的效用最大化。这意味着消费者在作出现期消费决策时，总是根据所有可能收集到的现期收入、未来收入、各种资产的存量和价格走势等来进行决策。因此所有的信息都已经在现期消费中得到反映，下一期的消费自然就只和现期消费有关，而与以前的消费及收入无关。

然而对该理论的实证检验却表明消费对收入存在“过度敏感性”（Flavin，1981）[2]。由于理性预期假说不能很好地解释在存在风险和信贷市场不完善情况下的消费行为，坎贝尔和曼丘提出一个所谓的 λ 假说（Campbell and Mankiw，1991）[3]。他假设经济中存在两类消费者，一类消费者按照（生命周期假说）LCH 选择消费路径，另一类消费者按照即期收入来确定当期消费，第二类消费者所占的比重为 λ，则全社会的总消费函数为：$\sum c_t=(1-\lambda)E_t y^p+\lambda y_t$。该理论实际上是对持久收入理论和绝对收入理论的一个综合。检验结果表明，消费者滞后 3 期时 λ

的估计值为 0.42，滞后 5 期时 λ 的估计值为 0.52，消费对收入存在过度敏感性（彭文平，2001）[4]。第二类消费者也就是所谓的短视型消费者，构成社会的主要消费群体。

近年来学者对中国消费的过度敏感性进行研究。其总体结论是，中国居民同样存在消费的过度敏感性问题。许多研究者从流动性约束、利率的内生变化和非生命周期理论等解释中国近年来的消费过度敏感性。有的研究者认为，统计中的加总误差、短视、预防性储蓄等可以用来解释中国居民消费的过度敏感性。金晓彤（2002）[5]甚至将居民面临的流动性约束划分为三种类型，即即期的流动性约束、远期的流动性约束和理念上的流动性约束。他认为，消费者理念上的流动性约束（例如消费随着预期收入的下降而下降）对过度敏感性产生了放大效应。消费过度敏感性的存在，在一定程度上影响到居民消费的增长，对当前中国扩大内需的政策效果造成一定的抑制，应该采取措施，逐步矫正居民消费的过度敏感性。彭文平（2001）[6]认为，流动性约束、利率的内生变化和非生命周期理论等可以解释中国近年来的消费过度敏感性。宋冬林等（2003）[7]认为，中国城镇居民消费在经济转型期表现出过度敏感性，为使拉动需求的政策更加有效，有必要采取措施矫正居民消费的过度敏感性。骆祚炎（2007）[8]认为，居民面临的收入不确定性和日益增加的支出预期，使消费过度敏感性增强。该文分析表明，消费由当期收入决定的消费者所占比例不低于 68%。收入和就业的不确定性、支出增长的预期、流动性约束是导致过度敏感性的主要原因，较保守的消费习惯和利率效应的弱化也对消费的过度敏感性产生影响。扩大消费必须减弱消费对收入的过度依赖，加快社会保障体系建设提高居民的福利水平是解决这个问题的对策之一。

第三节 居民资产的财富效应

一、财富效应概念的回顾

财富效应概念的提出和争论超过半个世纪。根据《新帕尔格雷夫经济学辞典（Q—Z)》(1992)[9]的定义，财富效应是指，货币余额的变化，假如其他条件相同，将会在总消费开支方面引起变动。庇古（Pigou）在1941年出版的《就业与均衡》一书中描述了其原理（实际余额效应）。当衰退期间物价下跌时，居民真实现金余额会增加，财富净值提高，消费欲望随之增长。由于实际余额效应的作用，存在着倾向于把实际收入恢复到充分就业水平的自发的市场力量。帕廷根（Patinkin，1956）[10]利用IS—LM模型对实际余额效应和凯恩斯的利率效应理论进行比较。利率效应理论认为，当价格水平变动时，所有的价格都同比例变动，由于形成IS曲线移动的因素如消费、储蓄和投资等都以实物表示，并且消费只取决于真实收入，与财富水平无关，所以IS曲线位置不会发生移动。在凯恩斯流动性陷阱区域，物价下跌虽然导致LM曲线发生移动，但由于利率不可能再降低，因此国民收入不会再增加。实际余额效应理论则认为，价格下降会导致实际财富增加，从而增加消费，引起IS曲线移动，并推动国民收入增加。

两种效应理论的对立起因于不同的消费函数假设。凯恩斯理论认为，消费只取决于现期收入，与财富水平无关。实际余额效应论者认为，消费不仅取决于现期收入，还与财富水平有关。还有一种观点认为，资产组合调整因素可能在不均衡状态中以实际余额效应发挥意义重大的作用（Friedman & Schwartz，1963）[11]。随着消费理论的不断深化和发展，财富效应逐渐得到证明。Keynes 提出绝对收入假说之后，Friedman（1957）[12]和 Modighani（1954）[13]相继提出持久收入理论和生命周期理论。这些理论均认为，消费者在进行消费决策时，不仅应该考虑当期收入，还必须考虑其初始的财富水平。安多和莫迪利亚尼（李振明，2001）[14]用第二次世界大战之后的美国数据进行分析，发现财富的 MPC（边际消费倾向）为 0.06，从而证实财富效应的存在。James. M. Poterba（2000）[15]估计股市收益带来的 MPC 约为 0.03，验证了股市的财富效应。西方学者还利用财富效应对美国 20 世纪 50 年代出现的消费相对于收入的急剧膨胀进行了解释，并认为 1973 年的消费下降与股票行情的下跌和其他资产价值的下降有关。随着经济的发展，财富效应的表现形式呈现多样化。财富的概念也在不断拓广。资产价值的变化不仅通过财富效应影响消费，还通过现金流效应和金融加速器效应影响投资和信贷。

二、绝对收入论间接考虑资产对消费的影响

消费函数的发展经历多个阶段。20 世纪 30 年代中期到 50 年代中期，主要研究收入和消费之间的关系。20 世纪 50 年代中期到 70 年代中期，以生命周期假说和持久收入论为代表，效用最大化理论在消费函数研究中得到应用。20 世纪 70 年代中期到 80 年代初期，Hall 将理性预期因素引入到消费函数分析中。20 世纪 80 年代中后期以预防性储蓄理论为代表，消费函数理论有了新的发展。

早期的消费函数以凯恩斯的绝对收入论为代表。1936 年出版的《就业、利息和货币通论》，集中体现了他的消费函数思想。按照绝对收入论，收入的边际消费倾向递减，由此导致平均

消费倾向也是递减的。在凯恩斯的理论中没有直接论述财富效应。但是，他考虑到财产的货币价值意想不到的变化、利息率的变化、资本利润税、遗产税和社会保障等政策的变化对消费行为的影响，因此间接涉及到财富效应。后来西蒙·库兹涅茨(1946)[16]对美国1869—1938年的国民收入与个人消费资料进行整理和分析发现，在长达70年的时间内，虽然美国的国民收入从1869年的93亿美元上升为1938年的720亿美元，国民收入大约增加了7倍，但人们的消费始终与收入维持一个固定比率，平均消费倾向一直在0.84与0.89之间徘徊。这便是“库兹涅茨反论”。它否定了绝对收入论中平均消费倾向递减的命题。Goldsmith (1956)[17]利用个人收入而不是国民收入的数据进一步对平均消费倾向长期稳定的结论进行了确认。Goldsmith引入非收入因素，认为诸如新产品开发、生产发展、人口向城市集中和老年人口占总人口的比重增加等因素，使得短期消费函数在收入水平增加的基础上进行向上的位移，把各种收入水平上的消费联结起来构成长期消费函数，从而对凯恩斯短期消费函数与西蒙·库兹涅茨长期消费函数之间的矛盾进行了调和。杜森贝里(1949)[18]在《收入、储蓄和消费者行为理论》一书中从示范效应和棘轮效应两方面解释了长期与短期消费函数的矛盾。他认为，短期内消费函数受经济周期波动的影响，使消费与收入偏离长期固定比例，但在长期中，消费要受示范和棘轮效应的影响，使收入与消费保持一个稳定关系。上述理论对绝对收入论进行了纠正和补充。

三、生命周期等假说直接论述财富效应

（一）持久收入论关于财富变化对消费影响的论述

弗里德曼（1957）[19]以持久收入假说发展了消费函数理

论。按照弗里德曼的解释，持久收入 y_p 是“有关的消费单位所认为是持久的平均收入，这个收入依赖于眼界和远见”。持久收入是用人们的长期收入作为解释现期消费支出的主要变量。一个人预期每一年的收入在其一生之中可能有较大的变动，但是预期的持久收入则是一个稳定的常数。弗里德曼认为，暂时收入 y_t 是因暂时因素的影响而使收入偏离了预期。这些暂时因素是指健康、气候、生活方式等。弗里德曼将消费分为持久消费 c_p 和暂时消费 c_t。弗里德曼认为，持久收入具有稳定性，理性的消费者从可以支配和预期得到的全部收入的角度来计划安排消费。持久消费与持久收入保持为一个固定的比率 k，即 $c_p = ky_p$。他引用美国 1888—1950 年的资料证明，消费者的平均消费倾向稳定在 0.89—0.95 之间。在持久收入论中至少有以下几个方面涉及到财富效应。一是在持久收入假定中，预期因素起了重要作用。弗里德曼认为，影响个人对未来预期收入的因素有，非人力财富、职业、能力和个人的年龄。这就把非人力财富引入到对消费影响的分析中。二是关于持久收入与持久消费之间的固定比率 k，弗里德曼认为它与持久收入关系不大，而主要取决于其他一些变量。这些变量包括，消费者的存款和贷款的利率 i，财富占收入的比例 ω，影响消费者消费或积累财务的其他因素 u，诸如未来收入的不确定性和消费者的年龄和偏好等。这又一次把财富引入到消费函数的分析中。对于美国股市对消费的影响，从持久收入论的角度可以这样解释。消费者得自股市的收益本来属于暂时收入，但由于美国股市从 20 世纪 80 年代初开始已经稳定增长很长时间，消费者便产生将股票收入由暂时收入转为持久收入的心理预期，从而对增强消费者信心和刺激消费起到一定作用。

（二）生命周期理论中的财富效应

根据 Modighani 等（1954）[20] 在《效用分析与消费函数——对横截面资料的一个解释》文中认为，消费者总是想把他一生的全部收入，在消费上做最佳的分配，使他在一生的消费中所获得的总效用达到最大。按照边际效用递减规律，消费者要在一生中获得总效用最大化，他应选择一个与过去平均消费水平接近而稳定的消费率。个人现期消费取决于个人现期收入、预期收入、开始时的资产和个人年龄大小。他的这个思想可以用公式表达如下。假设消费者效用函数为：$u = u(c_i, c_{i+1}, c_{i+2}, \cdots, c_l, A_l)$，约束条件如下：

$$A_t + \sum_{i=1}^{N} \frac{Y_i}{(1+r)^{i+1-t}} = \frac{A_{L+1}}{(1+r)^{L+1-t}} + \sum_{i=t}^{L} \frac{c_i}{(1+r)^{i+1-t}}$$

从上式可以看出，在其他条件相同的情况下，一个人一生的资产（A_t）越多，则该消费者所能获取的消费也将越大。这是一种典型的财富效应。其消费函数的基本形式为：$C_t = \alpha A_t + \beta Y_t, 0 < \alpha, \beta < 1$。$\alpha$ 和 β 分别为实际财富 A_t 和劳动收入 Y_t 的边际消费倾向。上述分析建立在个人处于稳定状态的假设上。但现实并非如此。Modighani 等认为必须进一步研究非稳定状态下的储蓄行为。由于在非稳定状态中个人的现期收入与期望的收入并不相等，这样个人储蓄行为模型就得变为：

$$S = \frac{M}{L}Y^e + \frac{L-T}{L_t}(Y - Y^e) - \frac{1}{L}[A - A(Y^e, t)]$$

上式中，$(Y - Y^e)$ 表示现期收入超过预期平均收入水平的差额，称为“收入的永久性因素”，既可以为正，也可以为负。$[A - A(Y^e, t)]$ 表示初始资产与在持久收入水平上相适应的资产持有量的差额，称为“初始资产的失衡量”。可以看出，个人在年龄

(t-1)时，他的收入处于稳定均衡状态，但在年龄t时，收入获得额外的增长。这一收入的增长属于暂时因素，它使得现期收入Y大于预期收入Y^e。这时消费者会把这个非经常性收入的大部分储蓄起来，使该期的储蓄率高于稳定均衡的储蓄水平。从该储蓄模型也可以看出，在其他条件不变的情况下，个人资产的存量越大，则个人的储蓄就越少，从而使个人在当期的消费增加。

四、理性预期消费理论暗示资产对消费的作用

持久收入理论和生命周期理论从本质上说是前瞻的（forward-looking），但在方法上却是后顾的（back-looking），这就暴露出该理论在内容和方法上的矛盾。Hall（1978）[21]为了克服这种矛盾，采用理性预期的概念，用随机方法修正了上述两种假说的缺陷。他描述了一个消费者最优化的欧拉方程，用欧拉方程刻画了消费者在两期消费之间的边际替代率等于两者相对价格的情形。该相对价格就是未来一单位消费的贴现成本。他假定效用函数为二次型：

$$\max\left[\sum_{t=0}^{T-1}\left(c_t - \frac{\alpha}{2}c_t^2\right)\right]$$

这样在某一期消费的边际效用（成本）为$(1-\alpha c_0)$，在第t期的期望效用收益为$E_0(1-\alpha c_t)$。根据效用最大化的条件，某期的边际效应和第t期的的期望效用收益应该相等，从而得到：$E_0(c_t)=c_0$。这就是欧拉方程。依此类推，更一般地，在每一时期，下一时期消费的期望等于现期消费。即有$c_t=c_{t-1}+e_t$。这表明消费符合随机游走特征，消费的变化与收入水平等无关且是不可预测的。这个理论的涵义是：既然人们的预期是理性的，那么消费者遵循生命周期假说，根据一生的资源或持久收入来安

排自己的消费，他就会对今后可能得到的资源或持久收入作出理性的预期，从而使一生的预期的效用最大化。这意味着消费者在作出现期消费决策时，总是根据所有可能收集到的现期收入、未来收入、各种资产的存量和价格走势等来进行决策。因此所有可能的信息都已经在现期消费中得到反映，下一期的消费自然就只和现期消费有关，而与以前的消费及收入因素无关。然而对该理论的实证检验却表明消费对收入存在“过度敏感性”（excess sensitivity）（Flavin，1981）[22]和“过度平滑性”（excess smoothness）（Campbell and Deaton，1989）[23]。这说明该理论也无法完全解释消费者的行为。该理论实际上也包含了资产财富效应的作用。假定个人财富同消费一样具有正的边际效用，个人的一生将满足预算约束等式，等式两边的期望值必然相等。即有：

$$\sum_{t=0}^{T-1} E_0(c_t) = A_0 + \sum_{t=0}^{T-1} E_0(y_t),$$

从而有：$c = \frac{1}{T}[A_0 + \sum_{t=0}^{T-1} E_0(y_t)]$

这说明个人的现期消费是他一生资源的1/T。可以看出，在其他条件相同的情况下，个人拥有的非人力财富越多，则消费水平也将越高。由于在理性预期条件下，消费者能够预期个人财富的多少，因此财富因素已经包含在现期消费中，不从形式上对下期消费产生作用，但是财富会通过当期消费对下期消费形成影响。

五、预防性储蓄理论包含的财富效应

预防性储蓄是指风险厌恶的消费者为预防未来不确定性而带来的消费水平下降而进行的储蓄。这种不确定性主要由收入的波动造成。

（一）Zeldes 模型论证财富效应理论

Zeldes（1989）[24]近似估计最优消费和谨慎储蓄的方程，并检验包含随机劳动收入的确定性或确定性等价模型中的消费。Zeldes 模型基于分组数据对个人所面临的收入不确定性的估计，把对收入的冲击分为永久性和暂时性两部分。Zeldes 得到的分析结果是，当个人拥有的财富是 200 美元时，谨慎储蓄是最优消费的 20%。即如果没有收入的不确定性，消费将比在不确定下高出 20%。当个人拥有的财富是 500 美元时，谨慎储蓄是最优消费的 7%。这表明，消费者财富积聚的一个显著部分可以归结为谨慎储蓄。个人拥有的财富同谨慎储蓄之间存在反向变动关系。资产存在财富效应，较高的资产拥有水平可能促进个人消费的增长。Zeldes 认为，与确定性水准点相关，个人最优化地对当前收入或财富存在“过度反应”，同时对预期的将来收入存在“过低反应”。Zeldes 提出如下公式：

$$c = k(w + xhw)$$

x 是非人力财富的增函数且小于 1，hw 代表人力财富，w 代表非人力财富。该公式描述个人消费与财富的存量之间呈现线性关系。Zeldes 的预防性储蓄理论和 LCH 假说都说明财富效应的存在，区别在于资产在消费中发挥作用大小和机制有所不同。Zeldes 认为，消费是资产和收入的稳定函数的结论，在个人劳动收入是随机的情况下，必须要保证消费的效用函数是二次型并且消费可以为负的条件才能成立。这说明，Zeldes 对财富效应的解释比以前的 LCH 等理论更加严格。

（二）Dynan 模型中体现的财富效应

Dynan（1993）[25]模型认为预防性储蓄在家庭的总储蓄中只

占到一个很小的比例。其研究结果表明，消费者的谨慎度小于多数研究的结论，并且小到与广泛接受的风险厌恶观点不一致的程度。他用下式来测度谨慎性动机强度：

$$avg(GC)_i = \frac{1}{\xi}(\frac{r_i - \theta}{1 + r_i}) + \frac{\rho}{2}avg(GC^2)_i + \varepsilon_i$$

上式中，ρ 的大小决定预防性储蓄动机的强度。在广泛使用的常相对风险函数中，ρ 的预期应该在 2—5 之间。但是，Dynan 对 ρ 的估计值最高为 0.312，并在 95% 的概率保证下使 ρ 的变动区间在 -0.124—0.748 的范围之内。为了解释这个现象，Dynan 考虑家庭流动性约束和对风险环境的选择对预防性动机强度的影响。在考虑流动性约束之后，有较高财富的家庭相对谨慎系数有所提高。考虑到选择效应后，对于一个给定的收入不确定性水平，风险厌恶的家庭将选择进行更多的储蓄。但是在考虑到上述效应后，Dynan 对相对谨慎系数的估计仍然接近于 0。该理论对财富效应的解释没有 Zeldes 模型明显。

六、其他消费函数理论对财富效应的分析

（一）流动性约束假说

由于存在收入的过度敏感性和过度平滑性等经验事实与理性预期假说不一致，这说明理性预期假说的一些条件在现实中无法找到。例如，现实中就存在风险和信贷市场不完善等问题。流动性约束理论（LC）是针对信贷市场不完善而提出的假说。总体来说，流动性约束的存在降低了消费。一方面流动性约束会使消费者的消费比他想要的要少，另一方面预期未来发生流动性约束也会降低现期消费。Zeldes（1989a）[26] 将消费者按照财产多少分为两组，财产多的意味流动性约束宽松，财产少的表示流动性约束严格。他做的计量分析证实了 LC 是存在的。按照 LC 理论，

财富效应具有新的运行机制。财富多的消费者，面临着的流动性约束较少，在其他条件相同的情况下，他更容易从信贷市场获得贷款满足流动性需求。当他预期在未来某一阶段收入会上升时，他就会利用持有的非人力财富向信贷机构获得流动性，提高当期的消费水平。反过来，财富较少或缺乏财富的消费者则面临严格流动性约束，即使预期未来收入会提高，也会因为无法获得流动性而无法提高当前的消费水平。

（二）行为生命周期理论涉及到资产的财富效应

1988 年，圣·克拉克大学教授 Shefrin 和芝加哥大学教授 Thaler 提出行为生命周期理论（尹清非，2004）[27]。该理论认为，消费者会在挣钱期“十分心甘情愿地”为退休期的消费而储蓄。由于现期消费会对消费者产生诱惑，为了未来的消费又不得不牺牲眼前消费，这就需要进行自我控制。他们把这种行使意志力来抵抗消费的诱惑力看作是自我控制的心理成本。该理论引进三个心理账户的概念：现期可以花费的收入账户，现期资产账户和未来收入账户。该理论认为，对不同账户的财富，消费者的行为是不同的。现期收入账户的诱惑最大，心理成本最高，其边际消费倾向接近 1。现期资产账户的心理成本居中，其边际消费倾向次之。未来收入账户的心理成本最低，边际消费倾向最小。同样性质的心理账户，其财富余额不同，则对消费者产生的诱惑也不同。财富余额越大，其心理成本也越高。根据心理成本的差异，消费者可以选择有计划的储蓄。例如，通过养老金制度，消费者从现期收入中提取一定收入作为储蓄，增加未来收入账户的资产，使整个心理成本降低。该理论认为，人在年轻时期之所以消费增加是因为现期收入增加，导致对人们的诱惑增加。这样退休后的消费明显低于劳动时期的消费就是行为生命周期理论发展的自然结果。

七、财富效应理论对中国的启示

研究表明，从总体上讲，中国居民资产的财富效应微弱，应该采取措施扩大财富效应对消费和经济的促进作用。近一段时期来，中国经济主要靠投资推动，消费对经济的拉动作用有待加强。《中华人民共和国国民经济和社会发展第十一个五年规划纲要》在第二章《全面贯彻落实科学发展观》中提出，要增强消费对经济增长的拉动作用。为此，应该发挥资产的财富效应，促进消费的增长。

第一，建立多层次金融市场，增加金融资产的比重。与发达国家相比，中国居民资产总量少且金融资产所占比重过低。这自然会减弱资产对消费的影响。中国现阶段风险资产的缺乏，以及风险资产的广度和深度难以配比居民的投资选择，产生强制性银行储蓄（袁志刚，2005）[28]。而现阶段银行储蓄的增殖程度非常有限，这就是造成财富效应过低的直接原因之一。因此，要发展多层次金融市场，增加居民投资的品种和渠道，提高资产的集体增殖能力。当前要大力发展股票市场、企业债券市场和国债市场。同时，中国应该加快 QDII 的建设步伐。

第二，维持股市和房地产等市场稳定的预期。这是发挥财富效应的重要条件。从股市看，以上海股市综合指数收盘价为例，1992 年为 241. 2 点，此后开始下降，1995 年为 113. 24 点，1997 年达到 381. 29 点，1998 年大幅度上涨到 1146. 7 点，2000 年达到高峰 2073. 48 点。此后股市急速下挫，2002 年股指跌落到 1337. 65 点。目前股市好于往年，但股指波动仍然剧烈。2007 年 11 月，上海综合指数单月跌幅达到 1000 点。中国股市必须规范发展。目前住房价格过高，涨幅过大。按世界银行的标准，发达国家的房价收入比一般在1.8—5.5倍之间，发展中国家合理的房价收入比在3—6倍之间。我国目前全国的房价收入比已超过7.8倍。应该控制房价的过快增长，使人均住房面积和住房资产增加，促进财富效应的发挥。

第三，采取措施不断提高居民可支配收入水平。居民可支配收入与居民资产之间存在互相转化的关系。居民可支配收入水平的提高，必然会促进居民资产的增加。居民资产的增加又会增加居民的财产性收入。提高居民可支配收入是促进资产财富效应发挥作用的重要基础条件。当前要采取措施促进居民收入增长，提高居民社会保障水平，增加转移支付的力度，通过所得税等手段促进合理分配，从而提高居民可支配收入水平。

第四节　财富效应理论研究新进展

财富效应①的提出和争论超过半个世纪。从发展过程看，财富效应理论以1990年为分界点可以划分为两个阶段。第一阶段财富效应理论的最大特点是，以生命周期等理论为主要理论基础把资产引入到对消费的影响因素中。第二阶段的财富效应理论研究与第一阶段相比发生较大变化。一是对财富效应的检验技术进一步完善，例如面板协整技术的应用。二是对各种资产的财富效应进行分类研究。传统的财富效应理论主要研究金融资产尤其是股票资产对消费的影响，而第二阶段的理论不仅研究金融资产的财富效应，还研究不动产如住房资产的财富效应。三是不仅研究

① 该部分主要观点请参考文献：骆祚炎．财富效应理论研究新进展［J］．经济学动态．2007，（6）：105—109。

单个国家的财富效应，还进行财富效应的国别比较研究。四是不仅分析资产价值变化对消费的影响，还同时分析资产价值的变化对住房贷款需求、货币流通速度和资产自我保险需求等因素的影响。

一、面板协整等技术对财富效应的再证明

财富效应的传统实证分析，大多利用一些线性回归技术和单方程的协整检验来证明。随着新的计量技术出现，财富效应的实证分析手段得到发展。

Christian Dreger（2006）[29]利用新形成的面板协整技术，从消费和收入之间的协整关系入手检验财富效应。按照过去的协整检验技术，如果协整关系成立，则表明消费与收入之间存在长期关系。然而 Campell and Perron（1991）[30]认为，标准单位根和协整检验对于静态变量之间的检验无效。因此 Christian Dreger 认为，作为方法上的替代，面板单位根和协整检验得到应用，由于时间序列维度被截面数据加强，这样检验的结果就更加依赖于一个更为宽广的信息截面。在面板协整中，由 Pedroni（1999，2004）[31]推荐的检验技术得到应用。Pedroni 根据 ADF 检验和 PP 检验并把格兰杰因果检验推广到面板模型中，他首先对一个面板数据独立使用协整估计，然后对残差进行单位根检测，如果零假设遭到拒绝，则长期的均衡关系成立。Christian Dreger 在面板协整检验中还利用到 IPS（Im et al，2003）[32]和 Hadri（2000）[33]所提供的检验技术，IPS 检验建立在 ADF 检验基础之上，在 Hadri 检验中，把 Kpss 方法应用到面板协整中。Christian Dreger 利用该技术，以 1991—2001 年欧盟国家的数据为基础，调查了私人消费与可支配收入之间的长期关系，结果发现消费—收入模型所显示的协整关系是模糊的。除此之外，通过有效估计的协整

向量与理论上的推理也不一致。为此，Christian Dreger 把金融资产引入到消费函数中，结果显著地改善了消费—收入模型。由此他认为，这种改善与财富效应有一定关系。特别是通过对消费函数模型的改进发现，收入弹性与 1 无显著差异，因而与生命周期理论也取得一致，金融资产的边际消费倾向 MPC_{-W} 大概为 3%—5%。Christian Dreger 利用研究结果预测到，2000 年以来的股市下跌，意味着储蓄率的逐渐上升，消费温和式上涨阻止了欧盟经济的强劲复苏。

Karen E. Dynan 和 Dean Maki M.（2001）[34]认为，财富效应的传导机制可以分为直接途径和间接途径。直接途径是指股市财富的增加可以较快地使居民消费增加。间接途径指股市财富的增加，会使居民产生收入增加的预期，经过一个较长时间的滞后期后会引起引起消费的增加。他们认为直接途径引起的财富效应更有效，他们估计股市资产价值每增加 1 美元将使消费增加 3—5 美分。Ludvigson Sydney 和 Steindel Charles（1999）[35]认为，利用传统的生命周期假说来估计劳动收入、股市财富和非股市财富对消费的影响，其研究结果具有不稳定性。为此，他们利用动态最小二乘估计模型并利用美国 1953—1997 年数据，结果发现财富效应对消费的影响在战后几十年内仍然不够稳定，但从总体上看，财富效应大体存在，财富增加 1 美元导致消费增加 3—4 美分。

二、股市收益还是股市的波动作用于消费

Ling T. He（2005）[36]认为，有两种理论试图解释股票市场与包括消费在内的实体经济活动之间的关系。第一种理论是财富效应。该理论认为，当前股市的回报同未来的消费之间存在正向的关系。Fama（1990）[37]认为，股票价格是总体经济的先行指

示器，当股市上涨，投资者会认为经济增长迅速。根据持久收入理论，居民会在生命周期内平滑消费，较高的期望财富会导致更多的消费，较低的期望财富会导致当前消费下降。一些研究运用经验事实验证财富效应的存在（Schwert，1990）[38]。另一种理论认为，由于股市的波动造成的不确定性效应而不是股票的回报对消费等实体经济活动产生影响。Romer（1990）[39]、Pindyck（1991）[40]、Bittlingmayer（1998）[41]等的统计数据支持不确定性效应的存在。

Romer 利用 1891—1913 年、1921—1928 年和 1949—1986 年等三个样本期为例进行实证分析后认为，股票价格的波动引发未来收入的不确定性，抑制消费者对耐用消费品的支出。在该模型中，Romer 对财富效应和不确定性效应同时进行测度，并假定股市的波动在 3 个月后对耐用消费品市场产生影响。该模型分析发现，在 3 个月的滞后期内，不确定性对耐用消费品的生产产生影响，而财富效应则没有影响。Romer 以 1928 年期间的数据为例说明，不确定性效应随后导致 1930 年大危机的爆发，在大危机前后，财富效应的作用微不足道。Romer 之所以持这种观点，在于他认为股市的波动会导致人们关于未来收入不确定性的认识，导致消费者延迟对耐用消费品的购买，暂时的不确定性的上升会增加人们等待的价值，消费者延迟购买耐用消费品是有好处的，这种情况要持续到消费者认为未来的收入有相当的确定性为止。

但是 Ling T. He 认为，财富效应的文献表明，股市与消费变化之间的时滞要超过 3 个月，消费者要花费更长的时间来消化股票市场的信息，当消费者看到股市收益上升时，他们仍然可能延迟消费模式的变化，直到他们相信这种模式的变化具有持续性为止。Ling T. He 认为，当允许消费者的消费行为在股市变化 12

个月后产生变化的话，股市的不确定性在大危机前后就没有显著的影响，相反前几年股市的收益对耐用消费品的生产产生显著影响。Ling T. He 的观点得到 Dynan and Maki（2001）[42] 的支持。Dynan and Maki 认为，家庭消费和股市之间的财富效应存在，财富效应甚至可以持续 2 年，股市在一年之前收益上的积极变化会比股市当前收益上变化对消费的影响更大。Ling T. He 同时认为，Romer 实际上是利用耐用消费品的生产来解释波动，而不是利用消费者在耐用消费品上的消费来解释波动，因为在大危机前后这种支出数据很难获得。Romer 在论文中认为，耐用消费品的生产数据和消费数据之间由于高度相关（相关系数达到 0.906），这两种数据具有替代性。但是 Ling T. He 认为，高度相关的数据并不能够保证得到相似的回归结果，当使用 Romer 的模型并使用消费者的支出数据时，股市波动的系数无论是在 1949—1986 年间还是在 1949—2000 年间，其系数均不明显，这种变量替代是没有保障的。

三、金融资产与不动产财富效应的比较

传统的财富效应理论主要研究金融资产的财富效应，其中以研究股票等金融资产的财富效应为主。但实际上，非金融资产如不动产也同样具有财富效应。不仅如此，研究甚至发现，不动产的财富效应甚至比金融资产的财富效应要大。

John D. Benjamin（2004）[43] 以美国 1952 年第一季度到 2001 年第四季度的数据为样本，估计了美国不动产和金融资产对消费的影响。其研究发现，不动产增长 1 美元能够使消费增加 8 美分，而金融资产增加 1 美元只能使消费增加 2 美分。金融资产的财富效应要小于不动产的财富效应。实际上，美国 2000 年和 2001 年的股市下跌对总需求的影响很有限，这是因为房地产的

MPC 要高于金融资产的 MPC，不动产的财富效应抵消了其负面影响，持有不动产能够平滑消费并减少消费的波动性。

John D. Benjamin 认为，金融资产相对较低的财富效应由几个方面的原因引起。一是居民金融资产集中在受到限制的几个账户如养老金和保险等上，这些账户大约占到居民金融资产的75%，居民不能轻易地从这些账户中提走资金，也不能在无抵押的情况下获得借款。对于低收入家庭来说，没有受到限制的金融资产对消费的影响几乎不存在。金融资产主要集中于高收入家庭，而这些资产又大多受到限制不能使用。John D. Benjamin 认为，一个典型的美国家庭（1998 年）有住房不动产等金额为 43700 美元，有 20800 美元的金融资产。在金融资产中，16000 美元或 75% 的资产是受到限制的养老金、退休金和保险账户。无限制的金融资产包括现金、存款、债券、股票和共同基金，大约为 4800 美元。大概占到人口 37.4% 的低收入家庭（家庭收入小于 10000 美元或 10000 美元至 24999 美元之间）几乎没有金融资产，其不受限制的金融资产甚至为负数（-200 美元或 -300 美元）。金融资产主要集中在那些富有的家庭，这些家庭拥有住房的比例更高。例如，家庭收入超过 10 万美元的家庭，其住房的自有率达到 91.1%（小于 10000 美元的家庭其住房自有率仅有 36.1%），其金融资产达到 244300 美元。其中，受到限制的金融资产达到 110400 美元，不受限制的金融资产为 133900 美元，股票和共同基金为 60200 美元。但是，这些富有家庭从金融资产所获得的收益（不受限制的资产所获得收益包括利息、红利和资本利得）不会轻易用于消费。

二是税收政策有利于居民把资产和债务集中在住房上。在应税收入中可以扣除住房的抵押贷款利息，较低的借款利率以及一个全国性的较安全的市场，使居民通过增加债务来增加消费。美国的储蓄存款利率水平从1995年的9.1%下降到2001年的4.3%，住房购买者在利率下降的过程中减少了每个月的抵押支付金额，这是这个时期不动产增加的主要原因。John D. Benjamin的研究证实了Greenspan（2001）[44]的结论。即居民通过房地产财富的增长来增加消费，从而抵消股市价格下跌带来的家庭支出的下降。除了John D. Benjamin论述的原因外，Muellbauer（1994）[45]认为，基于流动性和资产所有权不同而引起的资产差异，会引起不同种类资产的边际消费倾向。

四、金融资产与不动产财富效应的波动

John D. Benjamin（2004）[46]认为，在衡量财富效应时存在两种收入口径。第一种口径为标准的在NIPA中（国民收入核算体系）使用的可支配收入，第二种口径是由Davis和Palumbo（2001）[47]提出来的可支配收入。在Davis和Palumbo的口径中，财产性收入（例如公司红利、净利息、租金和所有权收益）等被从总的可支配收入中扣除，劳动收入和转移收入被当作是人力资本的报酬。按照NIPA的可支配收入口径计算出金融资产的边际消费倾向MPC=0.023，住房资产的MPC=0.079。按照人力资本收入口径计算出来的金融资产的MPC=0.025，住房资产的MPC=0.157。John D. Benjamin认为，从样本平均情况看，74%的财富为金融资产，26%的财富为不动产，则利用NIPA口径计算出来总资产的MPC=0.038，利用Davis和Palumbo计算出来的总资产的MPC=0.059。

John D. Benjamin认为，对金融资产MPC的估计从宏观上的预测比从微观上的预测要小。就股票市场的财富效应而言，各种估计也不一致。Poterba和Samwick（1995）[48]检验股市上涨时高档商品的市场情况，发现只有汽车需求对股市价格较为敏感，其

他高档商品的需求对股市价格的上涨不敏感。Shleifer（1995）[49]甚至估计股票的 MPC 接近于零。但是 Juster et al（1999）[50]利用动态收入的面板数据 PSID（panel survey of income dynamics）却发现股市的 MPC = 0.17。

就住宅资产的财富效应而言，同样有不同的结论。Hoynes 和 McFadden（1997）[51]利用宏观数据发现住宅资产对消费只有有限的影响。利用 PSID 数据，Engelhardt（1996）发现住宅资产的财富效应具有不对称性。住宅资产的价格上升对消费几乎没有影响，但是住宅资产的价格下降 1 美元却可能使消费下降 30 美分。John D. Benjamin 认为，也有一些文献发现住宅资产的价格上升具有正的 MPC。

从各资产 MPC 的变动范围看，John D. Benjamin 计算认为，不动产的 MPC 在 0.08 到 0.15 之间，金融资产的 MPC 在 0 到 0.15 之间波动。金融资产 MPC 的波动范围要大于不动产的范围。

五、财富效应理论的其他研究

（一）财富效应的国别比较

Vincent Labhard 等（2005）[52]认为，金融资产的边际消费倾向 MPC_{-W}在不同的国家相差很大，利用 VAR（向量自回归，即 vector auto - regression）技术可以估算并证实这个发现。他认为，对于国家之间 MPC_{-W}分布范围的广泛性，很少有一个基本理论进行说明；国与国之间在实证数据上的差异，实际上反映了资产衡量的困难。他利用面板分析技术，以获得的 11 个 OECD 国家的数据为基础，证实了 MPC_{-W}是存在的，而且 MPC_{-W}至少要超过 6%。

对于国家之间 MPC_{-W}差异原因的解释是比较困难的。Vincent Labhard 等认为，国家之间在投资回报率和计划收益率之间的差异，可以部分解释 MPC $_{-W}$在国家之间的差异。他们认为，很少有证据表明，国家之间在资产组合结构上的差异，包括直接和非直接资产的相对有效性，能够解释国家之间 MPC $_{-W}$的差异。为此，Vincent Labhard 等提出，可能由于在中短期内住房价格变化带来的冲击，使经济体系发生系统性的变化，导致 MPC $_{-W}$的国别差异。但是这种假设目前缺乏证据支持。因此，Vincent Labhard 等认为，MPC $_{-W}$在国家之间的差异性可能与数据的缺失有关，通过局部均衡的分析方法得到的 MPC $_{-W}$面临着一系列数据问题，局部均衡的分析方法也不能解释，同时引起消费和资产变化的内部结构性原因。从总体上看，金融资产财富效应国际间差异的原因有待继续探讨。

（二）金融资产的价值对住房抵押贷款的影响

Loannides（1989）[53]发现，金融资产和抵押贷款之间有负相关的关系，Brueckner（1994）[54]通过消费者两期效用最大化模型，从理论上证明金融资产和抵押贷款之间有也呈现负相关的关系。然而，Duca he Rosenthal（1993）[55]使用总债务和净财富变量证明净财富和住房贷款需求之间有正相关的关系。Jones（1995）[56]讨论了额外的而非全部的抵押贷款需求发现，非住房资产（或证券等金融资产）对超额抵押贷款需求有负面的影响。Yoko Moriizumi（2000）[57]认为，当前的资产或财富在住房（耐用消费品）抵押贷款消费中具有负面的影响。越是富有的家庭对住房抵押贷款的需求越少。日本家庭购买住房的资金超过20%的部分是自己积累起来的财富，大约30%—45%的部分是通过抵押贷款获得的延期支付方式（downpayments）来满足，剩余的资金来源于转移资产（赠与和继承）以及已有住房的出售。

在日本，开展住房抵押贷款业务的机构很多，既有政府控制的公司（CPC_s），也有私人机构（private sector）。在财富多的情况下，居民更容易取得贷款，但其贷款需求却可能不高。反之则相反。所以，财富对抵押贷款的影响可能具有不确定性或表现阶段性的特征。Hurts and Stafford（2002）[58]比较了有流动性约束和无流动性约束的两类家庭的消费行为。他们发现，受流动性约束的家庭与无流动性约束的家庭相比，在面临收入冲击时，会高出19%的可能性去调整住房抵押贷款行为，而且通过调整60%的现金流来调整当前消费。

（三）股市价格同货币流通速度之间的关系

Massimo Caruso（2001）[59]利用25个国家的面板数据分析发现，来自股票市场的财富效应，对名义收入与广义货币之间的比率有相反的影响；股市价格与广义货币流通速度之间关系的密切程度，与各个国家在金融资产结构上的差异一致；来自股市的财富效应与广义货币的流通速度呈现负相关的关系。

（四）资产价值与自我保险和自我保护之间的关系

Kangohlee（2005）[60]分析了增加的资产对自我保险和自我保护的作用，分析显示，随着资产的增长，在下降的绝对风险规避DARA（decreasing absolute risk aversion）情况下，防止资产损失的自我保险需求会下降，但是对健康的自我保险会增加。同样，随着资产的增加，对健康的自我保护会增加，对资产的自我保护可能会增加也可能会下降，这意味着对非货币资产的自我保险和保护会随着资产价值的增加而增加。

第五节 支出预期、预防性动机与居民消费

一、不确定性与预防性储蓄动机

预防性储蓄[①]是指风险厌恶的消费者为预防未来不确定性而带来的消费水平下降而进行的储蓄。这种不确定性主要由收入的波动造成。最早在理论中涉及到预防性储蓄动机的 Fisher (1956)[②] 和 Friedman (1957)[③]。他们的研究发现，当个人的职业包含更多的风险时，他们将储蓄更多。

Zeldes (1989)[④] 在其经验模型中得到的分析结果是，当个人拥有的财富是 200 美元时，谨慎储蓄是最优消费的 20%。即如果没有收入的不确定性，消费将比在不确定下高出 20%。而当个人拥有的财富是 500 美元时，谨慎储蓄是最优消费的 7%。这表明，个人拥有的财富同谨慎储蓄之间似乎存在反向变动关

① 该部分观点可参考文献：骆祚炎．支出增长预期对居民消费和储蓄的影响分析——兼评预防性储蓄理论的不足［J］．山西财经大学学报．2007，（8）：33—38；骆祚炎．教育、医保和住房支出压力对城镇居民消费影响的 VAR 分析［J］．广东商学院学报．2007，（1）：58—62，该篇文章被中国人民大学复印资料《商贸经济》，2007 年第 5 期全文转载（42—46 页）；骆祚炎．教育和医保支出压力对农村居民消费影响的 VAR 分析［J］．统计与决策．2007，(22)：90—91。

② Fisher, Malcolm, "Exploration in Saving Behavior", Oxford University Institute Statistics Bulletin, 1956, (18): 210—227.

③ Friedman, M., A Theory of the Consumption Function, Princeton University Press, Princeton, NJ, 1957.

④ Zeldes Stephen P., "Optional Consumption with Stochastic Income: Deviations from Certainty Equivalence", Quarterly Journal of Economics, 1989, (104): 275—298.

系。标准的LCH假说认为，消费同持久收入之间保持一个线性关系，持久收入被定义为非人力财富的年金值和未来收入的折现值（其实在该理论中已经考虑到财富效应）。Zeldes认为这种消费函数模型可能是错误的。从财富效应理论的角度看，Zeldes的预防性储蓄理论和生命周期假说（LCH）都说明财富效应的存在，区别在于资产在消费中发挥作用大小和机制有所不同。Zeldes认为，消费是资产和收入的稳定函数的结论，在个人劳动收入是随机的情况下，必须要保证消费的效用函数是二次型并且消费可以为负的条件才能成立。Carroll（1993）① 理论认为，储蓄相当于一种缓冲存货，以便在境况艰难时维持消费而在境况如意时增加消费。缓冲存货储蓄者一般有一个财富对持久收入的目标比率。如果财富低于目标比率，预防性储蓄动机的强度将战胜消费者的不耐心而增加储蓄。反之则相反。

与一些预防性储蓄模型不同，Wilson（1998）② 的预防性储蓄模型在考虑消费支出时，不仅包括了非耐用品的消费，还包括了耐用消费品的消费（假定该两种消费效用能够相加）。Wilson对消费的估计更加全面。Wilson采用了CARA（绝对风险厌恶）效用函数：

$$U(CN_t, K_t) = -\frac{1}{\gamma}e^{-\gamma CN_t} - \frac{1}{e}e^{-\rho K_t}$$

在上式中，γ是非耐用品的绝对风险厌恶系数，ρ是耐用消费品的绝对风险厌恶系数。如果γ和ρ都是正的，则表示未来劳动收入不确定性上升的家庭，将通过降低当前对耐用和非耐用消费品的

① Carroll Chritopher, "Buffer Stock Saving and the Life Cycle/Permanent Income Hypothesis", Mimeo, Board of Governors of the Federal Reserve System, 1993.

② 朱春燕、臧旭恒．预防性储蓄理论——储蓄函数的新进展[J]．经济研究．2001，(1)：88—89。

支出来预防消费上面的波动。随着时间的推移和谨慎财富的增加，支出将转而上升。该模型的研究表明，假定年人均收入为40000美元时，季度储蓄率为10%。如果季度收入的15%面临风险时，谨慎储蓄占总储蓄的5%—10%。如果季度收入的30%处于风险中时，谨慎储蓄占到总储蓄的9%—21%。尽管比例有所上升，但谨慎储蓄对总财富积累的贡献仍然很小。当考虑总消费支出中包含劳务消费时，谨慎储蓄的比例开始大幅度上升。当季度收入中有15%处于风险之中时，谨慎储蓄占总储蓄的比例达到42%—55%。而当季度收入中有30%是风险收入时，则所有的储蓄都是预防性的。

但是，也有研究者对预防性储蓄理论提出质疑。Dynan (1993)[①] 模型认为预防性储蓄在家庭的总储蓄中只占到一个很小的比例，预防性储蓄不是消费者行为中的重要部分（该模型使用消费变量来估计风险，这与众不同）。在考虑流动性约束之后，有较高财富的家庭相对谨慎系数有所提高。考虑到选择效应后，对于一个给定的收入不确定性水平，风险厌恶的家庭将选择进行更多的储蓄。但是在考虑到上述效应后，Dynan对相对谨慎系数的估计仍然接近于0。因此该理论对财富效应的解释没有Zeldes模型明显。Skinner（1988)[②] 发现最有风险的职业（例如自我雇佣者和商人）有较低的储蓄率，这说明通过职业的特征来判断一个人所面临的风险时可能会造成不准确。Skinner (1988）认为，如果对风险不太介意的个人进入收入有较高风险的职业，预防性储蓄理论不必然支持这些高风险职业的个人就会

① Dynan Karen E.,"How Prudent are Consumers", Journal of Political Economy, 1993,(101): 1104—1113.

② Skinner, Jonathan,"Risky Income, Life Cycle Consumption, and Precautionary Savings", Journal of Monetary Economics, 1988,(22): 237—255.

储蓄更多。Guiso、Jappelli 和 Terlizzese（1992）① 认为，那些报告自己未来收入有较大变动的人其消费只是略微降低一点，同时财产积累稍微提高一点。

在经济转轨时期，中国居民同样因为就业、收入增长和社会保障制度等因素面临诸多不确定性，从理论上说，预防性储蓄动机是存在的。与国外情况研究相同，有的研究认为中国居民存在较强的预防性动机，而有的研究则认为中国居民预防性动机强度不大。这一方面说明，各种实证研究方法和统计数据存在较大差异，另一方面也说明，在预防性动机之外，还要考虑其他因素对消费的影响。对中国居民来说，支出增长的预期对居民消费就有一定的影响。

二、预防性储蓄不能完全解释居民储蓄的增长

一段时期以来，居民消费倾向不断降低，居民储蓄倾向不断提高。中国 1993—2002 年的平均最终消费率为 58.8%，2003 年的最终消费率为 55.4%，2004 年最终消费率下降到 53%，2005 年最终消费率继续下降到 51.9%，2006 年为 52.12%②，远远低于发达国家 70% 的水平（骆祚炎等，2005）[61]。消费对经济的拉动作用有待加强。本研究根据人均指标计算，城镇居民储蓄③占当年可支配收入的比例，1990—2006 年的比例分别为：15.3%、14.5%、17.5%、18.1%、18.5%、17.4%、19.0%、

① Guiso, Lullio Jappelli and Daniele Terlizzese, "Earnings Uncertainty and Precautionary Savings", Journal of Monetary Economics, 1992,（30）: 307—337.

② 根据《中国统计年鉴（2007）》等计算得到。

③ 居民储蓄 = 居民人均可支配收入 - 居民人均消费，即居民储蓄指居民消费之后的剩余。因此本研究的居民储蓄不仅包括居民的银行储蓄存款，还包括居民对股票、企业债券、国债、基金和保险等方面的投资。有的居民还用储蓄来进行非自用的投资（例如购买非自用的商品住房）。

18.9%、20.1%、21.1%、20.4%、22.6%、21.7%、23.1%、23.8%、24.33%、26.04%。城镇居民储蓄倾向呈现不断增加的趋势（见图2-1）。农村居民储蓄倾向同样在不断提高（见图2-2）。根据任若恩等人（2006）[62]采用美国 $NIPA_S$ 的计算，1992—2001年中国的居民储蓄率分别高于美国14.07%、13.90%、18.11%、16.21%、16.62%、17.11%、15.60%、16.19%、15.25%、15.61%，中国居民的储蓄率仍然偏高①。

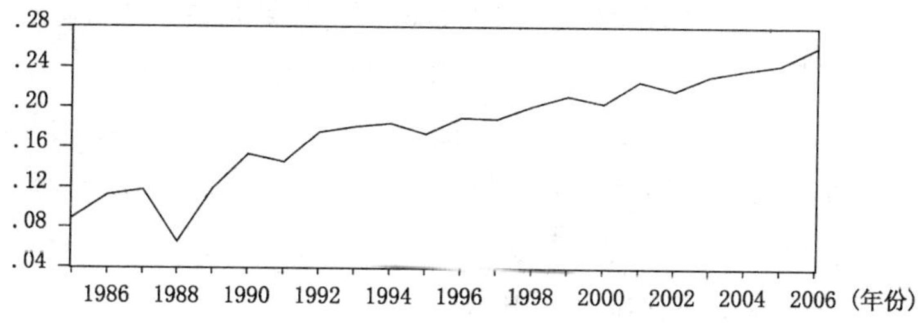

图2-1 中国城镇居民储蓄倾向（ratioups）变化图

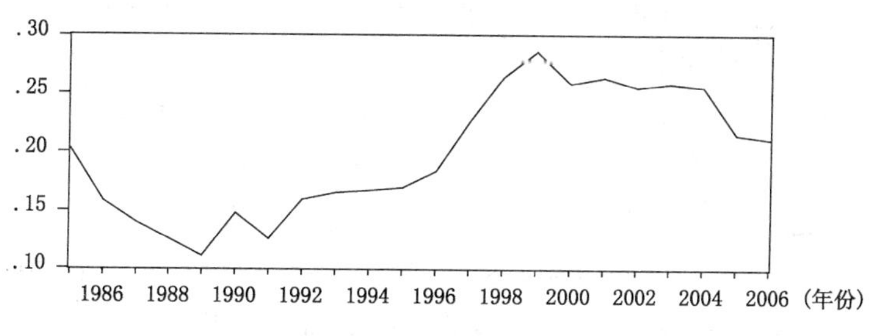

图2-2 中国农村居民储蓄倾向变化图

对于储蓄的增加和储蓄倾向的不断提高，文献把原因归结为三个方面：未来收入的不确定性、未来大额的刚性支出和贫富差

① 任若恩（2006）同时认为，国内目前所使用的储蓄率，在不同程度上与国际惯用的储蓄率在计算方法和统计口径上不一致。

距的扩大（李学彦等，2006）[63]。其中，绝大多数文献从预防性储蓄理论的角度分析居民储蓄的增长。该理论认为，居民在转轨过程中面临的不确定性增强导致预防性储蓄增加和流动性约束限制了居民消费。龙志和（2000）[64]以1991—1998年分地区的截面数据为基础进行分析后认为，用来衡量预防性储蓄的相对谨慎系数达到5.0834，居民预防性储蓄动机较强。汪红驹等(2002)[65]认为，制度变革增加了不确定性，不确定性和流动性约束的增强是居民消费倾向下降的主要原因。杜海韬等(2005)[66]认为，20世纪90年代中期以来持续走低的收入增长率直接抑制了消费需求的增长，偏紧的流动性约束和日益增强的不确定性增大了预防性储蓄动机。但是，从其他研究看，预防性动机对居民储蓄增长的解释力并不强。例如，Dynan（1993）[67]模型对预防性动机的显著性提出疑问。该模型认为预防性储蓄在家庭总储蓄中只占到一个很小的比例，预防性储蓄不是消费者行为中的重要部分，消费者的谨慎度 ρ 小于多数研究的结论，并且小到与广泛接受的风险厌恶观点不一致的程度。在广泛使用的常相对风险函数中，ρ 应该在2—5之间。但是，Dynan对 ρ 的估计值最高为0.312，并在95%的概率下使 ρ 的变动处在 -0.124—0.748之间。为了解释这个现象，Dynan考虑家庭流动性约束和风险环境的选择对预防性动机的影响。在考虑流动性约束之后，有较高财富的家庭相对谨慎系数有所提高。考虑到选择效应后，对于一个给定的收入不确定性水平，风险厌恶的家庭将选择进行更多的储蓄。在考虑到上述效应后，Dynan对相对谨慎系数的估计仍然接近于0。万广华等（2001）[68]的实证分析表明，用来衡量不确定性的 $\mathrm{var}(\Delta c_t)$ 的系数在1961—1983年为 -0.01465，在1984—1998年为 -0.18353。虽然居民面临的不确定性增强了，但这些系数并不大，不确定性对储蓄增长的解释力度远不及居民收入等因素。施建淮等（2004）[69]采用1999年1月到2003年3月35个大中城市的月度数据进行分析认为，城市居民的相对谨慎系数为0.878，城市居民虽然存在预防性储蓄，但预防性动机不强烈。这说明，仅用预防性储蓄理论解释储蓄的增长是不够的。

三、未来支出增加的压力使居民储蓄倾向提高

预防性动机强度的实证检验存在较大的差异，它不能完全解释居民的储蓄增长。考虑到近年来居民在教育、医疗保健和居住等三项消费支出的不断增长等现象，本研究提出未来支出增长的压力是促使居民增加储蓄的重要原因的假设。之所以提出这个影响因素，是基于如下理由。第一，预防性储蓄理论主要从收入波动的角度（包括失业）来分析居民储蓄的动机，而没有考虑到居民未来支出的增长。臧旭恒（2001）[70]认为，用收入的不确定性来划分各种预防性储蓄理论，有多少个关于收入不确定性的假设，就有多少种关于预防性储蓄的理论。这表明预防性储蓄理论主要研究收入等波动对消费和储蓄的影响，具有片面性。朱宪辰等（2001）[71]的研究认为，中国城镇居民支出结构预期而不是收入预期使边际消费倾向发生了变化。这是对预防性储蓄理论提出的反论。第二，有关调查问卷表明，教育消费等支出是居民进行储蓄的重要原因，物价上涨助长这种趋势。根据中国人民银行的调查，2003年第一季度，有20.22%的居民储蓄动机是“攒教育费”，稳居居民储蓄动机的首位。2004年第四季度的问卷表明，“攒教育费”仍是居民储蓄的首要目的，依次是“养老”、“买房装修”和“预防意外”，占比分别为18.9%、14.1%、11.8%和10.7%。2006年第三季度，城镇居民对“物价过高”的判断由一季度的13.1%上升到三季度的15%。2007年第四季度数据表

明，64.7%的被调查者预期物价上涨[①]。第三，城镇居民的恩格尔系数不断降低，教育等三项支出在居民消费支出中的重要性在增强。城镇居民恩格尔系数1990年为54.2%，1999年为42.1%，2000—2006年分别为：39.4%、38.2%、37.7%、37.1%、37.7%、36.7%、35.8%，农村居民恩格尔系数同样降低[②]。第四，三项支出及其占总支出的比例不断上升。从表2-1可看出，中国城镇居民三项支出不断增加，其占居民消费支出的比例呈现上升趋势（见表2-1）。居住占居民消费的比重从1990年的4.77%增加到2006年的10.18%。教育占居民消费的比重最高，从1990年的8.76%增加到2006年的13.83%。医疗保健支出占居民消费的比例从1990年的2.03%上涨到2006年的7.14%。中国农村居民也出现同样的情况（见表2-2）。农村居民教育占居民消费的比重从1990年的5.36%增加到2006年的10.79%。医疗保健支出占居民消费的比例从1990年的3.24%上涨到2006年的6.77%，增长趋势同样明显。2007年以来，由食品价格上升引起的物价上涨也在增加居民支出的预期。这些支出增长的预期会部分抑制居民消费的动力。

表2-1 中国城镇居民三项支出及其占居民消费的比重（人均指标）

单位：元、%

年份	教育	居住	医疗保健	教育占比	住房占比	医保占比
1990	112	61	26	8.76	4.77	2.03

① 中国人民银行的调查数据分别见：《2003年第一季度中国人民银行城镇储户调查问卷》[A]；《2004年第四季度中国人民银行城镇储户调查问卷》[A]；《2006年第三季度中国人民银行城镇储户调查问卷》[A]；《2007年第四季度中国人民银行城镇储户调查问卷》[A]。

② 数据见《中国统计年鉴（2007）》等。

续表

年　份	教　育	居　住	医疗保健	教育占比	住房占比	医保占比
1991	139	87	36	9.56	5.98	2.48
1992	173	124	51	10.35	7.42	3.05
1993	194	140	57	9.19	6.63	2.70
1994	251	193	83	8.80	6.77	2.91
1995	331	284	110	9.36	8.03	3.11
1996	375	301	143	9.57	7.68	3.65
1997	448	359	180	10.70	8.58	4.30
1998	499	408	205	11.52	9.42	4.73
1999	567	454	246	12.28	9.84	5.33
2000	670	565	318	13.41	11.30	6.36
2001	737	611	343	13.88	11.51	6.46
2002	902	624	430	14.96	10.35	7.13
2003	934	699	476	14.34	10.74	7.31
2004	1032	734	528	14.37	10.22	7.35
2005	1097	809	601	13.82	10.18	7.56
2006	1203	904	620	13.83	10.40	7.14

注：1. 本表原始数据来源于《中国统计年鉴》各期的居民家庭抽样调查数据。2. 从2002年起，城镇住户调查对象由原来的非农业人口改为城市市区和县城关镇区。3. 1991年和1992年的支出构成同1993年以后年份相比发生变化。该两年无法查阅到医疗保健指标，而且住房（只有房租）和教育文化消费（分别以文艺和书报杂志体现）无法直接查到。但是1990年数据却可以直接通过《中国统计年鉴2005》得到。1991年和1992年数据是根据1990年与1993年之间的增长速度模拟出来的。4. 教育消费占比＝教育÷居民的消费支出。其他依此类推。5. 居住、医疗保健、教育支出及消费均为人均指标。教育消费包括教育和文化娱乐。

表 2-2 中国农村居民三项支出及其占居民消费的比重（人均指标） 单位：元、%

项目	教育	居住	医保	教育占比	住房占比	医保占比
1990	31.4	81.2	18.9	5.36	13.88	3.24
1991	36.3	81.9	22.3	5.86	13.20	3.60
1992	43.7	82.7	24.1	6.63	12.55	3.66
1993	58.2	78.2	26.1	7.57	10.15	3.39
1994	75.1	108.9	32.0	7.38	10.72	3.15
1995	102.3	147.7	42.4	7.81	11.28	3.24
1996	132.5	186.3	58.2	8.43	11.85	3.70
1997	148.2	198.3	62.5	9.16	12.26	3.86
1998	159.4	199.3	68.1	10.24	12.54	4.29
1999	168.4	203.7	70.1	10.68	12.92	4.44
2000	186.7	231.0	87.6	11.18	13.84	5.25
2001	192.6	249.9	96.6	11.06	14.35	5.55
2002	210.4	271.6	103.9	11.41	14.74	5.64
2003	235.8	278.2	115.8	12.13	14.32	5.96
2004	247.6	297.3	130.6	11.33	13.61	5.98
2005	295.5	342.3	168.1	11.56	13.38	6.58
2006	305.1	468.9	191.5	10.79	16.58	6.77

注：1. 本表原始数据来源于《中国统计年鉴》各期的居民家庭抽样调查数据。
2. 农村居民支出包括总支出和现金支出两种口径。为计算支出压力对农村居民消费的影响，这里采用现金支出指标。教育占比 = 教育现金支出 ÷ 现金总支出。其他依此类推。

由于上述原因，本研究认为，引入居民支出增长的预期，结合预防性储蓄理论，对居民储蓄和消费行为进行分析有一定意义。

参考文献：

[1] Robert. E. Hall. Stochastic Implications of the life Cycle - Permanent Income Hypothesis：Theory and Evidence [J]. Journal of Political Economy. 1978，(86)：971—987.

[2] Marjorier. Flavin. The Adjustment of Consumption to Changing Expectations about Future Income [J]. Journal of Political Economy. 1981，(89)：974—1008.

[3] J. y. Campbell and N. G. Mankiw, The Response of Consumption to Income, a Cross - Section Investigation [J]. European Economic Review. 1991，(35)：723—726.

[4] 彭文平. 消费的过度敏感性假说及其在中国的应用[J]. 上海经济研究. 2001，(5)：15—17.

[5] 金晓彤. 我国居民消费行为分析——过度敏感性假说的运用[J]. 财贸经济. 2002，(1)：66—68.

[6] 彭文平. 消费的过度敏感性假说及其在中国的应用[J]. 上海经济研究. 2001，(5)：15—17.

[7] 宋冬林等. 我国城镇居民消费过度敏感性的实证检验与经验分析[J]. 管理世界. 2003，(5)：29—35.

[8] 骆祚炎. 1985年以来中国居民消费过度敏感性的实证检验—基于状态空间模型的分析[J]. 经济经纬，2007，(5)：18—21.

[9] 约翰·伊特韦尔等主编. 新帕尔格雷夫经济学辞典(Q—Z) [M]. 经济科学出版社. 1992. 955—956.

[10] Patinkin, D.. Money, Interest and Prices [M], Evan-

ston: Row, Peterson & Co. 1956.

[11] Friedman, M. and Schwartz, A. J., " Money and business cycles", *Review of Economics and Statistics* [J], 45 (1), 1963, February, Supplement: 32—64.

[12] Milton. Friedman., A Theory of The Consumption Function [M]. Princeton. Princeton University Press. 1957.

[13] Modighani F. and Brumberg R., Utility Analysis and the Consumption Function: An Interpretation of Cross – Section Data [M]. *Post – Keynesian Economics.* Rutgers University Press. 1954: 388—436.

[14] 李振明．中国股市财富效应的实证分析[J]. 经济科学. 2001, (3): 58—61.

[15] James M. Poterba., Stock Market Wealth and Consumption [J], Journal of Economic Perspectives, Volume 14. Number2 – Spring. 2000: 99—118.

[16] Keynes John M., "The General Theory of Employment, Interest and Money", London. Simon Kuznets, "National Income, A Summary of Findings", New York, NBER paper, 1946, table16.

[17] Goldsmith R. W., "A Saving in the United States", Princeton University Press, Princeton, 1956: 153.

[18] J. S. Duesenberry., "Income Savings and the Theory of Consumer Behavior", Cambridge, Mass, Harvard University Press, 1949.

[19] Milton. Friedman., A Theory of The Consumption Function [M]. Princeton. Princeton University Press. 1957.

[20] Modighani F. and Brumberg R., Utility Analysis and the Consumption Function: An Interpretation of Cross – Section Data

[M]. *Post – Keynesian Economics*. Rutgers University Press. 1954: 388—436.

[21] Robert. E. Hall, Stochastic Implications of the life Cycle – Permanent Income Hypothesis: Theory and Evidence [J], Journal of Political Economy, 1978, (86): 971—987.

[22] Marjorier. Flavin, The Adjustment of Consumption to Changing Expectations about Future Income [J], Journal of Political Economy, vol. 1981, (89): 974—1008.

[23] Campell J. Y., and Deaton A., Why is Consumption so Smooth? [J], Review of Economic Study, 1989, (56).

[24] Zeldes Stephen P., Optional Consumption with Stochastic Income: Deviations from Certainty Equivalence [J], Quarterly Journal of Economics, 1989, (104): 275—298.

[25] Dynan Karen E., How Prudent are Consumers [J], Journal of Political Economy, 1993, (101): 1104—1113.

[26] Zeldes Stephen P., Optional Consumption with Stochastic Income: Deviations from Certainty Equivalence [J], Quarterly Journal of Economics, 1989, (104): 275—298.

[27] 尹清非．近20年来消费函数理论的新发展[J].湘潭大学学报（哲学社会科学版）[J].2004,（1）: 123—128.

[28] 袁志刚等．居民储蓄与投资选择：金融资产发展的含义[J].数量经济技术经济研究.2005,（1）: 34—36.

[29] Christian Dreger and Hans – Eggert Reimers, (2006), "Consumption and disposable Income in the EU countries: the role of wealth effects", Empirica, 33: 245—254.

[30] Campell JY and Perron P., (1991), "Pitfalls and opportunities: what macroeconomists should know about unit root". In Ba-

landard DJ and Fisher S (eds), NBER Macroeconomic Annual, MTT Press, Cambridge, Massachusetts, 141—201.

[31] Pedroni P. (1999), "Critical values for cointergration tests in heterogeneous panels with multiple regressors", Oxford Bulletin of Economics and Statistics, 4: 653—670. Pedroni P., (2004), "Panel cointergration: asymptotic and finite sample properties of pooled time series tests with an application to the PPP hypothesis", Econometric Theory, 3: 579—625.

[32] Im Ks and Pesaram MH and Shin Y. (2003), "Testing for unit roots in heterogeneous panels", Journal of Econometrics, 1: 43—74.

[33] Hadri K. (2000), "Testing for stationarity in heterogeneous panel date", Econometric Journal, 2: 148—161.

[34] Karen E. Dynan and Dean Maki M. (2001), "Does stock market wealth matter for consumption", Federal Reserve Board Putnam Investment Stop 93, Washington D. C., 20551.

[35] Ludvigson Sydney and Steindel Charles, (1999), "How Important is the stock market effect on consumption", Federal Reserve Bank of New York Economic Policy Review, NO. 2, 29—52.

[36] Ling T. He and Josephp Mcgarrity, (2005), "A reexamination of the wealth effect and uncertainty effect", International Advances in Economics Research, 11: 379—398.

[37] Fama, Eugene F., (1990), "Stock returns, expected returns, and real activity", Journal of Finance, 45: 1089—1108.

[38] Schwert William G., (1990), "Stock returns and real activity: a century of evidence", Journal of Finance, 45: 1237—1257.

[39] Romer Christina (1990), "The great crash and the onset of the great depression", Quarterly Journal of Economics, 105: 597—624.

[40] Pindyck, Robert S. (1991), "Irreversibility, uncertainty, and investment", Journal of Economic Literature, 29: 1110—1148.

[41] Bittlingmayer George (1998), "Output, Stock volatility, and political uncertainty in a natural experiment: Germany, 1880—1940", Journal of Finance, 43: 2243—2257.

[42] Dynan Karen and Maki Dean (2001), "Does stock market wealth matter for consumption", Working Paper at Richmond Federal Reserve. In Ling T. He and Josephp Mcgarrity (2005), "A reexamination of the wealth effect and uncertainty effect", International Advances in Economics Research, 11: 379—398.

[43] John D. Benjamin and Peter Chinloy and G. Donald Jud (2004), "Real estate versus financial wealth in consumption", Journal of Real Estate Finance and Economics, 3: 341—354.

[44] Greenspan A., Speech to the 2001 Kansas City Federal Reserve Monetary Policy Conference, Jackson Hole Wyoming. In John D. Benjamin and Peter Chinloy and G. Donald Jud, Real Estate Versus Financial Wealth in Consumption, Journal of Real Estate Finance and Economics, 2004, (3): 342.

[45] Muellbauer J. (1994), "The assessment: consumer expenditure", Oxford Review of Economic Policy, 10: 1—41.

[46] John D. Benjamin and Peter Chinloy and G. Donald Jud (2004), "Real estate versus financial wealth in consumption", Journal of Real Estate Finance and Economics, 3: 341—354.

[47] Davis M. A. and M. G. Palumbo (2001), "A primer on the economics and times series econometrics of wealth effects", Washington D. C.: Federal Reserve Board, Finance and Economics Discussion Series, Discussion Paper, 9. Greenspan A., Speech to the 2001 Kansas City Federal Reserve Monetary Policy Conference, Jackson Hole Wyoming. Hurts E. and F. Stafford, Home is where the equity is: liquidity constrains, refinancing and consumption, Mimeo, University of Chicago. In John D. Benjamin and Peter Chinloy and G. Donald Jud, (2004), "Real estate versus financial wealth in consumption", Journal of Real Estate Finance and Economics, 3: 342, 350, 351.

[48] Poterba J. and A. Samwick, (1995), "Stock ownership patterns, stock market fluctuations and consumption", Brookings Papers on Economic Activity, 2: 295—357.

[49] Shleifer A., (1995), "Comment on stock ownership patterns, stock market fluctuations and consumption", Brookings Papers on Economic Activity, 2: 358—359.

[50] Juster F. T. and J. Lupton and J. P. Smith and F. Stafford, 1999. In John D. Benjamin and Peter Chinloy and G. Donald Jud, Real Estate Versus Financial Wealth in Consumption, Journal of Real Estate Finance and Economics, 2004, (3): 351.

[51] Hoynes H. W. and D. L. McFadden, "The impact of demographics on housing and non - housing wealth in the United States". In M. D. Hurd and Y. Naohiro (eds), (1997), "The economic effect of aging in the United States and Japan", Chicago University of Chicago for NBER, 153—194.

[52] Vincent Labhard and Gabriel Sterne and Chris Young,

(2005), "Wealth and consumption: an assessment of international evidence", Working Paper, NO. 275, Bank of England, October.

[53] Loannides Y. M., (1989), "Housing, other real estate, and wealth portfolios", Regional Science and Urban Economics, 19: 259—280.

[54] Brueckner J. K., (1994), "The demand for mortgage debt: some basic results", Journal of Housing Economics, 3: 251—262.

[55] Duca J. V. and S. Rosenthal, (1993), "Borrowing constraint, household debt, and racial discrimination in loan markets", Journal of Financial Intermediation, 3: 77—103.

[56] Jones L. D., (1995), "Net wealth, marginal tax rates and the demand for home mortgage debt", Regional Science and Urban Economics, 25: 297—322.

[57] Yoko Moriizumi, (2000), "Current wealth, housing purchase and private housing loan demand in Japan", Journal of Real Estate Finance and Economics, 1: 65—86.

[58] Hurts E. and F. Stafford, Home Is Where the Equity Is: Liquidity Constrains, Refinancing and Consumption, Mimeo, University of Chicago. In John D. Benjamin and Peter Chinloy and G. Donald Jud, Real Estate Versus Financial Wealth in Consumption, Journal of Real Estate Finance and Economics, 2004, (3): 351.

[59] Massimo Caruso (2001), "Stock prices and money velocity: a multi - country analysis", Empirical Economics, 26: 651—672.

[60] Kangohlee (2005), "Wealth effects on self - insurance and self - protection against monetary and non - monetary losses",

The Geneva Risk and Insurance Review, 30：147—159.

[61] 骆祚炎、刘朝晖. 中国居民消费倾向变动及其影响因素的实证分析[J]. 消费经济. 2005 (3)：14—17.

[62] 任若恩等. 中美两国可比居民储蓄率的计量：1992—2001 [J]. 经济研究. 2006，(3)：67—81.

[63] 李学彦等. 过度储蓄理论与我国的过度储蓄问题[J]. 经济学动态. 2006，(7)：106—110.

[64] 龙志和、周浩明. 中国城镇居民预防性储蓄实证研究[J]. 经济研究. 2000，(11)：33—38.

[65] 汪红驹、张慧莲. 不确定性和流动性约束对我国居民消费行为的影响[J]. 经济科学. 2002，(6)：22—28.

[66] 杜海韬、邓翔. 流动性约束和不确定性状态下的预防性储蓄研究——中国城乡居民的消费特征分析 [M]. 经济学(季刊). 2005，(2)：297—315.

[67] Dynan Karen E.，"How Prudent are Consumers"，Journal of Political Economy，1993，(101)：1104—1113.

[68] 万广华、张茵、牛建高. 流动性约束、不确定性与中国居民消费[J]. 经济研究. 2001，(11)：35—44.

[69] 施建淮、朱海婷. 中国城市居民预防性储蓄及预防性动机强度：1999—2003 [J]. 经济研究. 2004，(10)：66—74.

[70] 臧旭恒、朱春燕. 预防性储蓄理论——储蓄（消费）函数的新进展[J]. 经济研究. 2001，(1)：84—92.

[71] 朱宪辰、吴道明. 支出预期：对消费行为影响的估计[J]. 数量经济技术经济研究. 2001，(6)：51—55.

第三章

收入水平及结构与居民消费

根据消费函数理论及其实证分析结论，收入对消费具有决定性的作用。这种作用在当前中国居民和广东省居民的资产财富效应较微弱的情况下更是如此。研究居民消费问题必须首先研究收入因素对消费的制约。

第一节　收入水平是影响消费的重要因素

影响消费的因素很多。这些因素包括：收入、非人力财富（或资产）、物价、利率、流动性限制、预防性储蓄动机的强度、国家政策、人口比重的变化、新产品和新技术的出现、心理预期、消费偏好、时间偏好等。在这些因素中，收入对消费起主要的决定作用是各种理论的共同点。凯恩斯的绝对收入理论把收入看成是影响消费的唯一因素。其短期消费函数理论认为，消费倾向有递减的规律，从而拉动平均消费倾向降低。但是西蒙·库兹涅茨 1942 年对美国 1869—1938 年的国民收入与个人消费资料进行整理和分析发现，消费始终与收入维持一个固定比率，平均消费倾向一直在 0.84 与 0.89 之间徘徊[3]。这便是著名的“库兹涅茨反论”。围绕“库兹涅茨反论”，经济学家提出许多新的理论来解释长期消费函数与短期消费函数的矛盾。斯密西斯认为，短期内消费者根据现期收入水平来决定消费，但在长期中，除了收入对消费的影响外，还有其他诸多因素对消费有影响。这些因素会使消费函数随时间延长而逐渐上移，从而导致从长期来看，消费与收入具有比例关系。杜森贝里的相对收入假说从消费的示范效应和棘轮效应两方面解释长期消费函数与短期消费函数的矛盾[4]。示范效应和棘轮效应都和收入有着直接的关系。弗里德曼（1957）[5]在《消费函数理论》一书中，以持久收入假说发展消费函数理论。该理论的基本思想是，持久消费与持久收入存在长期稳定的关系。莫迪里安尼与布伦贝在《效用分析与消费函数——对横截面资料的一个解释》一文中（1954）[6]阐述了生命周期假说（LCH）的基本原理。该理论认为，个人现期消费取决于个人现期收入、预期收入、开始时的资产和个人年龄大小。霍尔（1978）[7]采用理性预期的概念，用随机方法得到欧拉方程：$E_0(c_t) = c_0$。这就是说，在每一时期，下一时期消费的期望等于现期消费。即有 $c_t = c_{t-1} + e_t$。这表明消费符合随机游走特征，消费的变化与收入水平等无关且是不可预测的。但是霍尔的理论却无法获得证实。对该理论的验证却表明消费对收入存在“过度敏感性”（excess sensitivity）（Flavin，1981）[8]和“过度平滑性”（excess smoothness）（Campbell and Deaton, 1989)[9]。流动性约束理论（LC）、λ假说、厌恶损失假说、预防性储蓄理论（PS）、行为生命周期理论和近似理性假说等各种理论也都没有否定收入对消费的主要决定作用。尽管有些理论提出资产存在财富效应，但是实证分析表明，财富效应对消费的作用相对于收入来说仍然是微弱的。正是因为收入对消费的增长具有重要作用，因此本章将主要研究广东省居民可支配收入对消费的作用机制，提出促进广东省居民消费的措施与对策。

第二节 居民收入水平的经验事实

一、居民人均可支配收入及比较

广东省居民人均可支配收入由城镇居民和农村居民的人均可支配收入按照人口加权后计算出来。其计算方法如下：人均可支配收入＝农村居民人均纯收入×农业人口权重＋城镇居民人均可支配收入×非农业人口权重。其中，1981年年末人口总数＝1982年年末人口总数－1982年自然增长数；1981年非农业人口＝1981年总人口×（1980年非农业人口权重＋1982年非农业人口权重）÷2；1981年农业人口＝1981年总人口×（1980年农业人口权重＋1982年农业人口权重）÷2。

从名义数据看，广东省居民人均收入水平不断提高。从1980年的308元增加到2006年的10717元（见表3－1）。广东省居民人均可支配收入水平显著高于全国居民平均水平（全国居民平均名义收入见表3－2）。1985—2006年，广东省居民平均的人均可支配收入分别是全国居民人均可支配收入的倍数为：

1.24、1.23、1.35、1.39、1.52、1.48、1.57、1.65、1.79、1.82、1.74、1.67、1.64、1.60、1.54、1.50、1.45、1.44、1.61、1.58、1.55、1.49。广东省居民的收入水平与全国居民人均收入（该收入采用和广东省人均可支配收入相类似的计算方法）的差距，出现一个先扩大然后逐步缩小的趋势（见图3-1）。广东省居民人均可支配收入在20世纪90年代以前出现一个较高速度的增长，1987—1989年其年增长速度分别为：21.4%、21.8%、23.8%。1990年后增长速度下降。2000年以来增长速度有一定波动，总体增长较快。2000—2006年的增长速度分别为：4.0%、5.6%、11.17%、23.24%、10.6%、11.3%、8.3%。

表3-1　广东省各种居民人均名义可支配收入　单位：元

年份	城镇	农村	省平均	年份	城镇	农村	省平均
2007	—	—	—	1993	4632.38	1674.78	2487.23
2006	16015.58	5079.78	10717.18	1992	3476.70	1307.65	1858.37
2005	14769.94	4690.49	9898.54	1991	2752.18	1143.06	1533.59
2004	13627.65	4365.87	8892.10	1990	2303.15	1043.03	1341.04
2003	12380.40	4054.58	8043.48	1989	2086.21	955.02	1222.09
2002	11137.20	3911.91	6526.02	1988	1583.13	808.70	987.20
2001	10415.19	3769.79	5870.40	1987	1320.89	662.24	810.17
2000	9761.57	3654.48	5558.67	1986	1102.09	546.43	667.85
1999	9125.92	3628.93	5343.44	1985	954.12	495.31	592.48
1998	8839.68	3527.14	5184.13	1984	818.37	425.34	502.69
1997	8561.71	3467.69	5046.32	1983	714.20	395.92	453.91
1996	8157.81	3183.46	4703.62	1982	631.45	381.79	426.58

续表

年份	城镇	农村	省平均	年份	城镇	农村	省平均
1995	7438.68	2699.24	4120.13	1981	560.69	325.37	365.95
1994	6367.08	2181.52	3410.40	1980	472.57	274.37	308.86

注：1. 本表根据《广东统计年鉴》1980—2007 各期整理得到。2. 城镇居民可支配收入 = 家庭总收入 - 交纳所得税 - 个人交纳的社会保障支出 - 记账补贴。3. 农村居民为人均纯收入。

表 3-2　全国各种居民人均名义可支配收入　单位：元

年份	城镇	农村	全国平均	年份	城镇	农村	全国平均
2006	11759	3587	7175	1995	4283	1578	2364
2005	10493	3255	6367	1994	3496	1221	1870
2004	9422	2936	5645	1993	2577	922	1385
2003	8472	2622	4993	1992	2027	784	1125
2002	7703	2476	4519	1991	1701	709	976
2001	6860	2366	4058	1990	1510	686	904
2000	6280	2253	3712	1989	1374	602	804
1999	5854	2210	3477	1988	1181	545	709
1998	5425	2162	3250	1987	1002	463	599
1997	5160	2090	3070	1986	900	424	541
1996	4839	1926	2814	1985	739	398	479

注：1. 本表主要数据来源于《中国统计年鉴》1985—2007 年各期。2. 可支配收入 = 农村居民人均纯收入 × 乡村人口比重 + 城镇居民人均可支配收入 × 城镇人口比重。

二、城镇居民人均可支配收入及比较

广东省城镇居民人均可支配收入的计算公式为：城镇居民可

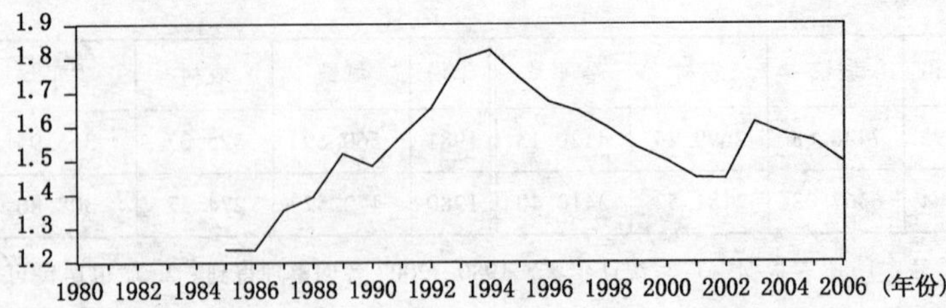

图 3－1 广东省居民人均可支配收入对全国居民人均可支配收入的倍数变化

支配收入＝家庭总收入－交纳所得税－个人交纳的社会保障支出。按照该计算方法，从名义数据看，广东省城镇居民人均收入水平不断提高。从 1980 年的 472 元增加到 2006 年的 16015 元（见表 3－1）。从 2001 年开始，全省居民人均可支配收入超过 10000 元。

广东省城镇居民人均可支配收入水平显著高于全国城镇居民平均水平（全国城镇居民平均名义收入见表 3－2）。1985—2006 年，广东省城镇居民人均可支配收入分别是全国城镇居民人均可支配收入的倍数为：1.29、1.22、1.32、1.34、1.52、1.53、1.62、1.72、1.80、1.82、1.74、1.69、1.66、1.63、1.56、1.56、1.52、1.45、1.46、1.45、1.41、1.36。广东省城镇居民的收入水平与全国城镇居民的收入差距，出现一个先扩大然后逐步缩小的趋势（见图 3－2）。从总体上看，城镇居民之间的收入差距要高于居民的平均可支配收入之间的差距。

广东省城镇居民和农村居民人均可支配收入之间的差距较明显。1980—2006 年，广东省城镇居民人均可支配收入分别是农村居民人均纯收入的倍数为：1.72、1.72、1.65、1.80、1.92、1.92、2.02、1.99、1.96、2.18、2.21、2.41、2.66、2.77、2.92、2.76、2.56、2.47、2.51、2.51、2.67、2.76、2.84、

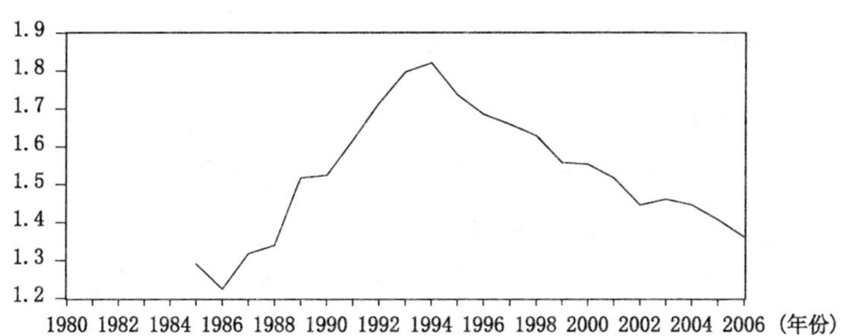

图 3－2　广东省城镇居民与全国城镇居民的人均可支配收入倍数变化图

3.05、3.12、3.14、3.15。广东省城镇和农村居民收入水平的差距，出现一个逐步扩大的趋势（见图 3－3），该差距超过广东省与全国居民人均可支配收入之间的差距。

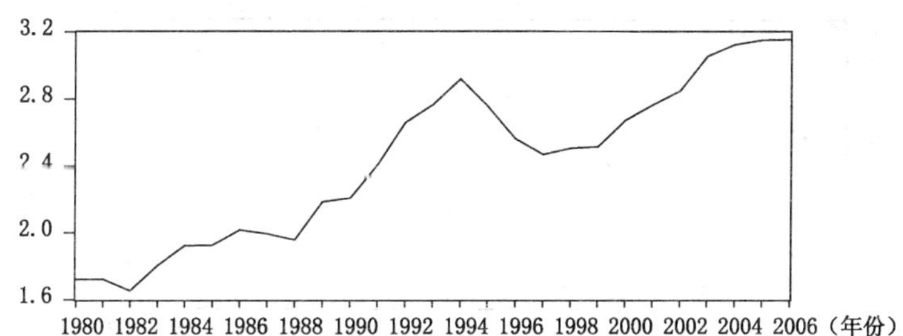

图 3－3　广东省城镇居民与农村居民人均可支配收入的倍数变化图

广东省城镇居民人均可支配收入在 20 世纪 90 年代以前出现一个较高的速度增长，1987—1989 年其年增长速度分别为：19.8%、19.9%、31.8%。1990 年后增长速度下降。2000 年以来增长速度有一定波动，总体增长较快。2000—2006 年的增长速度分别为：6.9%、6.7%、6.9%、11.1%、10.1%、8.4%、8.5%。

三、农村居民人均纯收入及比较

广东省农村居民人均可支配收入表现为人均纯收入。从1980年的274元增加到2006年的5079元（见表3-1）。广东省农村居民人均纯收入水平显著高于全国农村居民人均纯收入（全国农村居民人均纯收入见表3-2）。1985—2006年，广东省农村居民人均纯收入分别是全国农村居民人均纯收入的倍数为：1.24、1.28、1.43、1.48、1.59、1.52、1.61、1.67、1.82、1.79、1.71、1.65、1.66、1.63、1.64、1.62、1.59、1.58、1.55、1.49、1.44、1.42。广东省居民的收入水平与全国居民人均收入的差距，出现一个先扩大然后逐步缩小的趋势（见图3-4）。

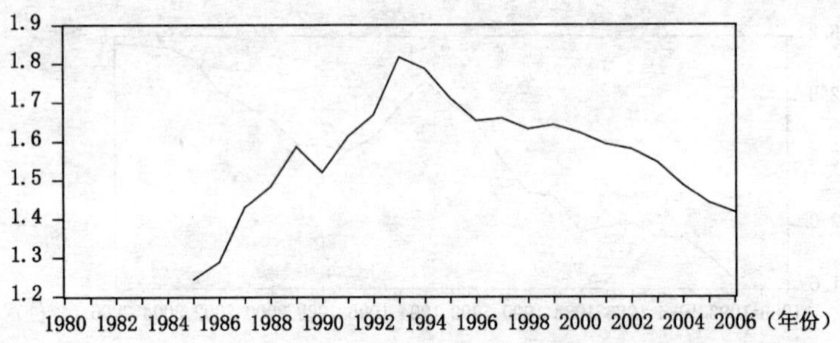

图3-4 广东省农村居民人均纯收入对全国农村居民人均纯收入的倍数变化

广东省农村居民人均纯收入在20世纪90年代以前出现一个较高的速度增长，1987—1989年其年增长速度分别为：21.2%、22.1%、18.2%。1990年后增长速度下降。2000年以来增长速度有逐年加快。2000—2006年的增长速度分别为：0.7%、3.1%、3.8%、3.7%、7.7%、7.5%、8.3%。之所以出现这种现象，与国家实施的支持“三农”的政策和减免农村各种税费有关。虽然广东省农村居民人均纯收入2000年后出现一个增长态势，但增长水平却比广东城镇居民同期人均可支配收入要低。

由此，广东省居民人均收入水平呈现这样几个特征。第一，城镇和农村居民人均收入都在以一定速度增长。第二，广东城镇居民和农村居民人均收入水平要显著高于全国同类型居民收入水平，这也意味着广东居民的人均消费能力要高于全国平均水平。第三，广东城镇和农村居民与全国同类型居民的收入差距经历一个先扩大后缩小的变化。第四，广东城镇居民和广东农村居民的收入差距有扩大的趋势。

第三节　居民收入的结构特征

一、收入结构的总体特征

本节以人均可支配收入为口径来探讨广东省居民的收入结构[①]特征。其中，农村居民人均可支配收入口径为人均纯收入。

（一）工薪收入是城镇居民收入[②]的主体

广东省城镇居民收入来源包括，工薪收入，转移性收入，经

① 见文献：骆祚炎．广东省居民收入结构及其对消费的影响分析［J］．广东商学院学报．2007，（5）：29—33。

② 广东省城镇居民数据说明如下：1．工薪收入1987—2001年统计口径为工资性收入，2002—2005年统计口径为工薪收入。2．1987—1991年财产性收入城镇居民财产性收入很少，因此将其假定为0。3．原始数据来源于《广东统计年鉴》1980—2007年各期。

营性收入和财产性收入（各种收入占可支配收入的比重见表3-3）。其中，工薪收入是广东省城镇居民收入的主体。1987—2005年工薪收入占总收入的比例最低为2000年的64.4%，最高为2004年的85.6%，平均达到70.9%。1987—2006年的工薪收入比例分别为73.9%、69.3%、66.3%、66.3%、64.3%、67.7%、66.8%、67.4%、66.0%、67.9%、72.6%、72.0%、67.0%、64.4%、66.7%、83.4%、84.1%、85.4%、75.5%、73.6%。虽然这种比例每年有一定的波动，但总体来说稳中有升。

转移性收入是城镇居民较稳定的第二大收入来源，相对于工薪收入来说其比重较小。1987年以来转移性收入占总收入的比例最低为1996年的12.9%，最高比例为1991年的17.9%，平均比例为15.3%。这种比例比较稳定。2000年以来，转移性收入的比例稳定在15%以上。2000—2006年转移性收入占比分别为：15.0%、17.0%、17.0%、17.0%、16.1%、15.5%、15.6%。

经营性收入占总收入的比例在1987—2000年比较稳定，2000年以后这种比例急剧下滑。最低比例为2002年和2003年的5%，最高比例为1991年的17.9%，平均比例为12.48%。2000—2006年该比例分别为：16.3%、11.6%、5%、5%、5.4%、6.4%、7.6%。财产性收入占总收入的比例最低，1991年及以前年度这种比例几乎为0，最高比例为1997年的4.9%，平均比例为2.4%。2000—2006年财产性收入占比分别为：4.7%、4.7%、2.1%、2.4%、2.7%、2.57%、3.2%。

（二）经营性收入和工薪收入是农村居民主要收入[①]来源

广东省农村居民收入来源包括，工薪收入，转移性收入，经营性收入和财产性收入（各种收入占纯收入的比重见表3-3）。其中，经营性收入和工薪收入是农村居民收入的主体。2003年以前，经营性收入是农村居民收入的最主要来源。1985—2002年经营性收入占农村居民人均纯收入的比例分别为：83%、83.4%、84.1%、84.2%、83.5%、85%、85.2%、82.6%、68.4%、66.4%、65.1%、66.2%、65.8%、63.9%、61.6%、54.8%、50.7%、47.8%。2003年以后，工资性收入逐渐成为农村居民收入中的主体。经营性收入占总收入的比例有明显的下降趋势，特别是1993年和2000年发生两次较大幅度的下降，下降幅度分别达到：14.2%、7%。

工资性收入占农村居民人均纯收入的比例，在改革开放的初期很小，但随后呈现每年递增的趋势，2003年及以后年份工资性收入超过经营性收入，成为农村居民最主要的收入来源。1985—2006年该收入比例分别为：6.1%、5.8%、6.2%、7.1%、7.4%、6.8%、5.5%、7%、21.6%、25.1%、26.4%、25.8%、26.2%、28.2%、30.4%、37.3%、41.7%、43.8%、48.5%、49.8%、54.6%、57.2%。其中，1993年和2000年该比例发生较大幅度的上升，上升幅度分别达到：14.6%、7%。

---

① 广东省农村居民收据说明如下：1. 工资性收入1985—1992年统计口径为从集体统一经营中得到的收入，1993—1999年统计口径为劳动者的报酬收入，2000—2005年统计口径为工资性收入。2. 转移性收入1985—1992年统计口径为从经济联合体得到的收入，1993—2005年统计口径为转移性收入。3. 财产性收入1985—1992年统计口径为其他非生产性收入，1993—2005年统计口径为财产性收入。4. 原始数据来源于《广东统计年鉴》1980—2007年各期。

转移性收入和财产性收入所占总收入的比例均较低。转移性收入的比例1990年达到最低为0.1%，1993年达到最高为9.1%，1993年以后该比例出现下降趋势，平均比例为3.7%。2000—2006年的转移性收入占比分别为：5.9%、4.6%、4.8%、3.6%、3.2%、4.9%、5.1%。转移性收入各年的波动较大。

财产性收入占总收入的比例1993年达到最低为0.9%，1985年最高为10.6%，1993年以后该比例出现明显的下降，平均比例为5.1%。2000—2006年财产性收入占比分别为：2.0%、3.0%、3.6%、4.5%、5.6%、3.6%、4.3%。财产性收入占可支配收入的比例各年不稳定。广东省城镇和农村居民收入结构的变化可见图3-5的描述。

表3-3 广东省城镇和农村居民可支配收入结构表 单位：%

年份	城镇居民				农村居民			
	工薪收入占比	财产收入占比	经营收入占比	转移收入占比	工资收入占比	经营收入占比	转移收入占比	财产收入占比
2006	73.60	3.20	7.60	15.60	57.20	33.30	5.10	4.30
2005	75.48	2.57	6.42	15.53	54.60	36.90	4.90	3.60
2004	85.46	2.70	5.40	16.13	49.80	41.40	3.20	5.60
2003	84.11	2.40	5.00	17.03	48.50	43.40	3.60	4.50
2002	83.36	2.10	5.00	16.96	43.80	47.80	4.80	3.60
2001	66.73	4.70	11.61	16.97	41.70	50.70	4.60	3.00
2000	64.40	4.40	16.25	14.96	37.30	54.80	5.90	2.00
1999	67.03	4.70	14.44	13.83	30.40	61.60	6.30	1.70
1998	72.00	4.30	9.43	14.28	28.20	63.90	6.30	1.60
1997	72.57	4.90	9.23	13.30	26.20	65.80	6.50	1.50
1996	67.91	4.50	14.70	12.89	25.80	66.20	6.30	1.70
1995	65.98	4.00	15.55	14.48	26.40	65.10	6.70	1.80

续表

年份	城镇居民				农村居民			
	工薪收入占比	财产收入占比	经营收入占比	转移收入占比	工资收入占比	经营收入占比	转移收入占比	财产收入占比
1994	67.43	3.90	14.40	14.28	25.10	66.40	7.00	1.50
1993	66.77	3.20	15.69	14.34	21.60	68.40	9.10	0.90
1992	67.74	2.80	14.06	15.42	7.00	82.60	0.40	10.00
1991	64.26	0.00	17.87	17.88	5.50	85.20	0.20	9.10
1990	66.32	0.00	16.84	16.85	6.80	85.00	0.10	8.10
1989	66.28	0.00	16.86	16.88	7.40	83.50	0.60	8.50
1988	69.34	0.00	15.33	15.35	7.10	84.20	0.60	8.10
1987	73.93	0.00	13.04	13.02	6.20	84.10	0.70	9.00

注：1. 城镇居民数据说明：工薪收入 1987—2001 年统计口径为工资性收入，2002—2006 年统计口径为工薪收入；1987—1991 年财产性收入假定为 0。2. 农村居民数据说明如下：工资性收入 1985—1992 年统计口径为从集体统一经营中得到的收入，1993—1999 年统计口径为劳动者的报酬收入，2000—2006 年统计口径为工资性收入；转移性收入 1985—1992 年统计口径为从经济联合体得到的收入，1993—2005 年统计口径为转移性收入；财产性收入 1985—1992 年统计口径为其他非生产性收入，1993—2006 年统计口径为财产性收入。3. 本表原始数据来源于《广东统计年鉴》1980—2007 年各期。

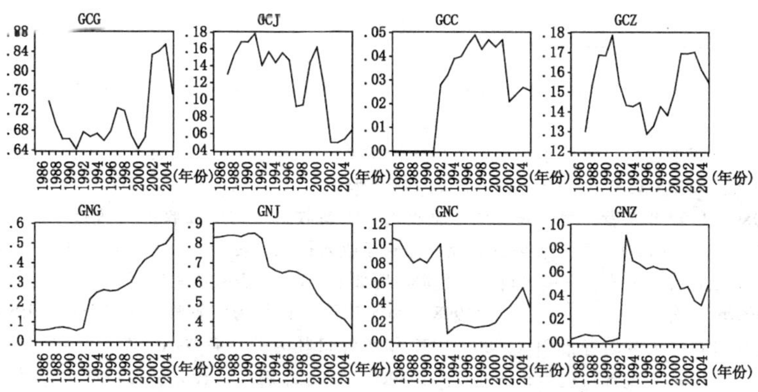

图 3－5　广东省城镇（上面四图）和农村（下面四图）居民收入结构

（从左至右分别为工薪收入、经营性收入、财产性收入和转移性收入）

二、广东省与全国居民收入①结构的比较

（一）城镇居民收入结构的比较

1. 近年来广东城镇居民工薪收入占比高于全国城镇居民（全国城镇和农村居民收入结构见表3－4）。工薪收入既是广东城镇居民收入的主要来源，也是全国城镇居民收入的主要来源。虽然工薪收入占总收入的比例每年都要发生一定的波动，但总体来说，广东城镇居民工薪收入占比不断攀升，而全国城镇居民该项比例则有下降的趋势。从2002年开始，广东城镇居民工薪收入的占比超过全国城镇居民。2002—2006年全国城镇居民工薪收入占比分别为：70.2%、70.7%、70.6%、68.9%、68.9%，同期广东城镇居民工薪收入占比分别为：83.4%、84.1%、85.5%、75.5%、73.6%。城镇居民工薪收入占比的比较可见图3－6。

2. 广东城镇居民经营性收入和财产性收入占比高于全国城镇居民。1985—2005年广东城镇居民经营性收入占比最低为

① 全国城镇居民收入数据说明如下：1. 该数据主要来源于《中国统计年鉴》各期。2. 工薪收入1999—2005年统计口径为工薪收入；1980—1998年工薪收入＝国有单位职工工资＋集体单位职工工资＋职工从工作单位得到的其他收入＋其他劳动收入。3. 2000—2006年经营性净收入数据来源《中国统计年鉴》2001—2007年。1980—1999年经营性净收入＝全年总收入－工薪收入－财产性收入－转移性收入。4. 工薪收入占比、财产性收入占比、经营净收入占比、转移性收入占比分别为其与全年总收入的比值。全国农村居民数据说明如下：1. 该表数据主要来源于《中国统计年鉴》各期。2. 工资性收入1998—2005年统计口径为工资性收入，1992—1997年统计口径为劳动者报酬，1980—1992年统计口径为劳动者收入。3. 转移性收入1992—2006年统计口径为转移性收入，1980—1991年统计口径为从经济联合体得到的收入。4. 财产性收入1992—2006年统计口径为财产性收入，1980—1991年统计口径为其他非生产性收入。5. 工资性收入占比、家庭经营收入占比、转移性收入占比、财产性收入占比分别为其与人均纯收入的比值。

5%，最高达到17.9%，平均比例为12.5%，而1987—2006年全国城镇居民经营性收入占比最低为1.5%，最高为9.6%，平均比例为5.9%。1991年以前，广东城镇居民财产性收入占比要低于全国城镇居民，1991年后则前者高于后者。广东城镇居民1985—2006年财产性收入占比最低为0，最高为4.9%，平均为2.4%。全国城镇居民1987—2006年财产性收入占比最低为0.5%，最高为2.4%，平均为1.5%。由于广东城镇居民在以上三种收入中的比重均较大，因此全国城镇居民转移性收入占比略高于广东城镇居民。

（二）农村居民收入结构的比较

1. 相对来说，经营性收入更是全国农村居民主要收入来源。广东农村居民1985—2005年经营性收入占总收入的比例最低为36.9%，最高为85.2%，平均为66.8%。全国农村居民1985—2005年经营性收入占比最低为56.7%，最高为84%，平均为71.5%。经营性收入占总收入的比例均有下降趋势，但广东农村居民的此项数据下降速度更快，全国农村居民的下降速度较平缓。

2. 相对来说，工资性收入越来越成为广东农村居民收入的主体。广东农村居民1985—2006年工资性收入占总收入的比例最低为5.5%，最高为54.6%，平均为24.3%。全国农村居民1985—2006年经营性收入占比最低为：8.4%，最高为36.1%，平均为21.8%。两者的工资性收入占总收入的比例均有上升的趋势，但广东农村居民的此项数据上升速度更快，全国农村居民的上升速度较平缓。1993年开始，广东农村居民工资性收入占比超过了全国农村居民（见图3-6）。

3. 财产性收入和转移性收入占总收入的比例均较低。财产

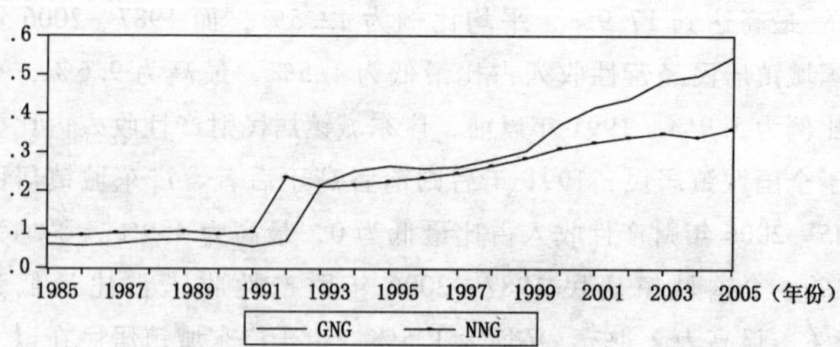

图 3－6 广东（GNG 代表）和全国居民（NNG 代表）
工资性收入占比比较

性收入占比广东平均为 5.1%，全国平均为 4.2%。转移性收入占比广东平均为 3.7%，全国平均为 3.8%。广东居民和全国居民财产性收入占可支配收入的比例都较低。

表 3－4 中国城镇和农村居民收入结构表 单位：%

年份	城镇居民				农村居民			
	工薪收入占比	财产性收入占比	经营性净收入占比	转移性收入占比	工资性收入占比	家庭经营收入占比	转移性收入占比	财产性收入占比
2006	68.93	1.92	6.36	22.79	38.40	53.83	5.04	2.73
2005	68.88	1.70	6.00	23.42	36.08	56.67	4.52	2.73
2004	70.62	1.59	4.88	22.91	34.00	59.46	3.93	2.60
2003	70.74	1.49	4.46	23.31	35.00	58.78	3.69	2.50
2002	70.19	1.25	4.06	24.50	33.93	60.04	3.97	2.05
2001	70.32	1.96	3.99	23.74	32.62	61.69	3.72	1.98
2000	71.17	2.04	3.91	22.88	31.07	63.35	3.50	2.00
1999	68.07	2.18	8.40	21.35	28.52	65.54	4.53	1.43
1998	72.92	2.43	8.54	16.10	26.53	67.81	4.26	1.40

续表

年份	城镇居民				农村居民			
	工薪收入占比	财产性收入占比	经营性净收入占比	转移性收入占比	工资性收入占比	家庭经营收入占比	转移性收入占比	财产性收入占比
1997	74.75	2.40	8.26	14.59	24.62	70.47	3.79	1.13
1996	76.95	2.31	7.10	13.63	23.41	70.74	3.64	2.21
1995	79.23	2.11	1.70	16.96	22.41	71.34	3.63	2.60
1994	77.59	1.97	6.90	13.54	21.54	72.22	3.12	3.12
1993	77.84	1.77	7.77	12.61	21.10	73.59	2.64	2.64
1992	79.66	1.50	7.14	11.69	23.52	71.63	0.27	4.58
1991	75.40	1.15	7.43	16.02	9.32	83.01	0.28	7.33
1990	75.83	1.03	1.48	21.66	8.79	84.00	0.36	6.89
1989	75.24	0.87	7.86	16.04	9.40	82.10	0.57	7.84
1988	76.74	0.62	7.47	15.17	9.16	83.19	0.66	7.01
1987	81.81	0.55	6.47	11.16	9.07	82.84	0.75	7.21
1986	80.02	0.51	9.64	9.83	8.52	81.43	0.69	9.29
1985	76.03	0.50	1.47	8.80	8.38	81.04	0.93	9.55

注：1. 城镇居民数据说明如下：工薪收入1999—2006年统计口径为工薪收入；1980—1998年工薪收入=国有单位职工工资+集体单位职工工资+职工从工作单位得到的其他收入+其他劳动收入；2000—2006年经营性净收入数据来源《中国统计年鉴》2001—2007年；1980—1999年经营性净收入=全年总收入-工薪收入-财产性收入-转移性收入；工薪收入占比、财产性收入占比、经营净收入占比、转移性收入占比分别为其与全年总收入的比值。2. 农村居民数据说明如下：工资性收入1998—2006年统计口径为工资性收入，1992—1997年统计口径为劳动者报酬，1980—1992年统计口径为劳动者收入；转移性收入1992—2005年统计口径为转移性收入，1980—1991年统计口径为从经济联合体得到的收入；财产性收入1992—2006年统计口径为财产性收入，1980—1991年统计口径为其他非生产性收入；工资性收入占比、家庭经营收入占比、转移性收入占比、财产性收入占比分别为其与人均纯收入的比值。3. 本表数据主要来源于《中国统计年鉴》1980—2007年各期。

三、收入结构决定消费存在过度敏感性

以上分析表明，广东省居民的收入来源中，劳动收入成为当期收入的主要来源。这种收入结构特征在城镇居民中表现得更加明显。由于广东省地处改革开放的前沿，其市场经济基础相对较好，农村城镇化程度相对较高，工资性收入越来越成为农村居民收入的主体。在收入水平不高和其他收入来源有限（例如财产性收入很少）的情况下，居民消费对当前收入存在过度敏感性。

假设经济中存在两类消费者。一类消费者按照 LCH 选择消费路径（理性消费者），第二类消费者按照当期收入来确定消费（短视型消费者），第二类消费者所占的比重为 λ。根据有关理论（骆祚炎，2007）[1]，得到如下理论模型：

$$\Delta c_t = c_0 + \alpha\lambda\Delta y_t + \delta r_t + \varepsilon_t \tag{3-1}$$

（3－1）式中，个人可支配收入和居民消费变量是原始数据的对数值，利率不取对数值。c_0 代表各期居民自主消费的变化量，在这里假定该自主消费变化额不变。$\alpha\lambda$ 是消费增长指数的收入增长指数弹性，δ 是消费增长指数的对数值对利率变化的导数。ε_t 是指随机误差。在（3－1）式中，α 是第二类消费者的边际消费倾向，$0 < \alpha < 1$，因此可以根据 $\alpha\lambda$ 的乘积来判断第二类消费者的比例。（3－1）式中还包括了利率的消费效应（本研究在此不予研究）。对数据进行平稳性处理，并构筑如下量测方程：

$$D(LOGPCR)_t = c_0 + \omega_t D(LOGPDIR)_t + \delta_t D(RRGD)_t + \varepsilon_t \tag{3-2}$$

状态方程采取递归形式，其公式如下：

$$\omega_t = \omega_{t-1} \tag{3-3}$$

$$\delta_t = \delta_{t-1} \tag{3-4}$$

（3－2）式中 ω_t 和 δ_t 的含义相当于（3－1）式中的 $\alpha\lambda$ 和

δ。利用卡尔曼滤波方法得到 $\alpha\lambda$ 和 δ 的时间变化情况。具体结果见图 3－7的描述。可以发现，除 1981 年消费增长指数对收入增长指数的弹性为负数外，其余年份均为小于 1 的正数。$\alpha\lambda$ 在 1995 年达到最高值 0.6407，1994 年以后基本保持在 0.6 以上。由于 α 是收入的边际消费倾向，它小于 1，因此 λ 至少要大于 0.6407。即广东第二类消费者至少占到总消费人口的 64% 以上。这说明大部分广东居民的消费由当期收入决定，消费对收入存在过度敏感性，广东缺乏经济分析意义上的理性消费者。从 $\alpha\lambda$ 的时间分布看，1987 年以后 $\alpha\lambda$ 明显增大，考虑到中国居民从整体上看存在边际消费倾向递减的趋势，由此可以肯定广东第二类消费者的比例在 1987 年后出现明显增长。经济体制改革中存在的大量不确定性和风险对居民的消费支出行为产生明显影响，居民不能形成稳定的预期，加之居民资产的财富效应微弱，居民消费对当期收入的依赖程度加大。

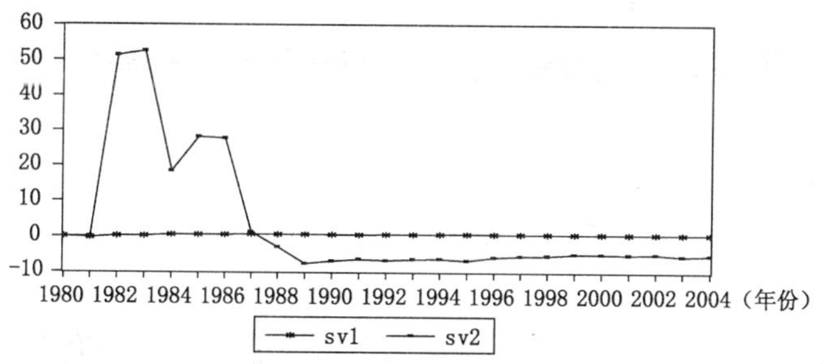

图 3－7　$\alpha\lambda$ 和 δ 的时间变化图（sv1 和 sv2 分别代表 $\alpha\lambda$ 和 δ）

四、提高居民可支配收入改善收入结构

居民消费对当期收入存在过度敏感性，表明消费的扩大存在较大约束。《中华人民共和国国民经济和社会发展第十一个五年

规划纲要》提出，要进一步扩大国内需求，调整投资和消费的关系，合理控制投资规模，增强消费对经济增长的拉动作用。提高居民可支配收入，改善收入结构，是实现这一目标的有效途径。

（一）采取措施不断提高居民可支配收入水平

居民可支配收入水平的提高，会促进消费的增长。同时，居民可支配收入与居民资产之间存在互相转化的关系。居民可支配收入水平的提高，必然会促进居民资产的增加。居民资产的增加又会增加居民的财产性收入。从上述角度说，提高居民可支配收入也是促进资产财富效应发挥作用的重要基础条件。当前要采取措施促进居民收入增长，提高居民社会保障水平，增加转移支付的力度，通过所得税等手段促进合理分配，从而提高居民可支配收入水平。

（二）提高居民增殖性资产的积累程度，增加居民财产性收入

从广东情况看，财产性收入占可支配收入的比例过低。例如，从表3－5可以看出，城镇居民2006年该比例为3.20%，农村居民2006年也仅为4.30%。美国股票收入占家庭财产之比，1945年为16%，1968年为26%，1990年为12%，1997年为28%，1998年为30%，1999年为35%—38%①（刘建江等，2000）[2]。由于广东居民可支配收入比美国家庭财产要低很多，所以上述比例差距更大。资产增殖程度的提高，首先要依赖国家经济投入产出效益的提高，这要求中国加快建设创新型国家的步

① 1999年美国数据为本研究估计数。

伐，大力进行科技创新，开发出技术含量高、有市场且附加值高的产品。其次，要规范各种市场，特别要加强证券市场的规范和发展，形成股市等市场稳定发展的预期。再次，要规范各类市场主体，基金、证券公司和上市公司要形成有效的分配法则，使居民不仅从市场获得资本利得收益，还能享受投资带来的分红等收益。最后，在中国目前储蓄和储蓄率过高的情况下，要鼓励国内资本走出去，获得更高的投资收益，开辟更多的居民投资渠道。

表 3－5　1983—2006 年广东省城镇和农村居民财产性收入占可支配收入（纯收入）比例（%）

城镇居民	2006	2005	2004	2003	2002	2001	2000	1999	1998	1997	1996	1995
	3.2	2.57	2.70	2.40	2.10	4.70	4.40	4.70	4.30	4.90	4.50	4.00
	1994	1993	1992	1991	1990	1989	1988	1987	1986	1985	1984	1983
	3.90	3.20	2.80	0	0	0	0	0	—	—	—	—
农村居民	2006	2005	2004	2003	2002	2001	2000	1999	1998	1997	1996	1995
	4.3	3.6	5.60	4.50	3.60	3.00	2.00	1.70	1.60	1.50	1.70	1.80
	1994	1993	1992	1991	1990	1989	1988	1987	1986	1985	1984	1983
	1.50	0.90	10.00	9.10	8.10	8.50	8.10	9.00	10.30	10.60	—	—

注：1. 本表原始数据来源于《广东统计年鉴》1980—2007 年各期。2. 城镇居民 1987—1991 年财产性收入城镇居民财产性收入很少，因此将其假定为 0。3. 农村居民财产性收入 1985—1992 年统计口径为其他非生产性收入，1993—2004 年统计口径为财产性收入。

（三）健全社会保障制度，缓解居民面临的收入不确定性

提高社会保障水平可以有效缓解收入、就业和未来支出的不确定性对居民消费的抑制作用。当前社会保障要做好以下几个方面工作。一是要建立、扩大和完善农村社会保障制度，解除农村居民的后顾之忧，促进农民消费倾向的提升。二是要扩大和完善

失业保险、医疗保险和工伤事故保险制度，扩大上述保险的覆盖面，使居民在改革中有效规避市场化所带来的系统风险和非系统风险，国家财政要加大对这方面的投入。三是切实做好原有社会基本养老保险的个人账户的充实工作。有条件的机构可以开展补充保险。

第四节　收入对消费影响的 ECM 检验

一、数据来源、数据符号及数据处理

（一）数据来源

本研究数据主要来源于《广东统计年鉴》1980—2006 年各期。数据覆盖 1980—2005 年①。数据均使用人均指标。这与骆祚炎（2004）[3]等人过去采用的总量指标有所不同。具体来说有人均消费和人均可支配收入（农村居民为人均纯收入）指标，金融资产包括人均储蓄存款余额和人均股票持有额，实物资产包括人均住房资产总额（根据人均住房面积和住房均价计算）。上述数据除直接从统计年鉴查到的外，其他数据均根据广东省城镇和农村人口比例加权计算得到。

（二）数据符号

1. 实际人均指标（不变价格）及其符号。实际人均消

---

① 由于在开展此部分分析时，《广东统计年鉴》2007 年没有出版，故没有 2006 年的样本。其他部分如果存在同样情况，则也是同样原因引起。在本研究成稿的过程中，在条件允许的情况下引进了《广东统计年鉴》和《中国统计年鉴》2007 年的数据。

费—— *PCR*，实际人均可支配收入—— *PDIR*，实际人均储蓄余额—— *PSR*，实际人均住房资产总额—— *PHR*，实际人均股票资产持有额—— *PGDR*，实际人均总资产额—— *TAR*。

2. 实际人均指标的自然对数值及其 1 阶差分符号。实际人均消费对数值—— *LOGPCR*，实际人均可支配收入对数值—— *LOGPDIR*，实际人均总资产对数值—— *LOGTAR*。*LOGTAR*(-1) 代表滞后 1 阶，其他类推。实际人均消费对数值的 1 阶差分—— *DLOGPCR*，其他类推。

（三）数据处理

ADF 单位根检测发现原序列水平值及 1 阶差分均不平稳。其水平值的 2 阶差分平稳。对序列求自然对数后进行单位根检测发现，各序列的水平值仍然不平稳，但各序列的 1 阶差分已经平稳。这些检验均是在有常数项和没有时间趋势项的情况下得到的。根据表 3-6 可以发现，*LOGPCR*、*LOGTAR*、*LOGPDIR* 的 1 阶差分平稳，因此 *LOGPCR*、*LOGTAR*、*LOGPDIR* 成为本节研究的主要对象。

表 3-6　　各变量单位根检验结果表

变 量	类 型	ADF 值	1%临界	5%临界	10%临界	结 论
LOGPCR	(c, 0, 0)	0.955390	-3.724070	-2.986225	-2.632604	不平稳
LOGTAR	(c, 0, 0)	0.727453	-3.724070	-2.986225	-2.632604	不平稳
LOGPDIR	(c, 0, 1)	-0.168333	-3.737853	-2.991878	-2.635542	不平稳
DLOGPCR	(c, 0, 5)	-3.822806	-3.831511	-3.029970	-2.655194	平稳
DLOGTAR	(c, 0, 0)	-3.509149	-3.737853	-2.991878	-2.635542	平稳
DLOGPDIR	(c, 0, 0)	-2.915479	-3.737853	-2.991878	-2.635542	平稳

注：1. (c, 0, 5) 中的 5 表示滞后 5 阶，0 表示无趋势，c 表示带截距项。其他依此类推。
2. 上述结论在 95% 的显著水平上成立。

二、居民收入与消费的协整检验及 ECM 模型

(一) 建立居民可支配收入与消费的协整方程

利用 OLS 方法得到协整方程为:

$$LOGPCR = 0.9326LOGPDIR + 0.2469 \qquad (3-5)$$

$$t = 102.39 \qquad 4.12$$

R - squared = 0.9977, F - statistic = 3956.9490, Prob (F - statistic) = 0.0000。该方程拟合情况较好。由于在这里只检验协整关系是否成立,因此不对该方程进行序列相关和条件异方差的检验。对该方程的残差序列进行单位根检验,发现方程的残差在92%的显著水平上平稳(见表3-7)。这说明可支配收入与消费之间存在协整关系。

表3-7　居民收入与消费协整方程的残差检验

Lag Length: 0 (Automatic based on SIC, MAXLAG = 5)		t - Statistic	Prob. *
Augmented Dickey - Fuller test statistic		-2.696817	0.0892
Test critical values	1% level	-3.737853	—
	5% level	-2.991878	—
	10% level	-2.635542	—

(二) 建立居民可支配收入与消费的 ECM 模型

由于 *DLOGPCR*、*DLOGPDIR* 和 ECM 已经平稳,故建立 ECM 模型如下:

$$DLOGPCR = 0.9245DLOGPDIR - 0.3351ECM(-1) \qquad (3-6)$$

$$t = 19.9 \qquad -2$$

其中,$ECM = LOGPCR - 0.9326LOGPDIR - 0.2469$。Durbin -

Watson stat = 1.41，R - squared = 0.8，AIC = -4.62。该方程的残差序列单位根检验平稳，残差序列不存在自相关和 ARCH 问题。该方程的拟合优度较好。由于该方程中存在被解释变量的滞后项，因此 Durbin - Watson 检验在此失效。方程各项系数的 T 值均大于 2，显示系数都在 95% 的显著水平上成立。无常数项目，所以无 F 检验。本研究认为居民可支配收入与消费的 ECM 模型是成立的。

从该方程可以看出，居民个人可支配收入水平对个人消费影响较大，其影响系数为 0.9245。ECM 的系数达到 - 0.3351，对于居民可支配收入和居民消费之间的短期波动（通过差分的形式表现出来）脱离均衡的倾向，误差修正形式 ECM 以较大的幅度通过逆向变动的形式来使这种波动不至于偏离均衡过远。这是误差修正模型反向修正的体现。这说明居民可支配收入与居民消费之间的长期均衡关系（协整关系），对调整居民收入与消费之间的当期关系是有效的。

三、居民收入与消费 ECM 模型的稳定性检验

（一）对 ECM 模型进行稳定性检验（Chow Breakpoint Test）

对于时间序列来说，可能会因为制度和外部冲击等因素导致结构变化，从而使回归方程中所体现的经济关系发生改变。中国从 20 世纪 80 年代初开始进行商品经济的探索和改革，1990 年建立上海证券交易所。1992 年 1 月，邓小平同志前往深圳和珠海等地考察，发表重要讲话。1993 年 11 月《中共中央关于建立社会主义市场经济体制若干问题的决定》，提出建立社会主义市场经济体制的基本框架。这些重大事件无疑对经济体制和经济运行产生重大影响，广东省也不例外。本研究采用 Chow Breakpoint

Test 方法对这种结构变化进行检验（见表 3－8）。

表 3－8　对居民收入和消费协整方程的稳定性检验

分界点	Chow Breakpoint 测试		概　率
1988 年	F－statistic	0.026586	0.973797
	Log likelihood ratio	0.063223	0.968883
1989 年	F－statistic	0.168792	0.845819
	Log likelihood ratio	0.398692	0.819266
1990 年	F－statistic	1.501515	0.245759
	Log likelihood ratio	3.341442	0.188111
1991 年	F－statistic	0.656034	0.529218
	Log likelihood ratio	1.515132	0.468806
1992 年	F－statistic	0.480835	0.624909
	Log likelihood ratio	1.119406	0.571379

注：Chow Breakpoint Test 的零假设为，区间结构没有变化和方程稳定。

从表 3－8 可以看到，尽管 1988—1992 年这 5 个改革的拐点，都表明改革引起的经济关系调整是平滑的，但是 1990 年却相对于前后的改革年份，其平滑程度明显偏低。1990 年无论是 F 统计量还是对数似然比都显示，其概率值分别为 24% 和 18%，相对于其他年份明显变小。结合历史事件等因素，本研究认为广东省居民收入和消费之间的关系以 1990 年为分界点发生了部分结构变化。这与孙风等人的研究颇为相似，但是与万广华等人的结论有较大差异。万广华等人认为（2001）[4]，中国居民消费在 1983 年发生结构性变化，他把消费方程分为 1961—1983 年和 1984—1998 年两个时间段。本研究认为之所以出现这种差异，是由于广东省的特殊情况决定的（见下面分析）。

（二）居民收入和消费关系部分结构变化的原因探讨

居民收入与消费关系的部分结构变化主要有两个方面的原因。第一，外部制度环境的变化。1978 年以前消费者面临的外部制度环境是消费者选择非自由、价格的非弹性、“统包”的社会保障制度、流动性约束限制（孙凤，2002）[5]。1979—1991 年时期，消费者选择相对自由但未真正自由、消费品价格逐步放开、流动性和预算约束有所松动。由于居民收入和资产的增加，以及居民逐步形成的风险预期等原因，双轨制下居民行为开始出现跨时预算的迹象（臧旭恒，2001）[6]。1992 年以后消费者面临的制度环境发生了更大变化。消费者选择自由，消费品价格出现充分弹性，买方市场逐步形成，消费信贷制度逐步建立，市场经济改革使消费者面临的系统风险和个体风险在增大，消费者逐步由原始型向具有前瞻性的新古典消费者转变。广东省居民同样也经历了上述变化。

第二，消费者行为的变化。1978 年以前的广东省消费者同全国消费者一样，无风险预期，也无时间偏好，追求现期效用的最大化。1979—1991 年时期，广东省消费者的消费行为逐渐理性，出现跨时效用最大化的要求，风险预期和时间偏好迅速增加。1992 年以后，广东省消费者逐渐成为理性的消费主体，规避风险和应对不确定性的心理增强。农村居民和城镇居民都已经具有跨时平滑的特点（孙稳存，2002）[7]。在收入增加的同时用于消费的部分相对减少，由于新社会保障制度正在逐步转换、建立和健全，人们对收入的预期不高，即期消费受到一定程度的抑制（李子江等，2002）[8]。

第三，广东省居民收入和消费结构关系的变化没有全国明显。前面的 Chow Breakpoint Test 分析表明，ECM 模型的结构性变化并不是很显著，特别是1989年和1990年的F统计量和对数似然比的概率值有较大差异。本研究认为，这可能是由于广东省居民处于改革和开放的前沿，其最先感受和经历市场取向的改革，改革开放首批建立的4个特区中广东省就占了3个，因此其市场意识培养和成熟得较早；加之广东省历史上是商品经济萌芽较早的地区，其居民同香港、澳门和南洋等地区联系较密切，使得广东省居民在改革的过程中能够迅速适应并建立起各种理性的意识。因此，广东省居民在消费的制度环境和主体行为转换过程中其消费行为能够更加平滑。

四、边际消费倾向及ECM项系数的时间变化

（一）居民边际消费倾向的时间变化

对居民收入消费协整方程采取状态空间模型形式进行检验，可以得到居民边际消费倾向及误差修正系数的时间变化情况。本研究构筑如下量测方程：$dlnpcr = c(1) + mpc.\ dlnpdir + err.\ ecm + [\mathrm{var} = \exp(c(2))]$ （3-7）

状态方程采取递归的形式：$mpc = mpc(-1), err = err(-1)$ （3-8）

实证检验发现，从总体上看，广东省居民边际消费倾向呈现下降的趋势。1990年居民MPC=0.96，2005年MPC=0.86。具体情况可见表3-9。需要注意的是，1984—1989年拟合出来的数据与一般消费函数不符合，本研究把它当作奇异点处理。通过状态空间模型计算的边际消费倾向，与根据年度数据直接计算出来的边际消费倾向有一定差异。这种差异的产生，主要是由于此处的状态空间模型是以协整模型为基础，而后者则仅考虑收入与消费之间的直接关系。这与李子江等人的研究基本一致[9]。这种MPC下降的现象与市场经济体制改革过程中各种经济关系和利

益格局的重塑有关。在市场取向的改革中，商品化程度不断加深，劳务商品化程度和费用不断增加，教育、住房和医疗等价格居高不下；与此同时，居民由于社会保障体系不健全市场竞争加剧和就业形势严峻等方面原因面临的不确定性在不断增加。市场化的改革不仅加大居民面临的系统风险，也使居民面临的个体风险增强（袁志刚等，2005）[10]。这些因素自然促使居民消费更加“前瞻”和“舍不得”。

表 3－9　　1990 年以来边际消费倾向及误差修正项系数的时间变化

年份	1990	1991	1992	1993	1994	1995	1996	1997
边际消费倾向	0.96	0.84	0.79	0.78	0.81	0.84	0.84	0.83
误差修正系数	0.47	0.22	0.19	0.21	0.22	0.28	0.28	0.26
年份	1998	1999	2000	2001	2002	2003	2004	2005
边际消费倾向	0.81	0.82	0.82	0.82	0.82	0.85	0.86	0.86
误差修正系数	0.33	0.31	0.30	0.29	0.34	0.32	0.32	0.32

（二）协整关系 ECM 对消费短期波动调整力度的影响

1990 年后 ECM 项的系数变化较大。例如，1990 年该系数为 0.47，1991—1997 年该系数则在 0.19—0.28 之间波动，1998 年以后基本在 0.32 附近波动。这说明说明在市场经济体制改革的转型时期，消费和收入之间的关系可能更容易出现波动，消费本身也可能更容易起伏，从而需要更大的力度来对这种现象进行纠正。因此，如何使经济经济体制改革过程尽量平稳，如何使各种经济利益关系的调整尽量连续，是摆在改革面前的重要课题。这些关系和问题处理不好，不仅加剧消费等经济变量的波动，也会促使社会矛盾加深，对建设和谐社会不利。

五、消费和收入误差修正模型的政策含义

前面的分析表明，广东省居民消费倾向呈逐年递减的趋势，消费对经济的促进作用有所减弱。因此，要采取措施遏制这种现象的继续发展，促进消费的增长并拉动广东经济持续发展，实现广东率先全面实现小康社会的总体目标。

（一）健全社会保障制度，提高社会保障水平

提高社会保障水平可以有效缓解收入、就业和未来支出不确定性对居民消费的抑制作用。一是建立、扩大和完善农村社会保障制度，解除农村居民的后顾之忧，促进农民消费倾向的提升。二是要扩大和完善失业保险、医疗保险和工伤事故保险制度，扩大上述保险的覆盖面，使居民在改革中有效规避市场化所带来的系统风险和非系统风险，国家财政要加大对这方面的投入。三是切实做好原有社会基本养老保险的个人账户的充实工作。有条件的机构可以开展补充保险。良好的社会保障制度可以提高居民的 MPC。

（二）采取多种措施促进居民就业

良好的就业预期可以使居民对未来保持乐观，有利于促进消费的增长。一要通过政府的再就业渠道通过各种培训把一部分人转变为市场所需要的人。二要积极发展第三产业。例如大力发展社区服务、家政服务、流通服务、生活服务等。按照《中国国民经济和社会发展第十一个五年规划纲要》第十七章《丰富消费性服务业》的要求，提升商贸服务业、发展房地产业、大力发展旅游业、加强市政公用事业、发展体育事业和体育产业。三

是财政和金融要对困难群体的创业采取一定的支持措施。

（三）积极增加居民可支配收入，促进收入合理分配

可支配收入的增长是促进消费的根本性力量。《中国国民经济和社会发展第十一个五年规划纲要》在第三章《经济社会发展的主要目标》中提出，“十一五”规划时期，城镇居民人均可支配收入和农村居民人均纯收入分别年均增长5%（预期性指标）。广东要提出比这个目标更高的要求。一要强化所得税的收入调节作用。二要增加政府对居民特别是困难群体的转移支付力度。三要积极培养更多的就业机会。四要建立多层次的金融市场，拓展居民的投资渠道，也为储蓄向投资转化提供出路。

（四）抑制医疗、住房和教育等消费价格的过快增长

目前医疗和住房消费的价格过高，其价格涨幅也较大，居民不敢消费，这也是促使储蓄率较高的一个原因。因此应该抑制医疗和住房等消费价格的过快增长，满足中低收入者的住房需要，并提高城市的综合承载能力。同时要积极开展消费信贷，引导消费预期，扩大农村消费市场的作用。清理教育乱收费，抑制教育费用的过快增长。

（五）促进居民财产性收入的提高

广东省城镇居民和农村居民的财产性收入占可支配收入的比重，同发展国家相比较低，这种收入结构特征加剧居民消费对当前劳动收入的依赖。党的十七大报告提出要增加居民财产性收入。要通过促进资本市场的稳定发展，拓宽居民投资渠道等方式使居民的财产性收入增加，从而促进消费水平的提高。

（六）尽量保持改革的连续性和平稳性

前面的 ECM 模型分析表明，1990 年后收入和消费之间的协整关系对消费逆向调整的力度加大，消费和收入之间的关系可能更容易出现波动，消费本身也可能更容易起伏。因此，在转轨时期，保持各项改革措施尤其是涉及到居民生活和工作的改革措施的连续性，对消费和经济的发展非常重要。改革不能操之过急。

参考文献：

［1］骆祚炎．消费过度敏感性的状态空间模型检验——基于广东数据的分析［1］．当代财经．2007，（1）：12—16.

［2］刘建江等．股市对经济增长的贡献：美国案例[J]．世界经济．2000，（6）：23—24.

［3］骆祚炎．近年来中国股市财富效应的实证分析[J]．当代财经．2004，（7）：10—13.

［4］万广华等．流动性约束、不确定性与中国居民消费[J]．经济研究．2001，（11）：39—42.

［5］孙凤．消费者行为数量研究——以中国城镇居民为例［M］．上海三联书店，上海人民出版社．2002：70—75.

［6］臧旭恒．居民资产与消费选择行为分析［M］．上海三联书店，上海人民出版社．2001：295—298.

［7］孙稳存．中国消费函数的分析与估计[J]．经济科学．2002，（6）：13—21.

［8］李子江等．消费函数模型的现实检验——对 1978—1999 年广东消费函数的实证研究[J]．学术研究．2002，（2）：24—26.

[9] 李子江等．消费函数模型的现实检验——对1978—1999年广东消费函数的实证研究[J]．学术研究．2002，(2)：28.

[10] 袁志刚等．居民储蓄与投资选择：金融资产发展的含义[J]．数量经济技术经济研究．2005，(1)：34.

第四章

消费的过度敏感性检验

消费过度敏感性研究的对象，仍然是收入因素对消费的制约。消费过度敏感性假说的主要理论依据有坎贝尔和曼丘提出的λ假说等，而λ假说实际上是生命周期理论、持久收入理论和绝对收入理论的一个综合。研究消费过度敏感性的模型很多。本章借鉴λ假说的理论成果，结合生命周期理论、持久收入理论和绝对收入理论，并把利率变量引入消费函数，综合分析收入变动对居民消费的影响。

第一节 消费过度敏感性研究的理论回顾

凯恩斯提出绝对收入理论后，库兹涅茨对

美国1869—1938年的国民收入与个人消费资料进行整理和分析发现，消费始终与收入维持一个固定比率，平均消费倾向一直在0.84与0.89之间徘徊。这便是“库兹涅茨反论”。为了解释“库兹涅茨反论”，许多新的消费函数理论应运而生。持久收入理论和生命周期理论对此作出了贡献。但该两个理论虽然从本质上说是前瞻的，但在方法上却是后顾的。为了克服这种矛盾，霍尔采用理性预期的概念，用随机方法修正了上述两种假说的缺陷（Hall，1978）[1]。他描述了一个消费者最优化的欧拉方程，用欧拉方程刻画了消费者在两期消费之间的边际替代率等于两者相对价格的情形。该相对价格是未来一单位消费的贴现成本。他假定效用函数为二次型：

$$\max\left[\sum_{t=0}^{T-1}\left(c_t - \frac{\alpha}{2}c_t^2\right)\right]$$

这样在某一期消费的边际效用（成本）为$(1-\alpha c_0)$，在第t期的期望效用收益为$E_0(1-\alpha c_t)$。根据效用最大化的条件，某期的边际效用和第t期的的期望效用收益应该相等，从而得到：$E_0(c_t)=c_0$。这就是欧拉方程。依此类推，更一般地，在每一时期，下一时期消费的期望等于现期消费。即有$c_t=c_{t-1}+e_t$。这表明消费符合随机游走特征，消费的变化与收入水平等无关且是不可预测的。

这个理论的含义是，既然人们的预期是理性的，那么消费者将根据一生的资源或持久收入来安排自己的消费，他就会对今后可能得到的资源或持久收入作出理性的预期，从而使一生预期的效用最大化。这意味着消费者在作出现期消费决策时，总是根据所有可能收集到的现期收入、未来收入、各种资产的存量和价格走势等来进行决策。因此所有的信息都已经在现期消费中得到反映，下一期的消费自然就只和现期消费有关，而与以前的消费及收入无关。然而对该理论的实证检验却表明消费对收入存在“过度敏感性”（Flavin，1981）[2]。由于理性预期假说不能很好地解释在存在风险和信贷市场不完善情况下的消费行为，坎贝尔和曼丘就提出一个所谓的 λ 假说（Campbell and Mankiw，1991）[3]。他假设经济中存在两类消费者，一类消费者按照 LCH 选择消费路径，另一类消费者按照即期收入来确定当期消费，第二类消费者所占的比重为 λ，则全社会的总消费函数为：$\sum c_t = (1-\lambda)E_t y^p + \lambda y_t$。该理论实际上是对持久收入理论和绝对收入理论的一个综合。检验结果表明，消费者滞后 3 期时 λ 的估计值为 0.42，滞后 5 期时 λ 的估计值为 0.52，消费对收入存在过度敏感性（彭文平，2001）[4]。

近年来学者对中国消费的过度敏感性进行研究。宋冬林等（2003）[5]认为，中国城镇居民消费在经济转型期表现出过度敏感性，为使拉动需求的政策更加有效，有必要采取措施矫正居民消费的过度敏感性。宋冬林等的研究没有根据 LCH 假说考虑利率对消费的影响。彭文平（2001）[6]认为，流动性约束、利率的内生变化和非生命周期理论等可以解释中国近年来的消费过度敏感性。王合绪等人（2000）[7]认为，统计中的加总误差、短视、预防性储蓄以及流动性约束等可以用来解释消费的过度敏感性。王合绪等人使用固定系数模型验证了中国的消费过度敏感性并分析产生的原因。骆祚炎（2006）① 认为，中国居民 1985 年以来存在消费的过度敏感性。本研究认为，中国经济正处在转型过程

① 主要观点可见如下文献：骆祚炎. 1985 年以来中国居民消费过度敏感性的实证检验——基于状态空间模型的分析［J］. 经济经纬. 2007，(5)：18—21。

中，经济机制和利益关系在发生系列变化，可以使用可变系数模型来分析消费的过度敏感性；同时也应该从 LCH 的角度综合研究包括利率在内的因素对消费的影响。本研究借鉴其他文献的一些研究成果，试图对广东省居民消费的过度敏感性进行分析，并从过度敏感性的角度寻找促进广东消费和通过消费拉动广东经济的对策。

第二节 居民整体的消费过度敏感性

一、消费过度敏感性[①]理论模型的建立

根据 λ 假说，假设经济中存在两类消费者。一类消费者按照 LCH 选择消费路径（理性消费者），第二类消费者按照当期收入来确定消费（短视型消费者），第二类消费者所占的比重为 λ。根据理性预期假说，第一类消费者的消费函数为：

$$c_{t+1} = c_t + \varepsilon_{t+1} = \beta E(y_p) + \varepsilon_{t+1} \quad (4-1)$$

同时假设居民的实际可支配收入为 y_d，则第二类消费者的可支配收入为 λy_d，且第二类消费者的消费函数为：

$$c_t = c_{0,t} + \alpha\lambda y_{d,t} \quad (4-2)$$

则全社会的总消费函数为：

$$c_t = \beta E(y_{d,p}) + c_{0,t} + \alpha\lambda y_{d,t} + \varepsilon_t \quad (4-3)$$

对函数式（4－3）进行变形得到：

① 本节观点可以参考以下文献：骆祚炎．消费过度敏感性的状态空间模型检验——基于广东数据的分析［J］．当代财经．2007，（1）：12—16。

$$c_t = c_{0,t} + \beta(1-\lambda)E(y_{d,t}) + \alpha\lambda y_{d,t} + (1-\lambda)\varepsilon_t \tag{4-4}$$

同样道理，可以得到全社会消费者在第（t+1）时期的消费函数为：

$$c_{t+1} = c_{0,t+1} + \beta(1-\lambda)E(y_{d,t+1}) + \alpha\lambda y_{d,t+1} + (1-\lambda)\varepsilon_{t+1} \tag{4-5}$$

从消费者一生的预期看，由于有 $E(y_{d,t+1}) = E(y_{d,t})$，用(4-5)减去（4-4）式得到：

$$\Delta c_t = c_{0,t} + \alpha\lambda\Delta y_{d,t} + v_t \tag{4-6}$$

其中，$c_{0,t} = c_{0,t+1} - c_{0,t}, v_t = (1-\lambda)(\varepsilon_{t+1} - \varepsilon_t)$。王合绪等人(2000)[8]根据生命周期和持久收入假说得到推论：

$$\Delta c_t = a_{0,t} + \phi r_t + e_t \tag{4-7}$$

(4-7) 式中的各变量均取对数值。其中，$r_t \approx \ln(1+r_t)$。(4-7)式的结论认为，根据持久收入和生命周期假说，消费的变化量只和本期利率相关，和本期收入不相关。本研究结合(4-6)和（4-7）式来综合分析消费的过度敏感性，得到如下理论模型：

$$\Delta c_t = c_0 + \alpha\lambda\Delta y_t + \delta r_t + \varepsilon_t \tag{4-8}$$

(4-8) 式中的符号与前面各式中的符号有部分相同，但符号的含义已经发生变化。具体说，在该式中，个人可支配收入和居民消费变量已经是原始数据的对数值，利率不取对数值（利率取对数后将会成为负数并且很小，不利于在统计上分析其影响和经济意义）。c_0 代表各期居民自主消费的变化量，在这里假定该自主消费变化额不变。$\alpha\lambda$ 是消费增长指数的收入增长指数弹性，δ

是消费增长指数的对数值对利率变化的导数[①]。ε_t 是指随机误差。在（4－8）式中，α 是第二类消费者的边际消费倾向，$0<\alpha<1$，因此可以根据 $\alpha\lambda$ 的乘积来判断第二类消费者的比例。如果第二类消费者 λ 显著不为0，则说明消费对收入存在敏感性。反之，如果 λ 为0，则说明消费对收入不敏感。（4－8）式中还包括了利率的消费效应。这种效应分为替代效应和收入效应。替代效应指利率水平的提高会提高当期消费的成本，从而使居民减少消费。收入效应是指当利率水平提高，居民的收入也随之提高，促使居民增加当期消费。替代效应和收入效应相互抵消。在利率不断增长的情况下，如果证明 δ 大于0，则说明利率的收入效应超过替代效应。如果 δ 小于0，则说明利率的替代效应超过收入效应。如果 δ 等于0，则表示两种效应刚好抵消。如果利率的变化方向相反，则利用上述原理进行相反的过程分析。

由于中国正处于改革的过程中，经济结构、经济利益关系、各种制度等方面不断进行调整，公式（4－8）中的经济关系不可能固定不变。因此本研究拟采取状态空间模型和卡尔曼滤波方法来对公式（4－8）进行模拟。卡尔曼滤波的主要作用是，当扰动项和初始状态向量服从正态分布时，能够通过预测误差分解计算似然函数，从而可以对模型中的所有未知参数进行估计，并且当出现新的观测值时，能够利用卡尔曼滤波连续地修正状态向

---

① 在收入和消费取对数的情况下，有：$\alpha\lambda=\frac{dc'}{c'}/\frac{dy'}{y'}$。其含义为消费增长指数对收入增长指数的弹性。其中，$c'=\frac{c_{t+1}}{c_t}, y'=\frac{y_{t+1}}{y_t}$。为了使数据平稳，利率在通过状态空间模型求解其变化的系数值时，可以取一阶差分。在利率取一阶差分的情况下，有：$\delta=\frac{dc_t}{c_t}/d(\Delta c_t)$。$\delta$ 的经济意义不明显，但可以利用其符号性质来判断利率的综合效应。

量的估计。本研究之所以不采取面板模型中的变系数模型，是因为在这里不需要进行截面识别。

二、数据来源及数据处理

（一）数据来源

本研究数据主要来源于《广东统计年鉴》1980—2005 年各期。数据覆盖 1980—2004 年共 25 年①。除利率外数据均使用人均指标。具体来说有人均消费和人均可支配收入（农村居民为人均纯收入）指标。这些数据除直接从统计年鉴查到的外，其他数据均根据广东省城镇和农村人口比例加权计算得到。其中，利率根据利率发挥作用的时间为权重进行加权计算。为平滑数据，本研究均采用实际数据（不变价格）。实际数据在名义指标的基础上除以相应的商品零售价格定基指数计算得到。例如，实际人均可支配收入 = 名义人均可支配收入 ÷（商品零售价格定基指数 ÷100）。商品零售价格定基指数是以 1950 年为 100。其他依此类推。

（二）数据符号

1. 实际人均等指标（不变价格）及其符号。实际人均消费——*PCR*，实际人均可支配收入——*PDIR*。实际利率——*RRGD*。实际人均总资产额——*TAR*。

2. 实际人均指标的自然对数值及其 1 阶差分符号。实际人均消费对数值——*LOGPCR*，实际人均可支配收入对数值——*LOGPDIR*。*LOGPCR*(-1) 代表滞后 1 阶，其他类推。实际

---

① 本研究在投稿时，《广东统计年鉴》尚没有公布 2005 年和 2006 年统计数据。在发表时没有添加样本。

人均消费对数值的 1 阶差分—— $D(LOGPCR)$，其他类推。

（三）数据处理

ADF 单位根检测发现原序列的水平值及 1 阶差分序列均不平稳。其水平值的 2 阶差分平稳。对序列求自然对数（利率不取对数）进行单位根检测发现，各序列水平值仍然不平稳，但各序列的 1 阶差分已平稳。根据表 4－1 可以发现，*LOGPCR*、*LOGPDIR*、*LOGTAR*、*RRGD* 的 1 阶差分平稳，因此 *D*(*LOGPCR*)、*D*(*LOGPDIR*)、*D*(*LOGTAR*)、*D*(*RRGD*) 等变量能够进行线性回归，而且不会产生“伪回归”问题。

表 4－1　广东省居民各变量单位根检验结果表

变　量	类型	ADF 值	1% 临界	5% 临界	10% 临界	结　论
LOGPCR	(c, 0, 0)	0.796132	-3.737853	-2.991878	-2.635542	不平稳
LOGPDIR	(c, 0, 0)	0.737042	-3.737853	-2.991878	-2.635542	不平稳
LOGTAR	(c, 0, 2)	-0.688738	-3.769597	-3.004861	-2.642242	不平稳
RRGD	(c, 0, 0)	0.016376	-3.737853	-2.991878	-2.635542	不平稳
D(*LOGPCR*)	(c, 0, 0)	-3.498241	-3.752946	-2.998064	-2.638752	平稳
D(*LOGPDIR*)	(c, 0, 0)	-3.417427	-3.752946	2.998064	-2.638752	平稳
D(*LOGTAR*)	(c, 0, 1)	-3.786297	-3.769597	-3.004861	-2.642242	平稳
D(*RRGD*)	(c, 0, 1)	-4.782393	-3.769597	-3.004861	-2.642242	平稳

注：1.（c，0，2）中的 2 表示滞后 2 阶，0 表示无趋势，c 表示带截距项。其他依此类推。2. 上述结论在 95% 的显著水平上成立。3. 实际利率的一阶差分在 1% 的水平上平稳。

三、消费过度敏感性的状态空间模型分析

根据前面的分析，本研究构筑如下量测方程：

$$D(LOGPCR)_t = c_0 + \omega_t D(LOGPDIR)_t + \delta_t D(RRGD)_t + \varepsilon_t \tag{4-9}$$

状态方程采取递归形式，其公式如下：

$$\omega_t = \omega_{t-1} \tag{4-10}$$

$$\delta_t = \delta_{t-1} \tag{4-11}$$

（4－9）式中 ω_t 和 δ_t 的含义相当于（4－8）式中的 $\alpha\lambda$ 和 δ。利用卡尔曼滤波方法得到 $\alpha\lambda$ 和 δ 的时间变化情况。具体结果见表4－2和图4－1的描述。从表4－2可以看出，除1981年消费增长指数对收入增长指数的弹性为负数外，其余年份均为小于1的正数。$\alpha\lambda$ 在1995年达到最高值0.6407，1994年以后基本在0.6以上。由于 α 是收入的边际消费倾向，它小于1，因此 λ 至少要大于0.6407。即广东第二类消费者至少占到总消费人口的64%以上。这说明大部分广东居民的消费由当期收入决定，消费对收入存在过度敏感性，广东缺乏经济分析意义上的理性消费者。从 $\alpha\lambda$ 的时间分布看，1987年以后 $\alpha\lambda$ 明显增大，考虑到中国居民从整体上看存在边际消费倾向递减的趋势（骆祚炎等，2005）[9]，可以肯定广东第二类消费者的比例在1987年后出现明显的增长。从这里可以看出，经济体制改革中存在的大量不确定性和风险对居民的消费支出行为产生明显影响，居民不能形成稳定的预期，加之居民资产的财富效应微弱，居民消费对当期收入的依赖程度加大。

表4－2 广东省居民 $\alpha\lambda$ 和 δ 的时间变化情况

项目	1981年	1982年	1983年	1984年	1985年	1986年	1987年	1988年
$\alpha\lambda$	－0.3606	0.1433	0.1567	0.4891	0.4952	0.4924	0.6296	0.5907
δ	0.0035	51.3622	52.5649	18.4297	28.1366	27.7134	1.2026	－2.9920

续表

项目	1989 年	1990 年	1991 年	1992 年	1993 年	1994 年	1995 年	1996 年
$\alpha\lambda$	0.5879	0.5226	0.5084	0.5673	0.5907	0.6229	0.6407	0.6232
δ	-7.6487	-6.9288	-6.4351	-6.7398	-6.4489	-6.3281	-6.7964	-5.8404
项目	1997 年	1998 年	1999 年	2000 年	2001 年	2002 年	2003 年	2004 年
$\alpha\lambda$	0.6186	0.6173	0.6126	0.6129	0.5989	0.6177	0.5631	0.5885
δ	-5.4997	-5.3663	-4.9264	-4.9332	-5.0821	-4.9409	-5.4737	-5.2432

从 δ 的变化情况看，1987 年以前其值为正数，1987 年以后其值为负数。1987 年以前名义利率总体上呈现上升趋势，1987 年后利率总体上呈现下降的趋势。1980 年居民储蓄存款年利率为 5.04%，1989 年达到 11.12%，1994 年为 10.98%，2004 年为 2%。这表明，1987 年以前广东居民利率的收入效应大于替代效应，1987 年以后利率的收入效应仍然大于替代效应。因此，居民对利率的变化不敏感。这与居民面临的收入不确定性、支出的增长预期、储蓄及消费习惯等因素有关。

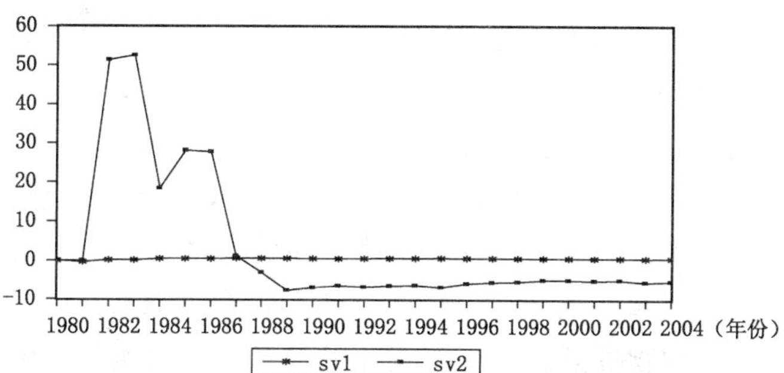

图 4-1　广东省居民 $\alpha\lambda$ 和 δ 的时间变化

图（sv1 和 sv2 分别代表 $\alpha\lambda$ 和 δ）

四、消费过度敏感性的原因探讨

(一)收入的不确定性和支出的增长预期使消费对当期收入的依赖增强

中国在转轨过程中，产生了大量的不确定性。一是收入和就业的不确定性增强，居民把当前收入中的一部分储蓄起来，以备后患。二是住房等大宗固定资产需要有较大的初始投资。三是未来的教育支出和医疗保健支出是一笔较大负担。中国人民银行的调查结果显示，城镇居民收入稳步增长；但认为“更多消费最合算”的居民人数占比为31.2%，虽上升不到一个百分点，但仍处于2002年来的较低水平。尽管存在物价和利率预期上涨因素，消费意愿仍较平淡。2006年第2季度问卷调查显示，居民当期收入感受指数为17%，与第1季度相比季节性下降5.1%。未来收入信心指数为20.3%，分别比上季和上年同期上升1.3%和3.1%，居民对未来收入谨慎乐观。自2005年第3季度起，居民对“物价过高”判断的占比逐季回落，但2006年第2季这种下降趋势发生逆转，居民的判断升至24.4%，较上季提高2.3%。物价满意指数降至12.1%，比上季下降3个百分点。消费价格指数CPI在4月份和5月份同比分别上涨1.2%和1.4%，加之成品油价格连续上调，住房价格居高不下，居民对物价上涨反映强烈。居民未来物价预期指数为31.1%，比第1季度跃升12.3%。2007年以来，以食品价格为主的价格上涨使居民的消费支出增加的预期提高。2007年第4季度数据表明，64.7%的被调查者预期物价上涨[10]。市场化的改革不仅加大了居民面临的系统风险，也使居民面临的个体风险增强。这些因素导致居民预防性储蓄需求增加。广东居民同样面临上述问题。

（二）微弱的财富效应削弱居民资产对消费的平滑作用

居民消费对当期收入过度敏感，一个重要原因是居民资产的财富效应微弱，资产对消费的平滑作用不强。实证分析表明，广东居民资产和消费之间存在协整关系。因此，可以建立居民资产和消费的误差修正 ECM 模型来分析财富效应：

$$D(LOGPCR) = 0.0883D(LOGTAR) - 0.3808ECM(-1) + 0.0614 \quad (4-12)$$

$$t = 1.24 \qquad\qquad -3.83 \qquad\qquad 4.78$$

其中，ECM 代表资产和消费的协整关系。R - squared = 0.4942, Durbin - Watson stat = 1.3272, F - statistic = 10.2554 , Prob （F - statistic） =0.0000。该方程的残差序列单位根检验平稳，残差序列不存在自相关和 ARCH 问题。该方程的拟合优度过小，拟合效果不够好，是由于拟合方程为差分序列的关系。由于该方程中存在被解释变量的滞后项，因此 Durbin - Watson 检验在此失效。整个模型在 99% 的水平上显著。从方程（4 - 12）可以看出，居民资产对消费有一定影响。但其影响系数为 0.0883，说明财富效应微弱。其含义可以表达为，当居民资产的对数值增长指数上升 1% 时，居民消费对数值的增长指数上升 0.0833% 。另外，本研究使用 VAR 模型对 DLOGPCR 的方差进行分解发现，资产对消费的影响在将来时期基本稳定在 12% 左右，相对于可支配收入对消费的影响（38% ）和现期消费对将来消费的影响（49% ）来说比较小。这同样说明资产财富效应弱小。

（三）流动性约束和居民较保守的消费习惯限制居民消费的“积极性”

由于面临流动性约束的消费者只能用即期的收入进行消费，因此流动性约束下的消费只与即期收入正相关，这就使消费呈现出过度敏感性。同时，流动性约束的存在相当于有一个"影子价格"在起作用，即使流动性约束未在本期发生，但它将在未来发生的预期同样会使消费者减少现期消费而增加储蓄。这也会导致消费的过度敏感性（唐未兵，2002）[11]。王合绪等人(2000)[12]的实证结果显示，以预期增长率为标准的负增长年份可支配收入变化量系数大大高于正增长年份，居民在收入增长低于预期的变化率时消费支出大大低于预期的消费化率，证明流动性约束的存在。彭文平（2001）[13]进一步认为，中国消费者并不存在即期的流动性约束，中国消费者更多地表现在未来的流动性约束上。为了避免在下期受到流动性约束，消费者因此选择在本期限不动用储蓄甚至增加储蓄。这样消费表现出过度敏感性(唐未兵的"影子价格"与该看法类似)。除了上述流动性约束外，居民较保守的消费习惯也是一个重要原因。目前居民面临的流动性约束与过去相比已经有很大改变，但由于居民较保守的消费习惯，居民在没有特别把握的情况下不会轻易利用消费信贷来满足消费欲望。这促使消费对当期收入产生过度依赖。此外，本研究实证分析表明，降息的收入效应大于替代效应也是产生消费过度敏感性的原因。降息对消费的刺激作用下降与流动性约束和预防系储蓄增强有很大的关系（杭斌等，2004）[14]。利率不是产生消费过度敏感性的主要原因。

五、减缓过度敏感性对消费负面影响的对策

消费过度敏感性的存在，使消费者不能产生一个稳定增长的预期，降低居民的边际消费倾向，收入和就业的不确定性和支出增长的预期导致居民预防性储蓄增加等。这些负面影响对扩大消费对经济的拉动作用不利。收入和就业的不确定性、支出增长的预期、微弱的资产财富效应和流动性约束是导致过度敏感性的主

要原因。在中国现阶段主要靠投资推动经济增长的情况下，采取措施减缓消费过度敏感性的负面作用具有重要意义。

（一）健全社会保障制度，缓解居民面临的不确定性

提高社会保障水平可以有效缓解收入、就业和未来支出的不确定性对居民消费的抑制作用。当前社会保障要做好以下几个方面工作。一是要建立、扩大和完善农村社会保障制度，解除农村居民的后顾之忧，促进农民消费倾向的提升。二是要扩大和完善失业保险、医疗保险和工伤事故保险制度，扩大上述保险的覆盖面，使居民在改革中有效规避市场化所带来的系统风险和非系统风险，国家财政要加大对这方面的投入。三是切实做好原有社会基本养老保险的个人账户的充实工作。有条件的机构可以开展补充保险。

（二）采取措施发挥财富效应对消费的促进作用

从广东情况看，财产性收入占可支配收入的比例过低限制了资产的财富效应。广东城镇居民 2006 年财产性收入占可支配收入的比例为 3.2%，农村居民 2006 年也仅为 4.3%。而美国仅股票收入占家庭财产之比，1945 年为 16%，1968 年为 26%，1990 年为 12%，1997 年为 28%，1998 年为 30%，1999 年为 35%—38%（刘建江等，2000。1999 年美国数据为本研究估计数）[15]。扩大财产性收入的比例还必须提高资产的增殖程度。首先，要提高国家经济投入产出的效益，中国要大力进行科技创新，开发出技术含量高、有市场且附加值高的产品。其次，要规范各种市场，特别要加强证券市场的规范和发展，形成市场稳定发展的预期。再次，要规范各类市场主体，形成有效的分配法则。最后，在中国目前储蓄和储蓄率过高的情况下，要鼓励国内资本走出

去，获得更高的投资收益。中国应该加快 QDII 的建设。另外，还要建立多层次金融市场，增加金融资产的比重。中国现阶段风险资产的缺乏，以及风险资产的广度和深度难以配比居民的投资选择，产生强制性银行储蓄（袁志刚，2005）[16]。现阶段银行储蓄的增殖程度非常有限，这也是造成财富效应过低的原因之一。

（三）保持改革的连续性和平滑性

本研究实证分析表明，以 1987 年为界，第二类消费者的比重发生较大变化。1987 年后随着改革程度的加深，居民消费的过度敏感性更加突出。这说明，改革对各种经济利益关系的调整、经济运行机制的重新塑造和各种制度的衔接等方面进行得不是很平滑，因而造成居民收入和就业方面的不确定性，使居民不能形成稳定的预期，促使居民的消费对当前收入形成较强的依赖。为减缓消费的过度敏感性对消费和经济增长的负面影响，保持改革的连续性和平滑性显得很重要。

（四）健全消费信贷等社会信用制度

健全消费信贷制度，扩大消费信贷规模，可以减少即期和未来流动性约束对消费的限制，减少过度敏感性对消费增长的负面作用。当前，消费信贷已经达到一定规模，要保持其规范发展。要通过消费信贷等社会信用制度的健全，逐步改变居民较保守的消费习惯。但要注意不要在发展消费信贷的同时对宏观调控和宏观经济运行造成冲击。

（五）抑制医疗和住房等消费价格的过快增长

目前医疗和住房消费的价格过高，其价格涨幅也较大，相比之下居民收入的增长速度则较低。而且住房等消费品的价格基数大，而居民收入的基数较低，这更加剧了收入和消费价格之间的反差。这些因素促使居民不敢消费，消费的敏感性增强。应该抑制医疗和住房等消费价格的过快增长，降低未来支出增长的预期，促进消费的稳定增长并拉动经济持续的增长和发展。

第三节 广东与全国居民消费过度敏感性的比较

一、全国居民消费过度敏感性[①]的检验模型

这里仍然借鉴在本章第二节中建立起来的理论分析模型和状态空间模型，来检验全国居民消费过度敏感性。（4－8）模型如下：

$$\Delta c_t = c_0 + \alpha\lambda\Delta y_t + \delta r_t + \varepsilon_t$$

根据前面的分析，本研究构筑如下量测方程：

$$D(LOGPCR)_t = c_0 + \omega_t D(LOGPDIR)_t + \delta_t D(RRGD)_t + \varepsilon_t \quad (4-13)$$

状态方程采取递归形式，其公式如下：

$$\omega_t = \omega_{t-1} \quad (4-14)$$

$$\delta_t = \delta_{t-1} \quad (4-15)$$

① 该部分主要观点可见如下文献：骆祚炎．1985年以来中国居民消费过度敏感性的实证检验——基于状态空间模型的分析［J］．经济经纬．2007，（5）：18—21。

二、样本数据来源及数据处理

(一) 数据来源及其处理

本研究数据主要来源于《中国统计年鉴》1985—2005 年各期。数据覆盖 1985—2004 年共 20 年①。除利率外，数据均使用人均指标。具体来说有人均消费（居民消费性支出）和人均可支配收入。这些数据除直接从统计年鉴查到的外，其他数据均根据城镇和农村居民人口比例加权计算得到。其中，利率根据利率发挥作用的时间为权重进行加权计算。为平滑数据，本研究均采用实际数据（不变价格）。全国实际数据以 1978 年商品零售价格指数为 100，然后根据各年的定基价格指数计算出来。例如，居民实际可支配收入 = 居民名义可支配收入 ÷（商品零售价格定基指数 ÷100）。其他依此类推。

(二) 数据符号及其涵义

各符号的含义如下。实际人均消费—— PCR，实际人均可支配收入—— $PDIR$。实际利率—— $RRQG$。实际人均消费对数值—— $LOGPCR$，实际人均可支配收入对数值—— $LOGPDIR$。$LOGPDIR(-1)$ 代表滞后 1 阶，其他类推。实际人均消费对数值的 1 阶差分—— $D(LOGPCR)$，其他类推。

(三) 数据平稳性判断及处理

ADF 单位根检测发现原序列的水平值及 1 阶差分序列均不平稳。其水平值的 2 阶差分平稳。对序列求自然对数后进行单位

---

① 本研究投稿时，《中国统计年鉴》尚无 2005 年和 2006 年数据，发表时没有添加 2006 年的数据。

根检测发现，各序列的水平值仍然不平稳，但各序列的1阶差分已经平稳。这些检验均是在有常数项和没有时间趋势项的情况下得到的。根据表4-3可以发现，*LOGPCR*、*LOGPDIR*、*LOGTAR*、*RRGD*的1阶差分平稳，因此*D*(*LOGPCR*)、*D*(*LOGPDIR*)、*D*(*LOGTAR*)、*D*(*RRGD*)等变量能够进行线性回归，而且不会产生“伪回归”问题。

表4-3　　　全国居民各变量单位根检验结果表

变　量	类型	ADF值	1%临界	5%临界	10%临界	结论
LOGPCR	(c, 0, 0)	2.186146	-3.831511	-3.029970	-2.655194	不平稳
LOGPDIR	(c, 0, 0)	2.109294	-3.831511	-3.029970	-2.655194	不平稳
RRGD	(c, 0, 0)	-0.396172	-3.857386	-3.040391	-2.660551	不平稳
D(*LOGPCR*)	(c, 0, 2)	-3.625972	-3.920350	-3.065585	-2.673459	平稳
D(*LOGPDIR*)	(c, 0, 2)	-7.663289	-3.920350	-3.065585	-2.673459	平稳
D(*RRCD*)	(0, 0, 1)	-1.977028	-2.699769	-1.961409	-1.606610	平稳

注：1.（c, t, 0）中的2表示滞后2阶，0表示无趋势，c表示带截距项。其他依此类推。2. 上述结论在95%的显著水平上成立。

三、全国居民消费过度敏感性的实证结果

（4-13）式中ω_t和δ_t的含义相当于（4-8）式中的$\alpha\lambda$和δ。利用卡尔曼滤波方法得到$\alpha\lambda$和δ的时间变化情况。具体结果见表4-4和图4-2的描述。从表4-4可以看出，1985—2004年第二类消费者所占比例平均为73%以上，第二类消费者所占比例在逐年下降。1988—1990年间第二类消费者占到居民总数的92%以上。1991年以后第二类消费者所占比例基本稳定在70%以上。1999年开始这种比例出现上升趋势，2003年和2004

年第二类消费者所占比例至少达到76%以上。$\alpha\lambda$ 在1993年达到最低值0.6811。由于 α 是收入的边际消费倾向，它小于1，因此 λ 至少要大于0.6811，即全国第二类消费者至少占到总消费人口的68%以上[①]。通过使用多种形式的状态空间模型检验（量测方程、状态方程、误差及方差定义均发生变化），均可以发现第二类消费者占所有消费者的比例高于68%[②]。这说明该结论有一定可信度。从这里可以看出，经济体制改革中存在的大量不确定性和风险对居民的消费支出行为产生明显影响，居民不能形成稳定的预期，加之居民资产的财富效应微弱，居民消费对当期收入的依赖程度加大。

利率对居民消费的影响非常微弱。δ 相对于 $\alpha\lambda$ 来说过小，利率对消费的影响被收入对消费的影响覆盖。实际利率从1985年以来呈现下降的趋势，其对数值也表现出下降趋势，DLOGRRQG有下降趋势但相对平滑。同时由于 δ 的估计值基本为负数（1989年和1993年除外），而居民消费在不断增长，因此如果利率对消费存在某种影响的话，则这种影响应该是替代效应大于收入效应的结果。由于利率的影响远小于收入对消费的影响，利率的两种效应究竟哪者更大，很难确定。总体来看，居民对利率的变化不敏感。这说明，中国居民消费主要还是受收入的不确定性、支出的增长预期、储蓄及消费习惯等因素的影响。

---

① $\alpha\lambda$ 在1988年达到1.16，无法用消费函数理论进行解释。本研究把1988年的数据当作奇异点处理。

② 例如，采用如下状态方程也能够得到大致相同的结果：

@ signal dlnpcr = c (1) + sv1 · dlnpdir + sv2 · dlnrrqg + [var = exp (c (2))]

@ state sv1 = c (3) + sv1 (-1) + [var = exp (c (4))]

@ state sv2 = c (5) + sv2 (-1) + [var = exp (c (6))]

在这些方程中通过对 var 进行不同的定义也能够得到基本相同的结果。

表 4-4 全国居民 $\alpha\lambda$ 和 δ 的时间变化情况

项目	1985 年	1986 年	1987 年	1988 年	1989 年	1990 年	1991 年
$\alpha\lambda$	0	0	0.6318	奇异点	0.9260	0.9252	0.7147
δ	0	0	-0.5798	-0.0041	-0.0806	-0.0825	0.0061
项目	1992 年	1993 年	1994 年	1995 年	1996 年	1997 年	1998 年
$\alpha\lambda$	0.7427	0.6811	0.6945	0.7197	0.7424	0.7363	0.7288
δ	-0.0233	-0.0120	-0.0082	-0.0105	-0.0198	-0.0157	-0.0023
项目	1999 年	2000 年	2001 年	2002 年	2003 年	2004 年	2005 年
$\alpha\lambda$	0.7249	0.7246	0.7367	0.7298	0.7647	0.7628	—
δ	0.0117	0.0093	0.0010	-0.0005	0.0040	0.0036	—

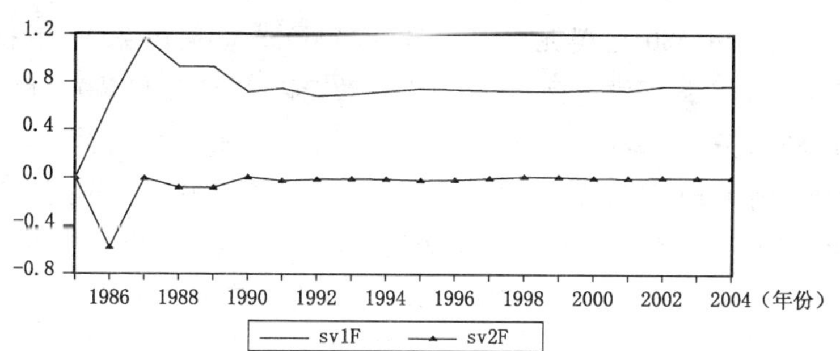

图 4-2 全国居民 $\alpha\lambda$ 和 δ 的时间变化图

（sv1 和 sv2 分别代表 $\alpha\lambda$ 和 δ）

四、广东与全国居民消费过度敏感性的比较

从表 4-2 可以看出，广东省居民 $\alpha\lambda$ 在 1995 年达到最高值 0.6407，1994 年以后基本在 0.6 以上。广东第二类消费者至少占到总消费人口的 64% 以上。从表 4-4 可以看出，全国居民第

二类消费者至少占到总消费人口的68%以上。这表明，无论广东省还是全国居民，其消费主要受到当期收入的制约，从而成为所谓的短视型消费者。这种现象的产生，在于无论是广东省居民还是全国居民，其消费都受到共同因素的制约。这些因素有：不确定性和支出增长预期促使居民增加对当期收入的依赖，微弱的财富效应减弱资产对消费的促进作用，流动性约束和较保守的消费习惯限制居民消费的“积极性”。这里值得特别指出的是，中国居民包括广东省居民，其资产较少特别是增殖性资产的数量有限，加剧了居民消费的过度敏感性。例如，股市财富效应对消费的影响占总消费变动的平均比例仅为0.84%（骆祚炎，2004）[17]。出现这种情况的原因主要有两个。一是中国居民的资产规模过小。美国2000年、2003年家庭资产总额分别为494250亿美元、541680亿美元（孙元欣，2006）[18]，美国2000年和2002年人口数（没查到2003年人口数，以2002年代替）分别为28222万人、28837万人①，按照1美元=8元人民币的汇率折算②，则美国人均个人资产总额2000年、2003年分别为：1401035元、1502736元。中国居民2004年平均个人资产总额为39931元（2006年达到52916元，但仍然比美国居民平均水平低）③，只有美国居民2000年、2003年个人资产的2.85%、2.66%。二是中国居民金融资产等增殖性资产比重过低。从表4-5中我们可以发现，中国与美国金融资产占比存在很大的差距。例如，1995年中国居民金融资产占比为22.31%，美国则为

① 从《国际统计年鉴2004》第120页查找得到。

② 2005年7月进行人民币汇率形成机制改革以来，人民币对美元的汇率已经突破7.6元的关口。汇率经常变动，本研究只是以1美元=8元人民币作粗略的说明。

③ 没有计算社会保险基金、商业保险基金及住房公积金。

66.20%，是中国的2.97倍；2000年中国为24.84%，美国则为68.69%，是中国的2.77倍；2003年中国为25.73%，美国则为63.40%，是中国的2.47倍。总体来说，中国居民资产规模和金融资产比重有待提高。虽然广东居民资产规模比全国居民要高，但和美国相比仍然有较大差距。

表4-5　中美两国居民资产结构比较表（名义数据）　单位：%

项目		1985年	1990年	1995年	1998年	2000年	2003年	2004年	2005年	2006年
中国	金融资产占比	9.21	16.59	22.31	24.44	24.84	25.73	24.16	23.56	26.21
	实物资产占比	90.78	83.41	77.69	75.56	75.16	74.27	75.84	76.44	73.79
美国	金融资产占比	—	—	66.20	—	68.69	63.40	—	—	—
	实物资产占比	—	—	33.80	—	31.31	36.60	—	—	—

注：1. 中国数据来源于《中国统计年鉴》各期并经过计算得到。中国金融资产包括居民储蓄存款和股票资产。2. 美国数据来源：孙元欣．美国家庭资产统计方法和分析[J].统计研究．2006，(2)：46—47。美国家庭金融资产包括存款、信用市场工具、公司普通股、基金、安全信用、寿险、养老金、银行个人信用投资、非公司形态股票和其他金融工具。美国各种资产比例均是采用各项资产除以总资产计算出来，而不是除以净资产得到。

全国居民消费受到收入的制约程度，就其平均水平而言要高于广东省居民受到的约束。全国居民1985—2004年第二类消费者所占比例平均为73%以上，1988—1990年间第二类消费者占到居民总数的92%以上，1991年以后第二类消费者所占比例基本稳定在70%以上。1999年开始这种比例出现上升趋势，2003年和2004年第二类消费者所占比例至少达到76%以上。这些指标明显高于广东省居民。这与全国居民和广东省居民的收入结构及资产结构有一定关系。总体上看，广东省居民的收入结构中，来自于财产和经营类的收入相对较多，来自工薪的收入相对较少，这使得广东省居民的消费相对于全国居民来说要更少地受到当期收入的限制（收入结构等对消费的制约可参见第三章第二节等相关内容）。

第四节 城镇居民的消费过度敏感性

一、消费过度敏感性的检验模型

这里仍然借鉴在本章第二节中建立起来的理论分析模型和状态空间模型，来检验全国居民消费过度敏感性。（4-8）模型如下：

$$\Delta c_t = c_0 + \alpha\lambda\Delta y_t + \delta r_t + \varepsilon_t$$

根据前面的分析，本研究构筑如下量测方程：

$$D(LOGPCR)_t = c_0 + \omega_t D(LOGPDIR)_t + \delta_t D(RRGD)_t + \varepsilon_t \tag{4-16}$$

状态方程采取递归形式，其公式如下：

$$\omega_t = \omega_{t-1} \tag{4-17}$$

$$\delta_t = \delta_{t-1} \tag{4-18}$$

二、数据来源及数据性质

（一）数据来源及其处理

本研究数据主要来源于《中国统计年鉴》和《广东统计年鉴》1980—2006年各期。数据覆盖1980—2005年共26年[①]。除利率外，数据均使用人均指标。具体来说有人均消费（居民消费性支出）和人均可支配收入。利率根据利率发挥作用的时间

① 当本研究进行该问题的研究时，《广东统计年鉴》2007尚未发布。

为权重进行加权计算。为平滑数据，本研究均采用实际数据（不变价格）。以广东省 1950 年城市居民消费价格指数为 100，然后根据各年的定基价格指数计算出来。例如，居民实际可支配收入 = 居民名义可支配收入 ÷（城市居民商品零售价格定基指数 ÷ 100）。其他依此类推。

（二）数据符号及其涵义

实际人均消费——*PCR*，实际人均可支配收入——*UPDIR*。实际利率——*URR*。实际人均消费对数值——*LNUPCR*，实际人均可支配收入对数值——*LNUPDIR*。*LNUPCR*(-1) 代表滞后 1 阶，其他类推。实际人均消费对数值的 1 阶差分——*D*(*LNUPCR*)，其他类推。

（三）数据平稳性判断及处理

ADF 单位根检测发现原序列的水平值及 1 阶差分序列均不平稳。其水平值的 2 阶差分平稳。对序列求自然对数后进行单位根检测发现，各序列的水平值仍然不平稳，但各序列的 1 阶差分已经平稳。这些检验均是在有常数项和没有时间趋势项的情况下得到的。根据表 4-6 可以发现，*LNUPCR*、*LNUPDIR*、*LNURR* 的 1 阶差分平稳。

表 4-6 各变量单位根检验结果表

变量	类型	ADF 值	1% 临界	5% 临界	10% 临界	结论
LNUPCR	(c, 0, 0)	-0.025828	-3.724070	-2.986225	-2.632604	不平稳
LNUPDIR	(c, 0, 0)	-0.816633	-3.724070	-2.986225	-2.632604	不平稳
LNURR	(c, 0, 1)	-0.013058	-3.737853	-2.991878	-2.635542	不平稳
D(*LNUPCR*)	(c, 0, 0)	-4.423741	-3.737853	-2.991878	-2.635542	平稳

续表

变量	类型	ADF 值	1%临界	5%临界	10%临界	结论
D(LNUPDIR)	(c, 0, 0)	-3.694459	-3.737853	-2.991878	-2.635542	平稳
DLNURR	(0, 0, 0)	-2.815547	-3.737853	-2.991878	-2.635542	平稳

注：1.（c，0，1）中的1表示滞后1阶，0表示无趋势，c表示带截距项。其他依此类推。2. 上述结论在93%的显著水平上成立。

三、消费过度敏感性的实证分析结果

具体结果见表4-7和图4-3的描述。从表4-7可以看出，1980—2005年$\alpha\lambda$比例平均为54%以上，1988年以后基本稳定在60%以上的水平，1994年以后稳定在65%以上。总体上讲，有一种较缓慢的上升趋势。由于α是收入的边际消费倾向，它小于1，因此可以大致肯定λ在1988年以后至少要高于60%，1994年以后至少达到65%，即广东省城镇居民第二类消费者至少占到总消费人口的60%以上。通过使用多种形式的状态空间模型检验，均可以发现第二类消费者占所有消费者的比例高于60%。从这里可以看出，经济体制改革中存在的大量不确定性和风险对居民的消费支出行为产生明显影响，居民不能形成稳定的预期，加之居民资产的财富效应微弱，居民消费对当期收入的依赖程度加大。利率对城镇居民消费的影响具有较强的不确定性。δ在1984年达到最高值为2.68，而在1992年则为最低值为-0.09。出于本研究的目的，在此不讨论利率对消费的影响问题。

表4-7 1980—2006年广东城镇居民$\alpha\lambda$和δ的时间变化情况

项目	1980年	1981年	1982年	1983年	1984年	1985年	1986年	1987年	1988年
$\alpha\lambda$	0	0	-0.0672	0.3913	0.4193	0.6127	0.6103	0.5646	0.6279

续表

项目	1980 年	1981 年	1982 年	1983 年	1984 年	1985 年	1986 年	1987 年	1988 年
δ	0	0	0.0118	2.6188	2.6762	1.9916	1.3805	1.16786	-0.0285
项目	1989 年	1990 年	1991 年	1992 年	1993 年	1994 年	1995 年	1996 年	1997 年
$\alpha\lambda$	0.6349	0.6278	0.5755	0.6515	0.6211	0.6427	0.6697	0.6712	0.6763
δ	0.0092	-0.0222	0.0102	-0.0861	-0.0746	-0.0607	-0.0587	-0.0759	-0.0374
项目	1998 年	1999 年	2000 年	2001 年	2002 年	2003 年	2004 年	2005 年	2006 年
$\alpha\lambda$	0.6774	0.6750	0.6699	0.6695	0.6505	0.6716	0.6636	0.6718	—
δ	0.0098	-0.0050	-0.0334	-0.0321	-0.0358	-0.0401	-0.0409	-0.0403	—

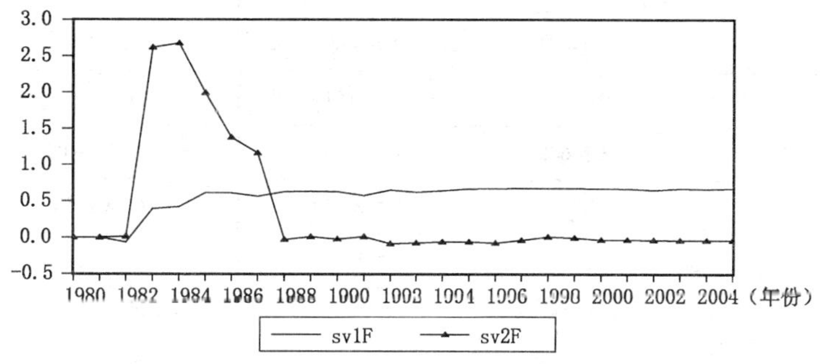

图 4－3 广东城镇居民 $\alpha\lambda$ 和 δ 的变化图

（sv1 和 sv2 分别代表 $\alpha\lambda$ 和 δ）

四、城镇居民消费过度敏感性的原因探讨

（一）微弱的财富效应减弱资产对消费的促进作用

采用 VAR 分析技术，脉冲响应函数表明城镇居民资产的财富效应微弱。从表 4－8 可以看出，居民资产对居民消费的影响，在将来的第一期到第三期逐渐增大，分别达到 0.000、0.013、0.023。随后这种效应开始显著下降，其影响逐渐趋于 0。总体

来看，居民消费自身对未来消费的影响效应更大，其第一期至第三期的影响系数分别达到0.053、-0.017、-0.005，超过居民资产对消费的影响。居民可支配收入对消费的影响在第二期表现要比其他因素大（其影响值达到0.029），这说明居民可支配收入是在近期影响居民消费的最重要变量。资产财富效应微弱，必然会加大居民消费对当期收入的依赖。

表4-8　各因素的冲击对居民消费的脉冲响应函数值

Period	DLNUPCR	DLNUPDIR	DLNUTAR
1	0.052672	0.000000	0.000000
2	-0.016641	0.029471	0.012914
3	-0.005071	0.004699	0.023200
4	0.010793	-0.015190	0.012010
5	-0.000642	-0.004437	-5.62E-05
6	-0.005311	0.000190	-0.001355
7	0.000405	-0.002350	-0.001796
8	0.000925	-0.000715	-0.002586
9	-0.000823	0.001516	-0.001485
10	-0.000127	0.000809	-5.69E-05

（二）不确定性和支出增长预期使居民增加对当期收入的依赖

中国在转轨过程中，产生了大量的不确定性。一是收入和就业的不确定性增强，居民把当前收入中的一部分储蓄起来，以备后患。二是住房等大宗固定资产需要有较大的初始投资。三是未来的教育支出和医疗保健支出等是一笔较大负担。中国人民银行

2006年第2季度问卷调查显示，居民当期收入感受指数为17%，与第1季度相比季节性下降5.1%。未来收入信心指数为20.3%，分别比上季和上年同期上升1.3%和3.1%，居民对未来收入谨慎乐观。但2006年第2季度居民对物价上升的判断升至24.4%，较上季提高2.3%。物价满意指数降至12.1%，比上季下降3个百分点①。进入2007年度来，CPI指数不断上升，2007年8月CPI指数达到6.5%，猪肉等食物价格上涨更快，加之住房价格上涨速度没有得到有效抑制，居民对物价上涨反映较强烈。这些因素导致居民预防性储蓄需求增加。

（三）流动性约束限制居民消费的“积极性”

由于面临流动性约束的消费者只能用即期的收入进行消费，因此流动性约束下的消费只与即期收入正相关，这就使消费呈现出过度敏感性。同时，流动性约束的存在相当于有一个“影子价格”在起作用，即使流动性约束未在本期发生，但它将在未来发生的预期同样会使消费者减少现期消费而增加储蓄。这也会导致消费的过度敏感性（唐未兵，2002）[19]。王合绪等人（2000）[20]的实证结果显示，流动性约束对消费的约束是存在的。彭文平（2001）[21]进一步认为，中国消费者更多的表现在未来的流动性约束上。为了避免在下期受到流动性约束，消费者因此选择在本期限不动用储蓄甚至增加储蓄，这样消费表现出过度敏感性。

① 中国人民银行：《2003年第一季度中国人民银行城镇储户调查问卷》［A］；《2004年第二季度中国人民银行城镇储户调查问卷》［A］；《2006年第二季度中国人民银行城镇储户调查问卷》［A］；目前中国人民银行统计调查结果显示物价仍有上涨的趋势。

五、抑制过度敏感性对城镇居民消费的负面影响

消费过度敏感性的存在，使消费者不能产生一个稳定增长的预期，降低居民的边际消费倾向，收入和就业的不确定性和支出增长预期导致居民预防性储蓄增加等。在中国现阶段经济增长主要靠投资推动的情况下，采取措施减缓消费过度敏感性的负面作用具有一定意义。对于城镇居民来说，一是要健全社会保障制度，要扩大和完善失业保险、医疗保险和工伤事故保险制度，扩大上述保险的覆盖面，使居民在改革中有效规避市场化所带来的系统风险和非系统风险，国家财政要加大对这方面的投入；切实做好原有社会基本养老保险的个人账户的充实工作。有条件的机构可以开展补充保险。二是要平稳发展多层次金融市场。发展多层次金融市场，增加居民投资的品种和渠道，提高资产的集体增殖能力。中国应该加快 QDII 的建设步伐。当前股市的指数基本回升，但要注意股票市场的平稳发展，增加政策的透明度和可预见性，避免股市过大的波动冲击居民的资产和收入预期。三是要健全消费信贷等社会信用制度。四是当前要采取从紧的货币政策抑制住房和食物等消费价格的过快增长，同时增加城镇地区食物和住房尤其是面临中低收入者的住房的有效供给。

第五节 广东城镇与全国城镇居民消费过度敏感性比较

这里首先借用前面的分析模型（4－8）来对全国城镇居民消费过度敏感性进行实证分析，然后进行广东省城镇居民与全国城镇居民消费过度敏感性的比较。

一、全国居民样本数据来源及数据性质

（一）数据来源及其处理

全国城镇居民数据主要来源于《中国统计年鉴》1985—2006 年各期。数据覆盖 1985—2005 年共 22 年。除利率外，数据均使用人均指标。具体来说有人均消费（消费性支出）和人均可支配收入。利率根据利率发挥作用的时间为权重进行加权计算。为平滑数据，本研究均采用实际不变价格数据。城镇居民实际数据以 1978 年城市居民消费价格指数为 100，然后根据各年的定基指数计算出来。例如，城镇居民实际可支配收入 = 居民名义可支配收入 ÷（1978 年城市居民消费价格定基指数 ÷ 100）。其他依此类推。

（二）数据符号及其涵义

实际人均消费——PC，实际人均可支配收入——PDI。实际利率——RRQG。实际人均消费对数值——LNPC，实际人均可支配收入对数值——LNPDI。LNPC（-1）代表滞后 1 阶，其他类推。实际人均消费对数值的 1 阶差分——D（LNPC），其他依此类推。

（三）数据平稳性判断及处理

ADF 单位根检测发现原序列的水平值及 1 阶差分序列均不平稳。其水平值的 2 阶差分平稳。对序列求自然对数后进行单位根检测发现，各序列的水平值仍然不平稳，但各序列的 1 阶差分已经平稳。根据表 4-9 可以发现，LNPC、LNPDI、LNRRGD 的 1 阶差分平稳。

表 4-9 各变量单位根检验结果表

变 量	类型	ADF 值	1%临界	5%临界	10%临界	结论
LOGPC	(c, 0, 0)	1.460902	-3.808546	-3.020686	-2.650413	不平稳
LOGPDI	(c, 0, 1)	1.609039	-3.831511	-3.029970	-2.655194	不平稳
RRQG	(c, 0, 1)	-0.467064	-3.831511	-3.029970	-2.655194	不平稳
D (LOGPC)	(c, 0, 0)	-3.491667	-3.831511	-3.029970	-2.655194	平稳
D (LOGPDI)	(c, 0, 0)	-3.795719	-3.831511	-3.029970	-2.655194	平稳
D (LOGRRQG)	(0, 0, 1)	-2.697884	-3.857386	-3.040391	-2.660551	平稳

注：1.（c，0，1）中的1表示滞后1阶，0表示无趋势，c表示带截距项。其他依此类推。2. 除利率平稳性在91%的水平上显著外，其他变量均在98%的显著水平上成立。

二、全国城镇居民消费过度敏感性的实证结果

同前面的分析一样，本研究构筑如下量测方程：

$$D(LOGPC)_t = c_0 + \omega_t D(LOGPDI)_t + \delta_t D(RRQG)_t + \varepsilon_t \quad (4-19)$$

状态方程采取递归形式，其公式如下：

$$\omega_t = \omega_{t-1} \quad (4-20)$$

$$\delta_t = \delta_{t-1} \quad (4-21)$$

利用卡尔曼滤波方法得到 $\alpha\lambda$ 和 δ 的时间变化情况。具体结果见表 4-10 和图 4-4 的描述。从表 4-10 可以看出，1987—2005 年（1985 年与 1986 年为 $\alpha\lambda$ 0，当作奇异点处理）$\alpha\lambda$ 的平均比例为 67%，最低比例在 60% 以上，最高比例为 1988 年达到 84%。1990—2002 年之间，$\alpha\lambda$ 在 60%—66% 之间稳定波动，2002 年以后则稳定在 70% 以上的水平。由于 α 是消费的边际消费倾向，它小于 1，因此可以判断 λ 在 1987—2005 年间至少达

到67%，最低也不少于60%，最高至少达到84%。平均来看，全国城镇居民第二类消费者（高度依赖当期收入的消费者）所占比例至少达到67%，而且这种比例在2002年后稳定在70%以上，有抬头的趋势。通过使用多种形式的状态空间模型检验（量测方程、状态方程、误差及方差定义均发生变化），均可以发现第二类消费者占所有消费者的比例高于67%。从这里可以看出，经济体制改革中存在的大量不确定性和风险，对城镇居民的消费支出行为产生较为明显的影响，城镇居民不能形成稳定的预期，加之居民资产的财富效应微弱，居民消费对当期收入的依赖程度加大。

另外，从δ系数来看，利率对城镇居民消费的影响很微弱。δ相对于$\alpha\lambda$来说过小，利率对消费的影响被收入对消费的影响所覆盖。实际利率1985年以来呈现较明显的下降趋势，其对数值也表现出下降趋势，DLNRRQG有下降趋势但相对平滑。同时由于δ的估计值基本为负数（1988年除外），而居民消费在不断增长，因此利率对消费的这种微弱影响，应该是替代效应大于收入效应的结果。这与全国居民消费对利率的反映效果一样，同广东省城镇居民消费的利率反映不同。广东省城镇居民消费对利率的反映具有较大的不确定性。由于利率的影响远小于收入对消费的影响，利率的两种效应究竟哪者更大，很难确定。总体来看，城镇居民消费对利率的变化不敏感。居民消费主要还是受收入等因素的影响。

表4-10　全国城镇居民$\alpha\lambda$和δ的时间变化情况

项目	1985年	1986年	1987年	1988年	1989年	1990年	1991年
$\alpha\lambda$	奇异点	奇异点	0.6546	0.8415	0.6993	0.6655	0.6015
δ			-0.2985	0.1114	-0.0098	-0.1110	-0.0685

续表

项目	1992 年	1993 年	1994 年	1995 年	1996 年	1997 年	1998 年
$\alpha\lambda$	0.6161	0.5981	0.6438	0.6594	0.6659	0.6610	0.6605
δ	-0.0866	-0.0821	-0.0643	-0.0665	-0.0747	-0.0504	-0.0459
项目	1999 年	2000 年	2001 年	2002 年	2003 年	2004 年	2005 年
$\alpha\lambda$	0.6566	0.6558	0.6616	0.6545	0.7091	0.7090	0.7134
δ	-0.0332	-0.0300	-0.0355	-0.0366	-0.0326	-0.0326	-0.0320

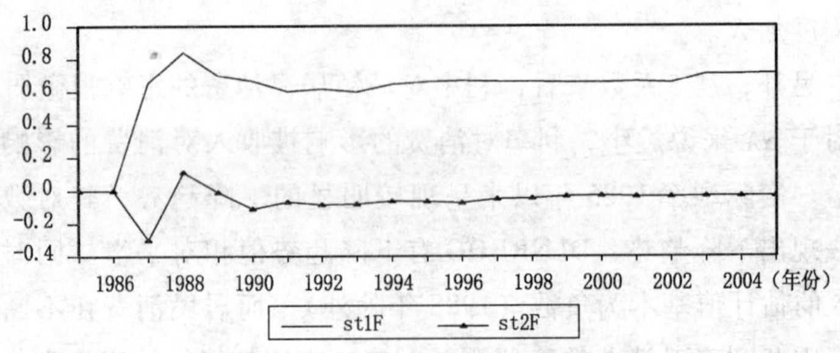

图 4-4 全国城镇居民 $\alpha\lambda$ 和 δ 的变化图

（sv1 和 sv2 分别代表 $\alpha\lambda$ 和 δ）

三、广东城镇居民与全国城镇居民消费过度敏感性比较

广东城镇居民同全国城镇居民均存在对消费的过度敏感性问题。消费的过度敏感性是当前中国居民消费行为的共同特征。该两类居民的消费之所以对收入存在过度敏感，是因为他们面临着共同的问题。一是收入和就业的不确定性增强，居民社会保障还有待建立和健全，社会保障水平不高，居民把当前收入中的一部分储蓄起来，以备后患。二是住房等大宗固定资产需要有较大的初始投资，未来的教育支出和医疗保健支出是一笔较大负担。支

出增加的预期形成居民消费对收入更加依赖。三是中国居民资产的财富效应微弱。例如，股市财富效应对消费的影响占总消费变动的平均比例仅为 0.84% （骆祚炎，2004）[22]。出现这种情况的原因主要有两个。一是中国居民的资产规模过小。美国 2000 年、2003 年家庭资产总额分别为 494250 亿美元、541680 亿美元（孙元欣，2006）[23]，美国 2000 年和 2002 年人口数（没查到 2003 年人口数，以 2002 年代替）分别为 28222 万人、28837 万人①，按照 1 美元 =8 人民币的汇率折算②，则美国人均个人资产总额 2000 年、2003 年分别为：1401035 元、1502736 元。中国居民 2004 年平均个人资产总额为 39931 元，只有美国居民 2000 年、2003 年个人资产的 2.85% 、2.66% ③。二是中国居民金融资产等增殖性资产比重过低。从前面表 4 – 5 可以发现，1995 年中国居民金融资产占比为 22.31% ，中国城镇居民为 21.96% ，美国则为 66.20% ；2000 年中国为 24.84% ，中国城镇居民为 25.18% ，美国则为 68.69% ；2003 年中国为 25.73% ，中国城镇居民为 25.77% ，美国则为 63.40% ④。中国居民资产规模和金融资产比重有待提高（可参照表 4 – 5）。四是中国居民面临流动性约束的限制问题。由于面临流动性约束的消费者只能用即期的收入进行消费，这促使消费呈现过度敏感性。同时，流动性约束即使未在本期发生，但它将在未来发生的预期同样会使消费者减少现期消费而增加储蓄。这也会导致消费的过度敏感性（唐未兵，

① 从《国际统计年鉴 2004》第 120 页查找得到。

② 2007 年 9 月初，人民币对美元汇率已经突破 7. 52 元。本研究只是以 1 美元 =8 元人民币作粗略的说明。

③ 中国城镇居民 2006 年的人均名义资产总额为 103913 元。仍然低于美国居民的平均水平。

④ 中国城镇居民金融资产比重有时甚至比中国居民的整体水平还低，本研究估计主要是由于城镇住房价格上涨较快等原因引起。

2002)[24]。王合绪等人（2000）[25]的实证结果显示，以预期增长率为标准的负增长年份可支配收入变化量系数大大高于正增长年份，居民在收入增长低于预期的变化率时消费支出大大低于预期的消费化率，证明流动性约束的存在。彭文平（2001）[14]进一步认为，中国消费者更多地表现在未来的流动性约束上。为了避免在下期受到流动性约束，消费者因此选择在本期限不动用储蓄甚至增加储蓄。除流动性约束外，居民较保守的消费习惯也是一个重要原因。目前居民面临的流动性约束与过去相比已经有很大改变，但由于较保守的消费习惯，居民在没有特别把握的情况下不会轻易利用消费信贷来满足消费欲望。这促使消费对当期收入产生过度依赖。

同时，经过比较可以发现，广东城镇居民和全国城镇居民在消费敏感性表现上存在部分差异。从 $\alpha\lambda$ 指标看，全国城镇居民在 1990 年以前要显著地低于广东城镇居民。1990—2001 年期间，两者的 $\alpha\lambda$ 指标比较接近，2001 年后全国城镇居民的 $\alpha\lambda$ 指标要高于广东城镇居民。在 $\alpha\lambda$ 中，α 是消费的边际消费倾向，它小于 1，因而通过 $\alpha\lambda$ 在各年的最低值大致可以判断短视型消费者 λ 的数量。由于广东城镇居民和全国城镇居民的边际消费倾向不同，严格来说通过 $\alpha\lambda$ 来判断第二类消费人群的比例不会很精确，因此在本研究中它只能进行大致比较。如果假定两种类型居民的边际消费倾向基本相同，则大致可以认为，1990 年以前全国城镇居民消费对收入过分依赖的群体比例比广东城镇居民要低，1990 年以后两者的情况比较接近，但从 2001 年开始，全国城镇居民消费对当期收入的依赖要高于广东城镇居民。近年来出现这种情况的原因可能在于，广东城镇居民的收入构成中，财产性收入和家庭经营性收入水平和占可支配收入的比重要高于全国城镇居民，因而广东城镇居民消费对当期工薪收入的依赖相对于全国城镇居民来说较弱。

另一方面，从 $\alpha\lambda$ 的走势看，广东城镇居民的 $\alpha\lambda$ 更加平滑，除 1980—1985 年该走势有一个较明显的上升外，1985 年之后该 $\alpha\lambda$ 走势显得平顺。相反，全国城镇居民的 $\alpha\lambda$ 走势则似乎表现出一个急剧的上升，特别是 1990 年以前，全国城镇居民的 $\alpha\lambda$ 出现一个几乎垂直的上升，1990 年以后 $\alpha\lambda$ 在波动中有所上升。出现这种局面的原因可能在于，广东地区有一个较好的市场和商品经济基础，所以在改革开放的过程中，广东城镇居民更能适应以市场为取向的改革，从而使广东城镇居民消费表现的更加平滑。这同样可以从居民收入结构看出来。广东城镇居民收入在 1990 年以前，其经营性净收入所占的比例要显著高于全国城镇居民。相反，全国城镇居民在改革开放的过程中，面临更多诸如观念、市场意识等方面的问题，再加上全国性的社会保障制度没有及时建立和健全，市场产生的系统性风险和个体风险对居民消费造成一定冲击。广东城镇居民和全国城镇居民的消费过度敏感性比较可见图 4 –5 的描述。

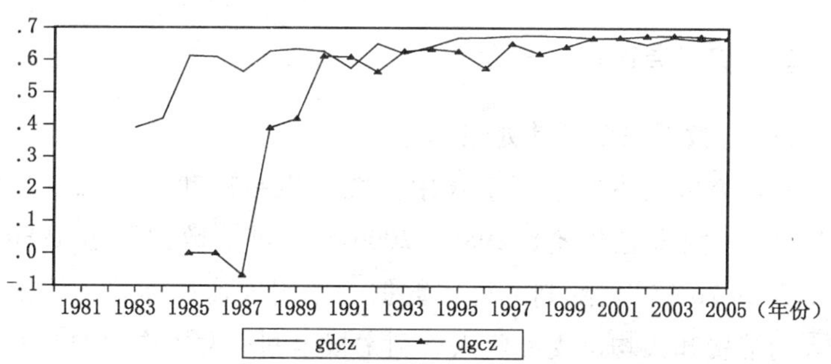

图 4 –5　广东城镇居民（gdcz）同全国城镇居民消费过度敏感性的比较

第六节 农村居民的消费过度敏感性

一、消费过度敏感性的实证模型

这里仍然借鉴在本章第二节中建立起来的理论分析模型和状态空间模型，来检验全国居民消费过度敏感性。(4－8) 模型如下：

$$\Delta c_t = c_0 + \alpha\lambda\Delta y_t + \delta r_t + \varepsilon_t$$

根据前面的分析，本研究构筑如下量测方程：

$$D(LOGPCR)_t = c_0 + \omega_t D(LOGPDIR)_t + \delta_t D(RRGD)_t + \varepsilon_t \quad (4-22)$$

状态方程采取递归形式，其公式如下：

$$\omega_t = \omega_{t-1} \quad (4-23)$$

$$\delta_t = \delta_{t-1} \quad (4-24)$$

二、农村居民数据说明

(一) 数据来源及其处理

本研究数据主要来源于《中国统计年鉴》和《广东统计年鉴》、《中国金融年鉴》1980—2006 年各期。数据覆盖 1980—2005 年共 26 年[①]。除利率外，数据均使用人均指标。具体来说有人均消费和人均可支配收入。利率根据利率发挥作用的时间为权重进行加权计算。为平滑数据，本研究均采用实际不变价格数

① 本研究开始进行该问题的分析时，《中国统计年鉴》还没有公布 2006 年数据。

据，以1950年农村工业品零售价格定基指数为100计算出来。其中，《广东统计年鉴2006》以1978年为100，这里把2005年的1978年定基指数换算成1950年定基指数为266.5。例如，居民实际可支配收入=居民名义可支配收入÷（1950年农村工业品零售价格定基指数÷100）。其他依此类推。

（二）数据符号及其涵义

农村实际人均消费——RPCR，实际人均可支配收入——RPDIR。实际利率——RRR。实际人均消费对数值——LNRPCR，实际人均可支配收入对数值——LNRPDIR。LNRPCR（-1）代表滞后1阶，其他类推。实际人均消费对数值的1阶差分——D（LNRPCR），其他类推。

（三）数据平稳性判断及处理

ADF单位根检测发现原序列的水平值及1阶差分序列均不平稳。其水平值的2阶差分平稳。对序列求自然对数后进行单位根检测发现，各序列的水平值仍然不平稳，但各序列的1阶差分已经平稳。这些检验均是在有常数项和没有时间趋势项的情况下得到的。根据表4-11可以发现，LNUPCR、LNUPDIR、LNURR的1阶差分平稳。

表4-11　　各变量单位根检验结果表

变　量	类型	ADF值	1%临界	5%临界	10%临界	结　论
LNRPCR	(c, 0, 0)	-1.415490	-3.724070	-2.986225	-2.632604	不平稳
LNRPDIR	(c, 0, 1)	-0.552099	-3.737853	-2.991878	-2.635542	不平稳
LNRRR	(c, 0, 1)	-0.013058	-3.737853	-2.991878	-2.635542	不平稳
D（LNRPCR）	(c, 0, 0)	-3.315440	-3.737853	-2.991878	-2.635542	平稳

续表

变 量	类型	ADF 值	1%临界	5%临界	10%临界	结 论
D (LNRPDIR)	(c, 0, 0)	-3.432900	-3.737853	-2.991878	-2.635542	平稳
D (LNRRR)	(0, 0, 0)	-2.815547	-3.737853	-2.991878	-2.635542	平稳

注：1. (c, 0, 1) 中的1表示滞后1阶，0表示无趋势，c表示带截距项。其他依此类推。2. 上述结论在93%的显著水平上成立。

三、消费过度敏感性的实证结果说明

本研究根据前面的量测方程和状态方程得到 $\alpha\lambda$ 和 δ 的各年数据。具体结果见表4－12和图4－6的描述。从表4－12可以看出，1980—2005年 $\alpha\lambda$ 为69%以上，最高达到82%。1986—1994年期间 $\alpha\lambda$ 稳定在64%—69%之间。1994年以后 $\alpha\lambda$ 在69%—73%之间。由于 α 是收入的边际消费倾向，它小于1，因此可以大致肯定 λ 在1980年以来平均到69%，1986—1994年期间 λ 在64%—69%之上。1994年以后 λ 在69%—73%之上。可以认为，广东省农村居民1994年以后第二类消费者至少占到总消费人口的69%以上。这一比例显著高于广东省城镇居民的比例。通过使用多种形式的状态空间模型检验，均可以发现第二类消费者占所有消费者的比例高于69%。从这里可以看出，经济体制改革中存在的大量不确定性和风险，对农村居民的消费支出行为也产生明显的影响，农村居民消费对当期收入的依赖程度加大。

利率对农村居民的消费产生一定影响。从1988年开始，δ 都为正数，这说明利率的收入效应超过替代效应，利率的上升对消费具有较微弱的刺激作用。这同广东省城镇居民的影响有显著差异，广东省城镇居民对利率的反映具有不确定性。同时，广东省农村居民对利率的反映与全国居民的反映相反，全国居民 δ 的估

计值基本为负数（1989年和1993年除外），虽然这种负数的绝对值很小，但如果利率对全国居民消费存在某种影响的话，则这种影响应该是替代效应大于收入效应的结果。总体上看，利率对消费的影响作用不强，而且因人而异。当然不可忽视的是，近年来由于中国国内面临流动性过剩的问题，国内商品价格有上涨的势头，资产价格也在不断增加，中央银行先后多次提高利率，这种利率的累积效应可能逐渐显现出来，利息收入会增加，这会改变居民对利率变化的收入效应和替代效应大小的对比。

表4-12　广东农村居民 $\alpha\lambda$ 和 δ 的时间变化情况

项目	1980年	1981年	1982年	1983年	1984年	1985年	1986年	1987年	1988年
$\alpha\lambda$	0	0	0.8208	0.8014	0.7948	0.7389	0.6811	0.6986	0.6846
δ	0	0	-0.1046	-0.2566	-0.3551	0.1316	-0.4665	-0.0558	0.0830
项目	1989年	1990年	1991年	1992年	1993年	1994年	1995年	1996年	1997年
$\alpha\lambda$	0.6846	0.6830	0.6719	0.6492	0.6580	0.6723	0.7269	0.7255	0.7313
δ	0.0827	0.1257	0.1308	0.2190	0.2152	0.2229	0.2301	0.2309	0.2112
项目	1998年	1999年	2000年	2001年	2002年	2003年	2004年	2005年	2006年
$\alpha\lambda$	0.7347	0.7128	0.7001	0.6997	0.6887	0.6897	0.6857	0.6919	—
δ	0.2419	0.1865	0.1571	0.1566	0.1535	0.1530	0.1528	0.1536	—

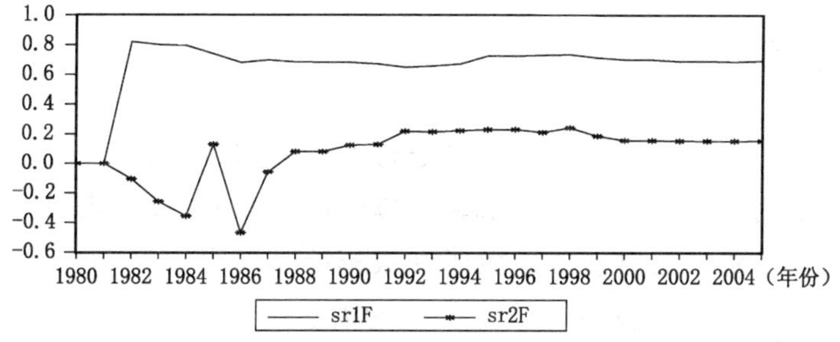

图4-6　广东农村居民 $\alpha\lambda$ 和 δ 的变化图

（sv1 和 sv2 分别代表 $\alpha\lambda$ 和 δ）

四、农村居民消费过度敏感性的原因

（一）不确定性和支出增长预期同样是农村居民面临的问题

中国经济在转轨过程中，产生了一定的不确定性。一是收入和就业的不确定性增强，居民把当前收入中的一部分储蓄起来，以备后患。二是住房等大宗固定资产需要有较大的初始投资，未来的教育支出和医疗保健支出等是一笔较大负担。对于广东农村居民来说，在三项目支出中，广东农村居民教育和医疗保健支出呈现不断上涨的趋势，住房支出占居民消费的比重则有所下降。对农村居民来说，这意味着农村居民的支出增长预期主要来自教育和医疗保健。农村居民住房一般是自建，没有实现商品化，农村居民更少感受到商品房的价格上涨，故其支出虽然在增长，但是其增长速度相对不快。在这一点上，广东农村居民和全国农村居民一样。广东农村居民教育和医疗保健支出占比 1980—2006 年分别为：5.13%、5.26%、5.76%、6.69%、6.93%、7.22%、8.81%、11.0%、10.66%、11.26%、10.92%、11.25%、12.73%、12.58%、12.91%、13.88%、14.78%、15.85%、1.62%、15.72%、15.61%、15.13%、14.85%、15.13%、14.4%、15.23%、13%[①]。两项支出的增长趋势较明显（见图 4-7）。

（二）资产财富效应微弱增强收入对消费的影响

采用 VAR 分析技术，脉冲响应函数（表 4-13）表明广东农村居民资产的财富效应微弱（根模检验表明该 VAR 检验是稳定的）。从当期影响看，上一期的消费习惯对本期影响很大，

① 主要根据《广东统计年鉴》各期整理。

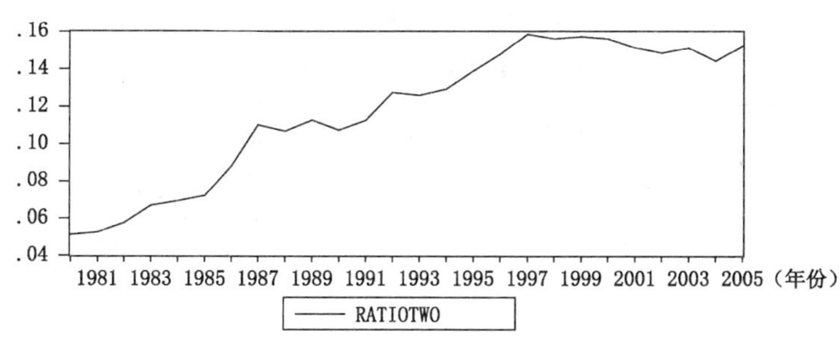

图 4－7 广东农村居民教育和医疗保健支出占居民消费比重时间变化图

其影响值达到0.04199。收入和资产因素对本期消费的影响均很微弱。从下一期影响看，消费习惯的影响仍然对消费具有第一位的影响，同时收入因素仅次于消费自身对消费产生影响，其影响系数达到0.0211。此时，资产因素对消费的影响系数只有0.009，显著小于收入和消费习惯对消费的影响。微弱的资产财富效应，促使农村居民消费增加对当前收入的依赖，这种依赖程度要高于城镇居民。从方差分解情况看（见图4－8），消费自身对消费的影响最大。可支配收入对消费的影响在第2期要大大超过资产对消费的影响。这说明，从近期看资产财富效应微弱。但从第4期开始，资产财富效应有所增强，甚至超过可支配收入对消费的影响，资产财富的预期效应得到发挥。从当期影响看，由于农村居民的资产相对较低，资产的增殖性不强（主要是储蓄资产，而储蓄资产的实际不变价格利率从1980年以来一直在降低，从而使利息收入不高），农村缺乏和城镇居民相同的投资渠道和投资机会，这进一步限制农村居民资产的财富效应，使居民消费更多地面临当前收入的约束，特别是受到劳动收入的约束。

表 4-13 广东农村居民各因素的冲击对居民消费的脉冲响应函数值

Period	DLNUPCR	DLNUPDIR	DLNUTAR
1	0.041997	0.000000	0.000000
2	0.012986	-0.021091	0.009188
3	0.000260	-0.005272	0.017704
4	0.003821	0.002928	0.018965
5	0.002262	0.001001	0.007224
6	-0.001490	-0.001789	-0.000766
7	-0.002621	-0.000951	-0.002867
8	-0.001303	0.000255	-0.001934

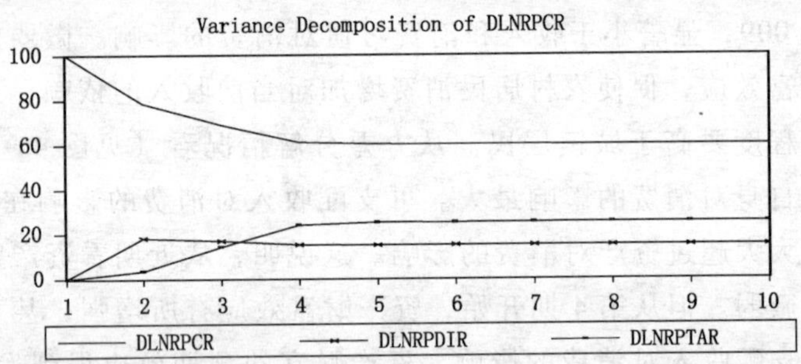

图 4-8 广东农村居民各因素对消费影响的方差分解图

（三）农村居民面临更多的流动性约束

由于面临流动性约束的消费者只能用即期的收入进行消费，因此流动性约束下的消费只与即期收入正相关，这就使消费呈现出过度敏感性。同时，流动性约束的存在相当于有一个“影子价格”在起作用，即使流动性约束未在本期发生，但它将在未来发生的预期同样会使消费者减少现期消费而增加储蓄。这也会导致消费的过度敏感性。由于农村金融体系的建设相对于城镇落后，农村居民面临比城镇居民更多的流动性约束。

五、抑制过度敏感性对农村居民消费的影响

（一）建立和完善农村地区的社会保障制度

提高社会保障水平可以有效缓解收入、就业和未来支出的不确定性对居民消费的抑制作用。当前农村社会保障要做好以下几个方面工作。一是要在没有开展社会保障的地区建立起社会保障制度。二是在已经开展社会保障制度的农村地区，扩大社会保障的范围，提高社会保障能力和水平。三是对于外出务工的农村居民，要建立和完善失业保险、医疗保险和工伤事故保险制度，使农村居民在改革中有效规避市场化所带来的系统风险和非系统风险，国家财政要加大对这方面的投入。

（二）健全农村金融市场，发展农村金融

中国居民同发达国家居民相比，其资产总量少且金融资产所占比重过低。农村居民更是如此。中国现阶段风险资产的缺乏，以及风险资产的广度和深度难以配比居民的投资选择，产生农村居民强制性银行储蓄。而现阶段银行储蓄的增殖程度非常有限，这就是造成农村居民资产财富效应过低的直接原因之一。因此，要在农村地区积极发展多层次金融市场，增加农村居民投资的品种和渠道。同时，也应该采取措施维持股票市场的稳定预期，使农村居民的财产性收入增加。

（三）增加财政对农村教育、医疗和贫困人口的转移支付力度

当前，农村居民的各种社会保障比较滞后，国家财政应该继续加大力度支持农村居民的教育和医疗保健等方面的保障，同时对老、边、穷地区等加大对贫困人口的支持。通过改善全社会的收入分配状况，全社会的边际消费倾向会提高，有利于当前消费和内需的扩大。

（四）抑制食物等消费价格的过快增长

目前食物等消费品的价格涨幅较大，2007 年下半年以来农村地区的食品价格上涨幅度超过城镇地区，农村居民的支出增加的预期进一步增强，但是相比之下农村居民收入的增长速度继续有待提高。这些因素促使居民不敢消费，消费的敏感性增强。应该抑制食物、医疗、住房等消费价格的过快增长，降低未来支出增长的预期，促进农村居民消费的稳定增长并拉动经济持续的增长和发展。

第七节 广东农村与全国农村居民消费过度敏感性比较

这里首先借用前面的分析模型（4-8）来对全国农村居民消费过度敏感性进行实证分析（实证也采取同样的量测方程和递归的状态方程），然后进行广东省农村居民与全国农村居民消费过度敏感性的比较。

一、全国农村居民数据说明

（一）数据来源及其处理

本研究数据主要来源于《中国统计年鉴》、《广东年鉴》、《广东统计年鉴》和《中国金融年鉴》1980—2006 年各期。数据覆盖 1980—2005 年共 26 年。除利率外，数据均使用人均指标。具体来说有人均消费和人均可支配收入。利率根据利率发挥作用的时间为权重进行加权计算。为平滑数据，本研究均采用实际不变价格数据。农村居民实际数据以 1985 年农村居民消费价格指数为 100，然后根据各年的定基指数计算出来。例如，居民实际可支配收入 = 居民名义可支配收入 ÷（农村居民消费价格定基指数 ÷100）。其他依此类推。

（二）数据符号及其涵义

农村实际人均消费——RPCR，实际人均可支配收入——RPDIR。实际利率——RRQG。实际人均消费对数值——LNRPCR，实际人均可支配收入对数值——LNRPDIR。LNRPCR（-1）代表滞后 1 阶，其他类推。实际人均消费对数值的 1 阶差分——D（LNRPCR），其他类推。

（三）数据平稳性判断及处理

ADF 单位根检测发现原序列的水平值及 1 阶差分序列均不平稳。其水平值的 2 阶差分平稳。对序列求自然对数后进行单位根检测发现，各序列的水平值仍然不平稳，但各序列的 1 阶差分已经平稳。根据表 4 - 14 可以发现，LNUPCR、LNUPDIR、LNURR 的 1 阶差分平稳。

表 4－14　　各变量单位根检验结果表

变　量	类　型	ADF 值	1%临界	5%临界	10%临界	结　论
LOGRPCR	(c,0,0)	1.274654	－3.808546	－3.020686	－2.650413	不平稳
LOGRPDIR	(c,0,1)	1.257285	－3.808546	－3.020686	－2.650413	不平稳
RRQG	(c,0,1)	－0.467064	－3.831511	－3.029970	－2.655194	不平稳
D(LOGRPCR)	(c,0,0)	－2.809398	－3.831511	－3.029970	－2.655194	平稳
D(LOGRPDIR)	(c,0,0)	－2.760208	－3.831511	－3.029970	－2.655194	平稳
D(LOGRRQG)	(0,0,1)	－2.697884	－3.857386	－3.040391	－2.660551	平稳

注：1.（c，0，1）中的 1 表示滞后 1 阶，0 表示无趋势，c 表示带截距项。其他依此类推。2. 除利率平稳性在 91% 的水平上显著外，其他变量均在 98% 的显著水平上成立。

二、全国农村居民消费过度敏感性的实证结果

根据前面的分析，本研究构筑如下量测方程：

$$D(LOGRPCR)_t = c_0 + \omega_t D(LOGRPDIR)_t + \delta_t D(RRGD)_t + \varepsilon_t \qquad (4-25)$$

状态方程采取递归形式，其公式如下：

$$\omega_t = \omega_{t-1} \qquad (4-26)$$

$$\delta_t = \delta_{t-1} \qquad (4-27)$$

（4－25）式中 ω_t 和 δ_t 的含义相当于（4－8）式中的 $\alpha\lambda$ 和 δ。利用卡尔曼滤波方法得到 $\alpha\lambda$ 和 δ 的时间变化情况。具体结果见表 4－15 和图 4－9 的描述。从表 4－15 可以看出，1987—2005 年（1985 年、1986 年、1988 年、1989 年与 1990 年 $\alpha\lambda$ 数据与理论不符合，当作奇异点处理）$\alpha\lambda$ 的平均比例为 69%。1996 年以来基本稳定在 69% 以上。由于 α 是收入的边际消费倾向，它小于 1，因此可以判断 λ 在 1987—2005 年间平均至少达

到67%，1996年以来λ至少达到69%。平均来看，全国农村居民第二类消费者（高度依赖当期收入的消费者）所占比例至少达到69%，而且这种比例在1996年后稳定在69%以上。通过使用多种形式的状态空间模型检验（量测方程、状态方程、误差及方差定义均发生变化），均可以发现第二类消费者占所有消费者的比例高于69%。从这里可以看出，经济体制改革中存在的大量不确定性和风险，对农村居民的消费支出行为同样产生较为明显的影响。

另外，从δ系数来看，利率对城镇居民消费的影响很微弱。δ相对于αλ来说过小，利率对消费的影响被收入对消费的影响所覆盖。实际利率1985年以来呈现较明显的下降趋势，其对数值也表现出下降趋势，DLNRRQG有下降趋势但相对平滑。同时由于δ的估计值基本为正数（奇异点除外），而居民消费在不断增长，因此利率对消费的这种微弱影响，应该是收入效应大于替代效应的结果。这同中国城镇居民的情况相反，城镇居民利率的替代效应大于收入效应。由于利率的影响远小于收入对消费的影响，利率的两种效应究竟哪者更大，很难确定。总体来看，农村居民消费主要还是受收入等因素的影响。同样，不可忽视的是，近年来由于中国国内面临流动性过剩的问题，国内商品价格有上涨的势头，资产价格也在不断增加，中央银行先后多次提高利率，这种利率的累积效应可能逐渐显现出来，利息收入会增加，这会改变农村居民对利率变化的收入效应和替代效应大小的对比。当然，2006年以来的利率的变化还要经过一段时间才能显示出来，由于样本时间过短，现在还不能进行有效的实证分析。

表 4－15 中国农村居民 $\alpha\lambda$ 和 δ 的时间变化情况

项目	1985 年	1986 年	1987 年	1988 年	1989 年	1990 年	1991 年
$\alpha\lambda$	奇异点	奇异点	0.1179	奇异点	奇异点	奇异点	0.7327
δ			－0.6990				0.0519
项目	1992 年	1993 年	1994 年	1995 年	1996 年	1997 年	1998 年
$\alpha\lambda$	0.7499	0.6497	0.6279	0.6509	0.6934	0.7095	0.6965
δ	0.0153	0.0333	0.0263	0.0247	0.0167	0.0121	0.0472
项目	1999 年	2000 年	2001 年	2002 年	2003 年	2004 年	2005 年
$\alpha\lambda$	0.7053	0.7031	0.6914	0.6822	0.6946	0.6902	0.7011
δ	0.0763	0.0736	0.0572	0.0560	0.0560	0.0557	0.0569

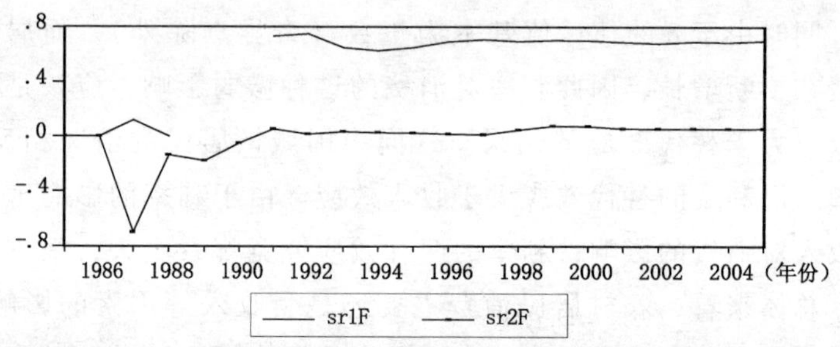

图 4－9 中国农村居民 $\alpha\lambda$ 和 δ 的时间变化图（sv1 和 sv2 分别代表 $\alpha\lambda$ 和 δ）

三、全国农村居民消费过度敏感性的原因分析

（一）社会保障缺乏及支出增长预期使农村居民消费过度敏感

中国在经济转轨中，产生一些不确定性。一是收入和就业的不确定性增强，农村居民尤其是进城务工人员缺乏有效的社会保

障。二是未来的教育支出和医疗保健支出预期增强。中国人民银行2006年第二季度问卷调查显示，居民当期收入感受指数为17%，与第一季度相比季节性下降5.1%，居民对未来收入谨慎乐观。但2006年第二季度居民对物价上升的判断升至24.4%，较上季提高2.3%。物价满意指数降至12.1%，比上季下降3个百分点，2007年第四季度数据表明，64.7%的被调查者预期物价上涨①。进入2007年来，CPI指数不断上升，2007年8月CPI指数达到6.5%，猪肉等食物价格快速上涨。这些因素导致农村居民预防性储蓄需求增加。

（二）农村居民资产种类少，金融资产缺乏，财富效应微弱

资产财富效应比较强的国家，其居民的资产种类丰富，尤其是金融资产的种类繁多。例如，美国家庭金融资产包括存款、信用市场工具、公司普通股、基金、安全信用、寿险、养老金、银行个人信用投资、非公司形态股票和其他金融工具（孙元欣，2006）[27]。中国农村居民资产种类少，金融资产缺乏，这限制农村居民资产财富效应的发挥。农村居民金融资产主要以储蓄存款的形式存在，增殖性不强。农村居民占城镇居民金融资产的比例平均为13.01%，最高比例为16.85%（1986年），最低比例为10.42%（1996年）。2000—2004年该比例分别为：11.69%、12.43%、12.72%、13.46%、13.70%（见图4－10）。农村居民的金融资产规模过低，其资产的增殖程度有限，导致财富效应弱小。

① 中国人民银行：《2003年第一季度中国人民银行城镇储户调查问卷》[A]；《2004年第二季度中国人民银行城镇储户调查问卷》[A]；《2006年第二季度中国人民银行城镇储户调查问卷》[A]；《2007年第四季度中国人民银行城镇储户调查问卷》[A]。

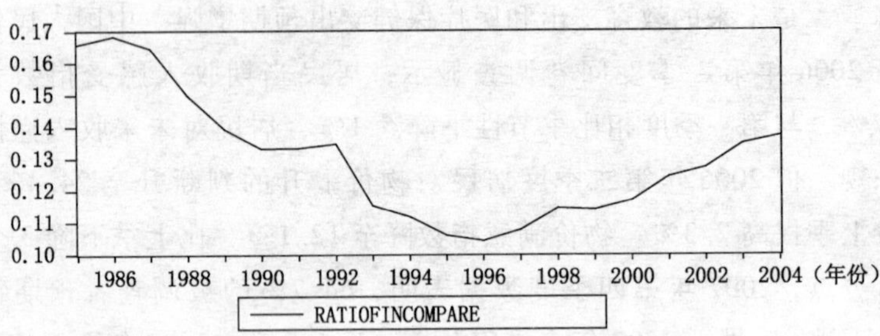

图 4－10　农村占城镇居民金融资产的比例变化图

(三) 农村居民消费同样存在流动性约束

由于面临流动性约束的消费者只能用即期的收入进行消费，因此流动性约束下的消费只与即期收入正相关，这就使消费呈现出过度敏感性。王合绪等人（2000）[28]的实证结果显示，流动性约束对消费的约束是存在的。彭文平（2001）[29]进一步认为，中国消费者更多的表现在未来的流动性约束上。为了避免在下期受到流动性约束，消费者因此选择在本期限不动用储蓄甚至增加储蓄，中国农村居民存在同样的情况。

(四) 农村居民可支配收入水平低

农村居民收入水平偏低，也是导致消费过度敏感性的重要原因。农村居民人均纯收入占城镇居民人均可支配收入的比例①，1985 年为 72.22%，1990 年为 61.11%，1995 年为 54.31%，2000—2005 年分别为：54.48%、52.27%、48.45%、46.34%、45.97%、45.49%。这种比例降低的趋势很明显。居民收入水平越低，居民对收入的依赖就越强。

① 该比例使用实际不变价格数据计算出来。

四、广东农村居民与全国农村居民的比较

广东农村居民同全国农村居民均存在对消费的过度敏感性问题。消费的过度敏感性是当前中国农村居民消费行为的共同特征。该两类居民的消费之所以对收入存在过度敏感，是因为他们面临着共同的问题。一是收入和就业的不确定性增强，农村地区居民社会保障还有待建立和健全，社会保障水平不高，居民把当前收入中的一部分储蓄起来，以备后患。二是农村地区居民未来的教育支出和医疗保健支出是一笔较大负担。支出增加的预期形成居民消费对收入更加依赖。三是广东农村居民和中国农村居民资产的财富效应微弱。资产财富效应之所以微弱，有两个原因。一是中国农村居民的资产规模过小。美国 2000 年、2003 年家庭资产总额分别为 494250 亿美元、541680 亿美元（见前面分析），按照 1 美元 =8 元人民币的汇率折算[①]，则美国人均个人资产总额 2000 年、2003 年分别为：1401035 元、1502736 元。中国居民 2004 年平均个人资产总额为 39931 元，只有美国居民 2000 年、2003 年个人资产的 2.85%、2.66%。二是中国农村居民金融资产等增殖性资产比重过低。中国农村居民的金融资产主要是储蓄资产。1985—1988 年几乎是储蓄资产。1989—2006 年储蓄资产占金融资产的比重分别为：98.8%、98.8%、98.6%、98.4%、98.3%、98.5%、98.2%、98.2%、98.2%、98.3%、98.2%、97.9%、97.7%、96.9%、96.5%、95.8%、95.2%、94.5%。储蓄资产是居民主要的金融资产，其增殖主要来自利息。1985 年以来的不变价格利率呈下降的趋势（以 1978 年商品零售价格

① 2007 年 12 月下旬，人民币对美元汇率已经突破 7.37 元。本研究只是以 1 美元 =8 元人民币作粗略的说明。

指数为100)，1985—2006年该不变利率分别为：5.25%、4.9%、4.35%、4.16%、5.47%、4.78%、3.69%、3.36%、3.7%、3.54%、3.08%、2.43%、1.88%、1.36%、0.82%、0.64%、0.64%、0.59%、0.57%、0.56%、0.48%、0.64%①。这种下降的利率使储蓄资产的增殖性不强。农村居民投资渠道偏少和资产规模偏小也是资产财富效应较低的重要原因。四是中国居民面临流动性约束的限制问题。目前居民面临的流动性约束与过去相比已经有很大改变，但由于较保守的消费习惯，居民在没有特别把握的情况下不会轻易利用消费信贷来满足消费欲望。这促使消费对当期收入产生过度依赖。

同时，经过比较可以发现，广东农村居民和全国农村居民在消费敏感性表现上存在部分差异。从 $\alpha\lambda$ 指标看，广东农村居民在1981—1987年要显著地低于全国农村居民。1990—1992年期间，中国农村居民的 $\alpha\lambda$ 比广东农村居民要大。1993—2000年广东农村居民的 $\alpha\lambda$ 比中国农村居民要大。2001年以后，该指标在两种农村居民交替式变化。在 $\alpha\lambda$ 中，α 是消费的边际消费倾向，它小于1，因而通过 $\alpha\lambda$ 在各年的最低值大致可以判断短视型消费者 λ 的数量。由于广东农村居民和全国农村居民的边际消费倾向不同，严格来说通过 $\alpha\lambda$ 来判断第二类消费人群的比例不会很精确，因此在本研究中它只能进行大致比较。如果假定两种类型居民的边际消费倾向基本相同，则大致可以认为，1993—2000年广东农村居民消费对收入过分依赖的群体比例比全国农村居民要高，2001年以后两者的情况比较接近。1990—1992年期间，农村居民表现出更强的消费敏感性。这种情况说明，相比城镇居民来说，广东农村居民和全国农村居民在消费过度敏感性上面有

① 数据根据《中国统计年鉴》1980—2007年各期整理。

更多相似的表现。

另一方面，从 $\alpha\lambda$ 的走势看，两者都呈现一个急速的上升过程后，后续的走势变得平顺。但是，广东农村居民的 $\alpha\lambda$ 表现为，1980—1982 年该走势有一个较明显的上升，1983 年之后该 $\alpha\lambda$ 走势显得平顺。全国农村居民的 $\alpha\lambda$ 走势在 1985—1988 年表现出平滑的发展趋势，1990 年有一个突然的增加。1991 年后这种趋势平滑。出现这种局面的原因可能在于，广东地区有一个较好的市场和商品经济基础，所以在改革开放的过程中，广东农村居民更能适应以市场为取向的改革，广东农村地区更早地感受到改革和开放的形势，从而使广东农村居民消费较早地表现出较高的过度敏感性。近年来两者都表现为消费过度敏感性，说明全国农村居民和广东农村居民一样，在改革开放的过程中，面临更多的市场产生的系统性风险和个体风险，再加上全国性的农村社会保障制度没有及时建立和健全，对农村居民消费造成一定冲击。所以当前，建立和完善农村地区社会保障制度，加强财政对农村地区教育和医疗保健等方面的支持力度，加强对农村地区贫困人口的转移支付力度，是应该的。广东农村居民和全国农村居民的消费过度敏感性比较可见图 4－11 的描述。

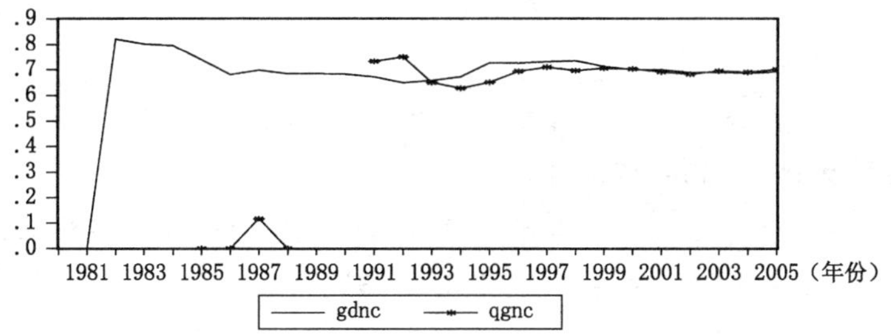

图 4－11 广东农村居民（gdnc）同全国农村居民（qgnc）消费过度敏感性的比较

参考文献：

[1] Robert. E. Hall. Stochastic Implications of the life Cycle - Permanent Income Hypothesis: Theory and Evidence [J]. Journal of Political Economy. 1978, (86): 971—987.

[2] Marjorier. Flavin. The Adjustment of Consumption to Changing Expectations about Future Income [J]. Journal of Political Economy. 1981, (89): 974—1008.

[3] J. Y. Campbell and N. G. Mankiw, The Response of Consumption to Income, a Cross - Section Investigation [J]. European Economic Review. 1991, (35): 723—726.

[4] 彭文平．消费的过度敏感性假说及其在中国的应用[J].上海经济研究.2001,(5): 15—17.

[5] 宋冬林等．我国城镇居民消费过度敏感性的实证检验与经验分析[J].管理世界.2003,(5): 29—35.

[6] 彭文平．消费的过度敏感性假说及其在中国的应用[J].上海经济研究.2001,(5): 15—17.

[7] 王合绪等．中国居民消费的过度敏感性分析[J].经济科学.2000,(4): 121—128.

[8] 王合绪等．中国居民消费的过度敏感性分析[J].经济科学.2000,(4): 121—128.

[9] 骆祚炎、刘朝晖．中国居民消费倾向变动及其影响因素的实证分析[J].消费经济.2005,(3): 14—17.

[10] 中国人民银行：《2003年第一季度中国人民银行城镇储户调查问卷》[A]；《2004年第二季度中国人民银行城镇储户调查问卷》[A]；《2006年第二季度中国人民银行城镇储户调查

问卷》[A];《2007 年第四季度中国人民银行城镇储户调查问卷》[A].

[11] 唐未兵. 我国居民消费过度敏感的原因及其矫治[J]. 消费经济. 2002,(2):56—57.

[12] 王合绪等. 中国居民消费的过度敏感性分析[J]. 经济科学. 2000,(4):121—128.

[13] 彭文平. 消费的过度敏感性假说及其在中国的应用[J]. 上海经济研究. 2001,(5):15—17.

[14] 杭斌等. 经济转型期中国城镇居民消费敏感度的变参数分析[J]. 数量经济技术经济研究. 2004,(9):24—28.

[15] 刘建江等. 股市对经济增长的贡献:美国案例[J]. 世界经济. 2000,(6):23—24.

[16] 袁志刚等. 居民储蓄与投资选择:金融资产发展的含义[J]. 数量经济技术经济研究. 2005,(1):34—36.

[17] 骆祚炎. 近年来中国股市财富效应的实证分析[J]. 当代财经. 2004,(7):10—13.

[18] 孙元欣. 美国家庭资产统计方法和分析[J]. 统计研究. 2006,(2):46—47.

[19] 唐未兵. 我国居民消费过度敏感的原因及其矫治[J]. 消费经济. 2002,(2):56—57.

[20] 王合绪等. 中国居民消费的过度敏感性分析[J]. 经济科学. 2000,(4):121—128.

[21] 彭文平. 消费的过度敏感性假说及其在中国的应用[J]. 上海经济研究. 2001,(5):15—17.

[22] 骆祚炎. 近年来中国股市财富效应的实证分析[J]. 当代财经. 2004,(7):10—13.

[23] 孙元欣. 美国家庭资产统计方法和分析[J]. 统计研

究. 2006，(2)：46—47.

［24］唐未兵．我国居民消费过度敏感的原因及其矫治［J］．消费经济．2002，(2)：56—57.

［25］王合绪等．中国居民消费的过度敏感性分析［J］．经济科学．2000，(4)：121—128.

［26］彭文平．消费的过度敏感性假说及其在中国的应用［J］．上海经济研究．2001，(5)：15—17.

［27］孙元欣．美国家庭资产统计方法和分析［J］．统计研究. 2006，(2)：46—47.

［28］王合绪等．中国居民消费的过度敏感性分析［J］．经济科学．2000，(4)：121—128.

［29］彭文平．消费的过度敏感性假说及其在中国的应用［J］．上海经济研究．2001，(5)：15—17.

第五章

资产规模及结构与财富效应

第一节 财富效应是扩大消费的重要途径

从传统和当前的财富效应研究[①]看，财富效应在理论上是成立的。财富效应也得到实证研究的支持。居民通过资产价值的变动和资产结构的调整，来扩大和促进消费具有现实意义。尤其是，在当今中国国内储蓄过剩、消费相对不足、面临全球经济失衡和全球金融危机的国际背景下，资产财富效应的作用不可忽视。2005 年 2 月，国际货币基金组织总裁拉

① 该节部分观点可参考如下文献：1. 骆祚炎．广东省居民资产财富效应的 VEC 模型分析［J］. 消费经济．2007，（1）：7—10；2. 骆祚炎．财富效应理论研究新进展［J］. 经济学动态．2007，（6）：105—109。

托在一次演讲中正式提出全球经济失衡这一概念。根据拉托的解释，全球经济失衡的主要表现是，美国经常账户赤字庞大，债务增长迅速，而中国、日本和亚洲其他重要新兴市场国家对美国持有大量盈余。这种不平衡，造成不发达国家在实物上“补贴”发达国家并向其输出资本，是一种不正常的均衡关系，使贸易摩擦加剧，并蕴涵着巨大的风险，一旦脆弱的循环断裂，全球经济将陷入危机之中（陈佳贵，2006）[1]。

扩大消费是中国在全球经济失衡背景下发展经济的重要途径。关于全球经济失衡的原因和如何纠正这种失衡存在多种观点。大多数学者认为，储蓄率的差异是全球经济失衡的重要原因。陈佳贵（2006）[2]认为，全球经济失衡，本质上反映出各国国内储蓄和投资的长期不平衡，中国应增加消费，从根本上改变过度依赖出口和投资的不利局面。李扬等（2006）[3]认为，未来中国经济增长要靠内需拉动，特别是要扩大消费需求。尹世杰（2006）[4]认为，当前提高消费率，扩大消费需求，对经济增长具有重要作用。《中华人民共和国国民经济和社会发展第十一个五年规划纲要》提出，要增强消费对经济增长的拉动作用。

通过资产的财富效应促进消费是扩大消费的重要途径。如何扩大消费，在国内形成许多观点。一是从消费的敏感性等角度研究可支配收入对消费的影响。例如，宋冬林（2003）[5]，杭斌等（2004）[6]。二是要缩小收入分配差距。例如，袁志刚（2002）[7]。三是要减少预防性储蓄。例如，杜海韬等（2005）[8]，施建淮等（2004）[9]。四是消除流动性约束的限制。例如，万广华等（2001）[10]。五是探讨财富效应对消费的促进作用。其中，通过财富效应增加居民收入和改善收入预期对促进消费的作用不可忽视。

从国外看，财富效应研究以1990年为分界线大体划分为两个阶段。1990年以前主要以生命周期理论等为代表（还包括持久收入论、流动性约束理论和预防性储蓄等理论中的相关论述），把资产引进消费函数。第二阶段的财富效应研究主要集中在1990年以后①。这个阶段的研究有这样一些特点。一是对财富效应的检验技术进一步完善，例如面板协整技术的应用。例如，Christian Dreger（2006）[11]，Pedroni（2004）[12]，IPS（Im et al，2003）[13]，Hadri（2000）[14]。二是对各种资产的财富效应进行分类研究。传统的财富效应研究集中在金融资产尤其是股票资产对消费的影响上，第二阶段不仅研究金融资产的财富效应，还研究不动产如住房资产的财富效应。例如，John D. Benjamin等（2004）[15]，Greenspan（2001）[16]。三是不仅研究股市收益对消费的影响，还研究股市波动（不确定性效应）对消费的影响。例如，Ling T. He（2005）[17]，Bittling-

① 本研究在交付出版时，又梳理出国际上财富效应研究的一些新内容。一是研究财富效应的稳定性问题。Britta（2008）认为资产价值的暂时性变化和持久性变化对居民消费的影响是不同的。Potter（2006）认为居民消费对资产价格的边际倾向不稳定。参考文献见：Britta Hamburg and Mathias Hoffmann and Joachim Keller. Consumption, wealth and business cycles in Germany［J］. Empirical Economics. 2008,（34）：451—476；Potter S. Consumption and wealth［R］. Paper presented at the BIS Autumn Economists Meeting. 30—31 October. Basel. 2006。二是研究财富效应的非对称性问题。Berben等（2006）发现资本利得的正收益和负收益对消费影响的程度不相同。Ferrero等（2005）发现不同的金融产品与经济周期的关系不同。Eva Srejber（2004）认为，金融加速器效应具有非对称性，使得财富效应具有非对称性。参考文献如下：Berben R P, K Bernoth and M Mastrogiacomo. Households' response to wealth changes: do gains or losses make a difference?［R］. De Nederlandsche Bank NV. *Working Paper.* No. 090. February 2006；Ferrero G and A Nobili. Futures contract rates as monetary policy forecasts［R］. Mimeo. Bank of Italy. 2005；Eva Srejber：What role do asset prices and credit play in monetary policy. Speech by Ms Eva Srejber, First Deputy Governor of the Sveriges Riksbank, at The Adam Smith, Seminars, Switzerland, 30 June 2004. The references for the speech can be found on the Sveriges Riksbank's website。

mayer（1998）[18]，Romer（1990）[19]，Pindyck（1991）[20]，Fama（1990）[21]。四是不仅研究单个国家的财富效应，还进行财富效应的国别比较。例如，Vincent Labhard 等（2005）[22]。五是不仅分析资产价值变化对消费的影响，还分析资产价值变化对住房贷款需求、货币流通速度和资产自我保险需求等因素的影响。例如，Kangohlee（2005）[23]，Hurts and Stafford（2002）[24]，Massimo Caruso（2001）[25]，Yoko Moriizumi（2000）[26]。

从国内看，中国开展财富效应研究始于对消费函数的分析。卢嘉瑞等（2006）[27]分析了股市财富效应的传导机制并检验了财富效应。段进等（2005）[28]通过 VAR 分析手段分析了中国股市的财富效应。刘建江等（2005）[29]对房地产财富效应作用机制的分析。他们运用持久收入理论和生命周期理论，认为持续上涨的房地产市场，既增加公众财富，又增强市场信心，扩大短期边际消费倾向，促进消费和经济的增长。该论文没有对房地产财富效应进行实证分析。骆祚炎（2004）[30]以 1992—2002 年的经济数据为样本，对中国股市财富效应进行理论和实证分析。李振明（2001）[31]根据 1980—1994 年的统计数据，分析了股市的财富效应。贺菊煌（2000）[32]就 1996 年以前金融资产对消费的影响进行了理论和实证分析。臧旭恒（1995）[33]分析了 1995 年以前的金融资产对消费支出的影响。

与国外研究尤其是最新的理论研究相比，中国财富效应研究还存在诸多不足，需要加强。一是中国的研究主要集中在股市的财富效应上，对其他金融资产很少研究。即使对股市财富效应的研究，也主要是研究股市收益对消费的影响，还没有研究不确定性效应（股市波动）对消费的影响。二是对不动产的财富效应研究很不完善。目前还只有很少量文献对房地产财富效应作用机制进行初步探讨，并且缺乏实证分析的支持。认为住宅等不动产对消费没有影响是一个认识上的误区（关于金融资产和不动产财富效应的比较研究，将在第六章展开）。三是财富效应的研究技术有待改善。一般的线性回归技术已经无法满足财富效应研究的需要，应该更多地利用近段时期来国际上流行的面板协整技术、状态空间模型和 VAR 模型等分析手段。理论和实证分析模型还需要改进。如何区分不同收入类型的居民资产和消费之间的关系，如何区分拥有住房的居民和不拥有住房的居民之间消费行为的差别，这些问题还需要认真研究。四是从统计数据看，一些统计指标不准确并不完整。一些统计指标如国债资产、企业债券资产、居民购买的商业保险金和住房公积金等没有被包括在消费函数中，居民固定资产（主要是住房资产）的数字不准确。这导致财富效应的结论不准确。五是缺乏对城镇居民、农村居民和城乡居民整体财富效应的分类研究等①。

本章将借鉴国内外财富效应的最新理论成果，充分利用最新的实证分析技术，改善数据的准确性和完善数据的层次性，弥补目前在中国财富效应研究上的某些不足，并从财富效应的角度提出促进居民消费的对策。

① 国内财富效应研究还存在一些不足。例如，没有研究财富效应的“二挤”问题（即“正”和“负”的财富效应对消费的挤出效应），也没有研究财富效应的稳定性问题和非对称性问题等。这些问题将在以后的研究中加以解决。

第二节 居民资产规模分析

一、居民资产包含的种类①

按照一般的分析方法，居民资产分为金融资产和实物资产(臧旭恒，2001)[34]。金融资产的种类很多。例如，美国家庭金融资产包括存款、信用市场工具、公司普通股、基金、安全信用、寿险、养老金、银行个人信用投资、非公司形态股票和其他金融工具（孙元欣，2006）[35]。就中国居民而言，由于金融市场缺少多层次性，可投资品种少，其主要金融资产包括储蓄存款、国债资产、手持现金、股票和社会保险账户等。其中，储蓄存款是主要资产，居民有一定股票资产，其他资产如企业债券、国债、手持现金和基金就平均水平而言所占比例很少。其中，手持现金不会产生财富效应。社会保险账户包括，基本养老保险、失业保险、医疗保险、工伤保险和生育保险。本研究对金融资产的考察对象主要是居民储蓄和股票资产及少量的五种社会保险资产。实物资产一般包括房地产和耐用消费品。从居民资产对消费的财富效应角度看，房地产具有更多的财富效应，耐用消费品一般主要是自用，不具有财富效应。现在有的居民购买汽车进行投资性消费，但就平均水平来说，这部分资产可以忽略不计。像古董和收藏品等物品一般居民不拥有，不具有统计研究上的价值。

① 该部分的观点可参考如下文献：骆祚炎．居民资产结构、资产规模与消费变动关系研究——基于广东数据的协整检验和VAR模型分析［J］. 经济体制改革. 2007，(2)：168—172。

从耐用消费品存量统计的角度看，存在对耐用消费品市场价值的重估和对耐用消费品的折旧难以估计等问题（臧旭恒，1994）[36]。现在耐用消费品呈现加速折旧趋势，很难对折旧进行精确的估计。考虑到上述因素，本节对实物资产估计的主要对象是居民房地产存量。在进行资产规模和结构的比较上，分为四个层次。一是广东居民与全国居民的比较，二是广东城镇居民与全国城镇居民的比较，三是广东农村居民与全国农村居民的比较，四是广东城镇居民与农村居民之间的比较。

二、广东居民资产规模的变化

从广东人均资产总规模名义数据看①，1980—2006 年广东居民资产总量上升趋势很明显（见表 5 - 1 和图 5 - 1 的描述）。1980 年人均总资产为 561 元，1990 年为 4478 元，1995 年为 21498 元，2000 年为 35511 元，2004 年为 66453 元，2005 年资

① 广东名义数据的计算有以下方面需要说明：1. 人均可支配收入 = 农村居民人均纯收入 × 农业人口权重 + 城镇居民人均可支配收入 × 非农业人口权重。其中，1981 年末人口总数 = 1982 年末人口总数 - 1982 年自然增长数；1981 年非农业人口 = 1981 年总人口 ×（1980 年非农业人口权重 + 1982 年非农业人口权重）÷ 2；1981 年农业人口 = 1981 年总人口 ×（1980 年农业人口权重 + 1982 年农业人口权重）÷ 2。2. 人均储蓄余额 =（农村居民总储蓄 + 城镇居民总储蓄）÷ 总人口数。3. 人均证券持有额 = 证券市场流通市值 ÷ 总人口数 ÷ 2（假设一半为机构持有，一半为城镇居民持有）。其中，1993—1997 年人均证券持有额 = 城镇人均证券持有额 × 非农业人口 ÷ 全省总人口数。4. 人均住房面积 = 农村人均生活住房面积 × 农业人口权重 + 城镇人均住房面积 × 非农业人口权重。5. 人均拥有住房资产额 = 农村居民人均拥有住房资产额 × 农业人口权重 + 城镇居民人均拥有住房资产额 × 非农业人口权重。6. 社会保险基金估算方法为，根据广东省居民与全国居民可支配收入或人均纯收入的倍数来计算相应的社会保险基金水平。公式为：广东省人均社会保险基金 = 广东省居民人均可支配收入 ÷ 全国居民人均可支配收入 × 全国居民人均社会保险基金。7. 居民住房价格上涨较快导致 2005 年居民住房资产价值增加较大。8. 上述数据来源于《广东统计年鉴》、《广东年鉴》、《中国统计年鉴》和《中国金融年鉴》1980—2007 年各期。

产总额为84154元，2006年居民资产总额为96298元[①]。1980—1990年间，居民资产规模增长速度较慢，1990年以后居民资产规模快速增长。居民资产规模的增长情况与中国改革开放的进程是同步的。不断增长的居民资产，对推动居民消费的增加有一定的促进作用。

表5-1　广东居民总资产变化情况表（名义数据）　单位：元

项目	1980年	1985年	1990年	1995年	2000年	2001年
资产规模	561	1262	4478	21498	35511	38413
项目	2002年	2003年	2004年	2005年	2006年	2007年
资产规模	47991	61189	66453	84154	96298	—

注：1. 人均资产总额＝人均储蓄余额＋人均股票资产持有额＋人均社会保险基金余额＋人均住房资产额。2. 上述数据来源于《广东统计年鉴》1980—2007年各期。3. 人均储蓄余额＝（农村居民总储蓄＋城镇居民总储蓄）÷总人口数。其他指标计算依此类推。但是，人均证券持有额＝证券市场流通市值÷总人口数÷2（假设一半为机构持有，一半为城镇居民持有）。其中，1993—1997年人均证券持有额＝城镇人均证券持有额×非农业人口÷全省总人口数。

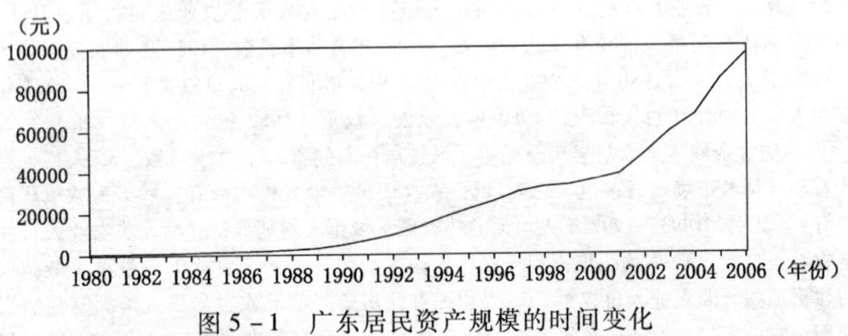

图5-1　广东居民资产规模的时间变化

① 居民名义资产价值的增长主要来自于住房资产价值的上升和储蓄资产的增加，居民五种社会保险金的增加不明显。其中，住房资产价值的上升是最主要原因，这与商品房的价格上升有较大关系。2007年以来，一些城市如深圳、广州等城市的商品房价格较快上升，居民支出增长的预期增加，这种趋势值得关注。

三、广东同全国居民资产规模的比较

从广东省居民和全国居民数据[①]比较来看，广东省居民的资产规模在全国处于较高水平，但同美国等发达国家相比还存在较大的差距。从表5-2可以看出，1985年广东居民人均资产还只有全国平均水平的76.03%，但是到了1990年广东人均资产总量却是全国的1.19倍，1995年广东是全国的1.93倍，1998年为全国的1.74倍，2000年为1.55倍，2003年为1.85倍，2004年为1.67倍，2005年为1.71倍，2006年为1.82倍（见图5-2）。广东经济发展的速度和质量较大幅度地超过了全国平均水平。2000年以来，广东居民的人均资产规模和全国居民的人均资产规模差距进一步扩大。这与广东省经济发展的状况和地处改革开放的前沿是密不可分的。

表5-2　　广东同全国居民资产结构与总额比较表

（名义数据）　　单位：元、%

项　目	1985年	1990年	1995年	2000年	2003年	2004年	2005年	2006年
广东人均总资产	1262	4478	35511	61189	66453	84154	21498	96298

---

① 全国居民数据计算说明如下：1. 主要数据来源于《中国统计年鉴》和《中国金融年鉴》各期。2. 可支配收入=农村居民人均纯收入×乡村人口比重+城镇居民人均可支配收入×城镇人口比重。3. 1986年人均消费水平=（1985年人均消费水平+1987年人均消费水平）÷2。4. 人均股票持有额=股票市场流通市值÷2÷全国年底总人口（假设股票一半为机构持有，一半为居民持有）。5. 住房资产根据住房面积乘以住房价格计算。其中，人均拥有住房资产额=农村人均拥有住房资产额×乡村人口比重+城镇人均拥有住房资产额×城镇人口比重。1985—1989年人均住房资产额以1990年住房平均价格为基础按照10%的增长率计算出每年的住房平均价格，然后再乘以每年的住房面积。6. 人均消费水平指居民消费性支出。7. 社会保险基金包括基本养老保险、失业保险、医疗保险、工伤保险和生育保险。

续表

项　目	1985 年	1990 年	1995 年	2000 年	2003 年	2004 年	2005 年	2006 年
全国人均总资产	1660	3756	22993	33141	39931	49147	11151	52916

注：根据《中国统计年鉴》和《广东统计年鉴》各期资料整理。

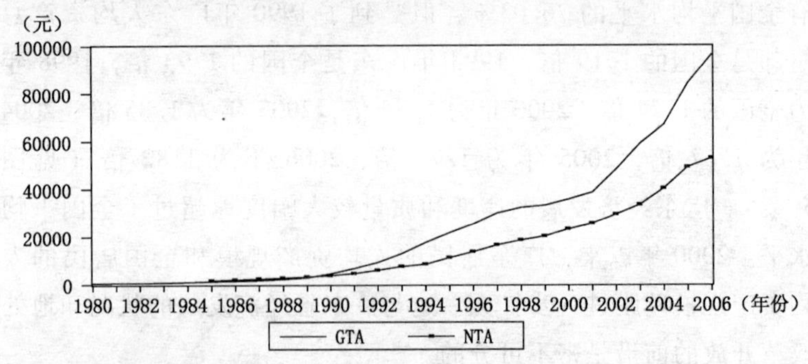

图 5-2　广东（GTA）与全国（NTA）资产规模比较

四、广东城镇同全国城镇居民资产规模的比较[①]

首先对广东城镇居民和全国城镇居民名义数据的计算进行说明。广东城镇居民人均名义数据说明如下：第一，可支配收入 = 家庭总收入 - 交纳所得税 - 个人交纳的社会保障支出 - 记账补贴。第二，人均储蓄余额 = 城镇居民总储蓄 ÷ 非农业人口数。城镇居民人均证券持有额 = 证券市场流通市值 ÷ 2 ÷ 非农业人口数（假设一半为机构持有，一半为城镇居民持有）。第三，人均住房面积数据 1987 年数据包括海南。1981 年人均住房面积 = 1982 年人均住房面积 = （1980 年人均住房面积 + 1983 年人均住房面

① 数据来源于《广东统计年鉴》、《广东年鉴》、《中国统计年鉴》和《中国金融年鉴》1980—2007 年各期。

积）÷2。第四，人均拥有住房资产额 = 人均住房面积 ×（商品房屋住宅实际销售额 ÷ 实际销售面积）。第五，1998 年城镇股票人均持有额不能直接查到。其计算方法为，按照 1998 年股票市价总值与 1999 年相比的倍数估算 1998 年股票流通市值总额，再除以 1998 年城镇人口计算得到（按照 50% 由个人持有计算）。第六，1993—1997 年城镇人均股票持有额不能直接查到数据。其估算方法如下：先把 1998—2004 年广东省人均证券持有额和 1998—2004 年全国城镇人均持有额的平均倍数计算出来，然后把全国 1993—1997 年全国城镇人均股票持有额乘上该倍数，估算出来 1993—1997 年广东省人均股票持有额。第七，2006 年人均储蓄根据广东居民和全国居民的倍数比较及广东居民人均储蓄 2000 年以来的平均增长速度测算出来。第八，社会保险基金估算方法为，根据广东省居民与全国居民可支配收入或人均纯收入的倍数来计算相应的社会保险基金水平。公式为：广东省人均社会保险基金 = 广东省城镇居民人均可支配收入 ÷ 全国城镇居民人均可支配收入 × 全国城镇居民人均社会保险基金。第九，2003 年人均储蓄余额少于 2002 年，是因为 2003 年相对于 2002 年户籍城镇人口增加幅度较大所致，2003 年新增城镇人口达到 914 万人。第十，2006 年人均股票持有额没有直接数据，根据广东居民与全国居民 2000 年以来股票持有额的平均倍数计算出来（平均倍数为 3.3）。

全国城镇居民人均名义数据说明如下：第一，人均储蓄余额 = 城镇储蓄/城镇总人口。第二，人均拥有住房资产额 = 人均住房面积 × 商品房住宅平均销售价格。其中，1991—2005 年商品房住宅平均销售价格数据来源《中国统计年鉴》；1987—1990 年商品房平均价格 = 商品房销售额/商品房销售面积；1985—1986 年住房单价以 1987 年为基础按照每年递增 10% 计算出来，然后乘以该年的住房面积得到住房资产额。第三，2006 年人均储蓄数据，无法直接查到数据，根据 2000 年以来居民整体人均储蓄存款与城镇居民储蓄存款增长情况的差距模拟出来，估计 2006 年增长率为 10.7%。第四，人均消费水平指居民消费性支出。第五，社会保险基金包括基本养老保险、失业保险、医疗保险、工伤保险和生育保险。人均数据根据总的余额除以人口数获得。社保基金中的生育保险和工伤保险基本按照人口分割，基本养老保险、医疗保险和失业保险主要发生在城镇，为此把社会保险基金的总额在城镇和农村居民之间按照 4∶1 的比例分割。第六，由于缺少 2006 年全国城镇居民人均住房面积，采用公式：2006 年人均住房资产额 = ［2005 年人均住房资产额 ×2005 年人数 + 2006 年商品房（住宅）销售额］ ÷2006 年人数。

广东城镇居民资产规模在 1990 年后增长较快。1985—1989 年，广东城镇居民人均名义总资产分别是全国城镇居民名义总资产的比例：72.57%、60.72%、64.17%、70.63%、82.40%。1990—2006 年广东城镇居民超过全国城镇居民名义资产，其倍数分别为：1.19、1.60、1.61、1.70、2.02、1.84、1.83、1.85、1.81、1.76、1.75、1.78、1.78、1.62、1.45、1.48、1.64 倍。这个倍数先是上升，1994 年开始下降。其下降的主要原因是因为全国城镇居民的人均名义资产总量增加较快，广东城镇居民资产增加的速度相对下降（见图 5－3）。

五、广东农村同全国农村居民资产规模①的比较

广东农村居民人均名义数据计算说明如下。第一，农村人均

① 数据来源于《广东统计年鉴》、《广东年鉴》、《中国统计年鉴》和《中国金融年鉴》1980—2007 年各期。

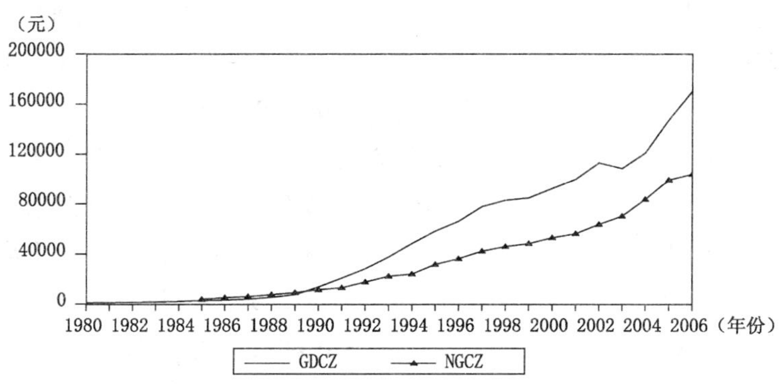

图 5-3 广东城镇居民（GDCZ）同全国城镇居民（NGCZ）资产规模比较

储蓄余额 = 农村居民总储蓄 ÷ 农业人口数。第二，农村居民人均股票持有额按照零进行估计。尽管有一部分农村居民拥有股票，但就其平均水平而言，这种假设是合理的。第三，人均生活住房面积 1987 年数据包括海南。1981 年人均住房面积 = 1982 年人均住房面积 = （1980 年人均住房面积 + 1983 年人均住房面积） ÷ 2。第三，1999—2006 年人均拥有住房资产额 = 平均每人年末生活住房面积 × 年末住房每平米价值。1980—1998 年人均拥有住房资产额 = （平均每户年末生活住房间数 × 每间房屋价值） ÷ 平均每户常住人口。第四，1981—1984 年农村住房资产价值均按照 1980 年单价为标准进行计算。第五，农村居民现金纯收入受农村生活消费品价格指数和农村服务项目价格指数以及农业生产资料价格指数的影响（购买生产性固定资产部分）。第六，2006 年人均储蓄根据广东居民和全国居民的倍数比较（大约为 2.4 倍）及广东居民人均储蓄 2000 年以来的平均增长速度测算出来，估计 2006 年增长率为 13.5%。第七，社会保险基金估算方法为，根据广东省居民与全国居民可支配收入或人均纯收入的倍数来计算相应的社会保险基金水平。公式为：广东省人均社会保险基金 = 广东省农村居民人均可支配收入 ÷ 全国农村居民人均可支配收入 × 全国农村居民人均社会保险基金。

全国农村居民人均名义数据说明如下。第一，人均储蓄余额 = 农户储蓄 ÷ 乡村总人口。农户储蓄和乡村总人口数据来源《中国统计年鉴》。1997—2000 年农户储蓄数据来源《中国金融年鉴》1998—2001 年。第二，农村居民人均股票持有额按照零持有进行估计。尽管有一部分农村居民拥有股票，但就其平均水平而言，这种假设是合理的。第三，1999—2005 年人均拥有住房资产额 = 人均住房面积（平方米）× 农村房屋价值（元/平方米）。1990—1998 年人均住房资产额 = 农户年末使用房屋间数（间/户）× 房屋价值（元/间）÷ 平均每户常住人口。1985—1989 年人均住房资产额以 1990 年住房平均价格为基础按照 10% 的增长率计算出每年的住房平均价格，然后再乘以每年的住房面积。第四，2006 年人均储蓄数据，无法直接查到数据，根据 2000 年以来居民整体人均储蓄存款与农村居民储蓄存款增长情况的差距模拟出来，估计 2006 年增长率为 16.3%。第五，社会保险基金包括基本养老保险、失业保险、医疗保险、工伤保险和生育保险。人均数据根据总的余额除以人口数获得。社保基金中的生育保险和工伤保险基本按照人口分割，基本养老保险、医疗保险和失业保险主要发生在城镇，为此把社会保险基金的总额在城镇和农村居民之间按照 4 : 1 的比例分割[①]。第六，人均人民

① 这样处理的依据在于，社保基金中的生育保险基本按照人口分割，基本养老保险、医疗保险、工伤保险、失业保险主要发生在城镇，并考虑到城镇居民的人均 PDI 大概是农村居民人均纯收入的 2—3 倍，为此把社会保险基金的总额在城镇和农村居民之间按照 4 : 1 的比例分割。需要指出的是，该数据如何更加科学地分割还需要研究。

币储蓄存款余额数据来源《中国金融年鉴（2006）》，其中“农村居民储蓄”以“农户储蓄”替代，为农村合作银行、农村商业银行和农村信用合作社吸收的储蓄存款。

广东农村居民人均资产相对于全国农村居民来说较大。1985—2006年广东农村居民人均资产规模分别是全国农村居民的倍数为：1.89、1.72、1.66、1.66、1.66、1.63、1.53、1.79、2.07、2.10、2.06、1.93、1.88、1.93、1.88、1.61、1.51、1.56、1.67、1.71、1.59、1.52（两者资产规模变化见图5－4）。同城镇居民一样，该倍数在1994年达到最高，1994年后出现下降。下降的主要原因仍然是全国农村居民人均名义资产总量增加速度较快。

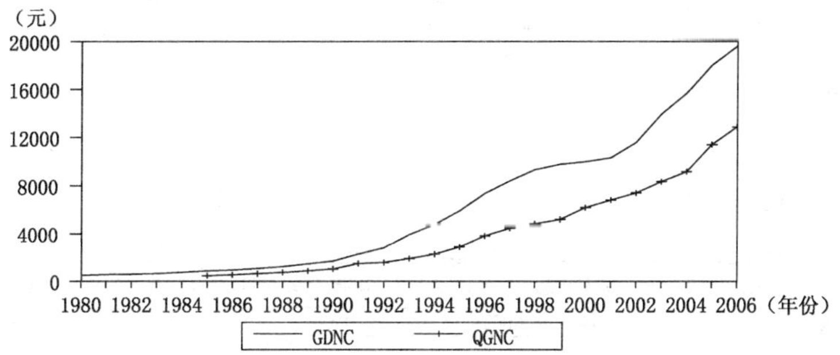

图5－4　广东农村居民（GDNC）与全国农村居民（QGNC）资产规模比较

六、广东城镇与广东农村居民资产规模的比较

1980—1988年期间，广东城镇居民与广东农村居民资产规模的差距不大，大致稳定在3倍左右。1990年以后，广东城镇居民的资产规模快速增长，但广东农村居民资产规模的增长速度比较平滑，1990年后广东城镇居民与广东农村居民之间的资产

差距呈现一个“喇叭”型，资产规模的差距越来越大。1980—2006年广东城镇居民与广东农村居民资产规模的倍数大致分别为：1.78、2.02、2.02、2.41、2.7、3.11、3.3、3.5、4.28、5.12、8.0、9.11、9.9、9.56、10.1、9.82、8.95、9.24、8.86、8.65、9.23、9.67、9.75、7.78、7.72、8.16、8.68。这些倍数在一些年份出现波动，一是与城镇居民持有的证券类资产的价值变动有关，二是与城镇商品房价格的变动有关。近年来，城镇居民的资产增加较快，与城镇地区的商品房价格有很大关系，城镇住房的价格过快增长，也是城乡差距的一种表现（见图5-5）。

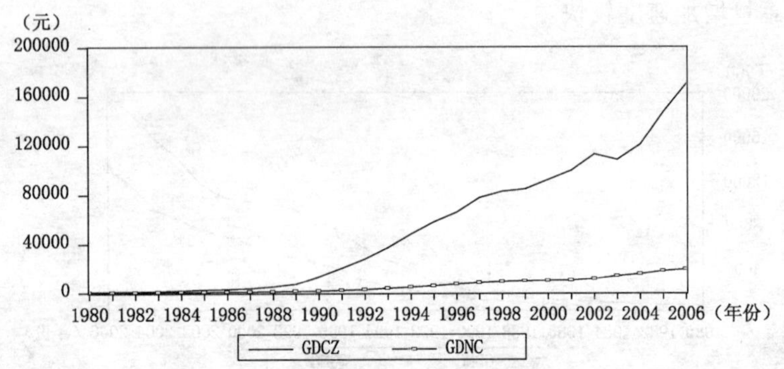

图5-5 广东城镇居民（GDCZ）与广东农村居民（GDNC）资产规模的比较

第三节 居民资产结构分析

一、居民资产结构[①]的总体变化

从广东省居民金融资产占总资产的比例看，总体呈现上升趋势。1980年其占比为10.88%，此后一直增长到1989年，其占比达到32.04%。1990—1995年间，其占比有所下降。1990年占比为27.15%，1995年占比为24.48%。从1995年开始金融资产占比出现上升势头，2001年达到最高，其占比为37.36%。2001年以来该比例有所下降。但都在28%以上的水平。2002年达到34.47%，2003年达到33.45%，2004年达到33.41%，2005年占到28.94%，2006年达到29.61%。

从住房资产占总资产的比重看，总体来说呈现出下降的趋势。1980年其占比达到最高，为89.12%。其后一直到1989年出现连续下降，1989年住房资产占比为86.96%。1990—1994年住房资产占比有所上升，1990年占比为72.84%，1994年占比为77.38%。1995—2001年期间住房资产占比有所下降，1995年达到75.52%，2001年达到62.63%。2002年以来住房资产的占比回升。2002—2006年住房资产占比分别为：65.55%、66.54%、66.58%、71.06%、70.38%。2002年以来住房资产的比例有所上升，与住房价格的上涨有很大关系。2007年以来住房价格较快增长，对居民生活造成的压力较大，应该引起注意。

① 居民资产的计算方式与第二节相同。

居民储蓄资产占总资产的比例总体来说有一定波动。1980年其占比为10.88%，其后出现较为迅速的上涨，到1989年上涨到31.66%。1990—1995年期间出现下降，1996年到2001年期间出现上升，2002年开始又出现下降。2000—2006年储蓄资产占总资产的比例分别为：32.4%、34%、32%、30.96%、26.19%、25.18%。

股票是在中国进行经济体制改革过程中出现的新资产，1991年后上海和深圳证券交易所先后成立，股票发行和股票交易才逐步扩大。本研究资料显示1993年后从平均意义上说居民有一定股票资产。股票资产占居民总资产的比重由于股票指数和价格的变化而有较大波动，但其占总资产的比例却很小。2000年达到最高，其占比也只有3.98%，2004年的占比只有1.63%，2005年占到1.88%。2006年10月以来，股票价值增加，股市财富效应会有所改善，2006年占比为3.46%。2006年以来该占比出现上涨，是因为股票指数有较大幅度增长，而且居民开户人数和投资于股市的资金都出现较大幅度增长。详细情况见图5-6。在图5-6中，ratiofin代表金融资产占比，ratioph住房资产占比，ratiops代表储蓄资产占比，ratiogp代表股票资产占比。

二、广东与全国居民资产结构的比较

从居民资产结构来看，一般说来发达地区金融资产的比重会更高。广东金融资产所占的比重在所有年份都高于全国平均水平。例如，从表5-3可以发现，1985年广东金融资产占比为10.88%，全国只有9.21%；1990年广东为27.15%，全国为16.8%；2000年广东为36.82%，全国为25.18%；2004年广东为33.41%，全国为24.81%；2005年广东为28.94%，全国为

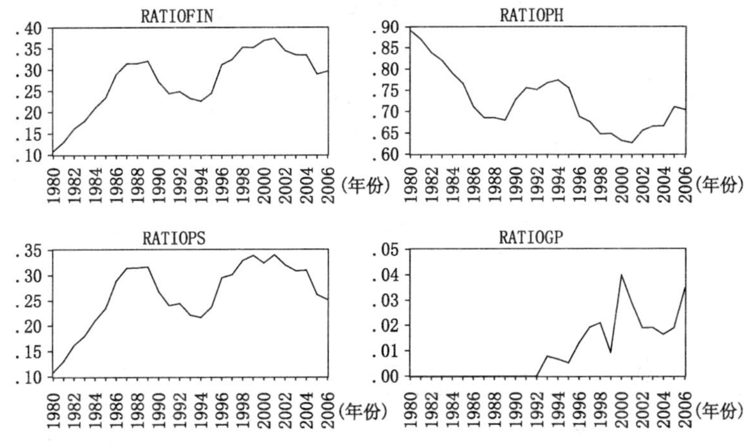

图 5－6 广东居民各项资产占总资产的比例时间变化图

23.72%；2006 年广东为 29.61%，全国为 26.21%。但是广东与美国平均水平相比较却存在很大的差距。例如，1995 年广东金融资产占比为 24.47%，美国则为 66.20%，美国是广东的 2.73 倍；2000 年广东为 36.82%，美国则为 68.69%；2003 年广东为 33.43%，美国则为 63.40%。这说明，广东的金融市场和金融投资理念的培育与发达地区相比还有较大的发展空间。通过比较也可以发现，广东居民资产结构同发达地区的差别在缩小。从金融资产的内部结构看，与上海城市居民相比较，广东居民的金融资产主要表现为储蓄，证券类资产所占比重较低（包蓓英，2000）[37]。由于金融资产比重不断提高，所以实物资产比重在不断降低。

表 5-3 广东同全国居民资产结构与总额比较表

（名义数据）

单位：元、%

项目		1985 年	1990 年	1995 年	2000 年	2003 年	2004 年	2005 年	2006 年
广东	金融资产占比	10.88	27.15	24.47	36.82	33.43	33.41	28.94	29.61
	实物资产占比	89.12	72.85	75.53	63.18	67.57	66.59	71.06	80.39
中国全国	金融资产占比	9.21	16.80	22.61	25.18	26.30	24.81	23.72	26.21
	实物资产占比	90.79	83.20	77.39	74.82	73.70	75.19	76.28	83.79
美国	金融资产占比		—	68.69	63.40	—	—	66.20	
	实物资产占比		—	31.31	36.60	—	—	33.80	

注：1. 广东数据来源于《广东统计年鉴》1980—2007 年各期，经过计算得到。广东金融资产包括居民储蓄存款、证券资产和社会保险账户等。广东实物资产指住房资产。2. 中国全国数据来源于《中国统计年鉴》各期，经过计算得到。中国金融资产包括居民储蓄存款和股票资产。中国实物资产指住房资产。3. 美国数据来源：孙元欣．美国家庭资产统计方法和分析［J］. 统计研究 . 2006，(2)：46—47。美国家庭金融资产包括存款、信用市场工具、公司普通股、基金、安全信用、寿险、养老金、银行个人信用投资、非公司形态股票和其他金融工具。美国家庭实物资产包括房地产和耐用消费品等。美国的上述统计口径包括家庭和非盈利组织。美国各种资产比例均是采用各项资产除以总资产计算出来，而不是除以净资产得到。

三、广东城镇与全国城镇居民资产结构的比较

广东城镇居民金融资产占总资产的比例比全国城镇居民要高，主要是因为广东城镇居民的储蓄资产比全国要多，相应地其各种社会保障金额及证券持有额也要多。1990 年以前，广东城镇居民与中国城镇居民金融资产占比的差异较大。1985—1990 年分别达到：17%、30%、22%、20%、18%、9%。1991—1995 年间这种差距逐渐缩小。1996—2003 年这种差距逐渐拉大，其差额分别为：5%、7%、10%、9%、12%、12%、9%、10%。2004 年、2005 年、2006 年这种差额分别为：8%、5%、

3%，差额有所减少。由于没有统计全国城镇居民 1980—1984 年的数据，所以不对这个时间段的数据进行比较。广东城镇居民 1980—1984 年金融资产占总资产的比例分别为：22.46%、21.40%、24.33%、28.23%、28.75%。广东城镇居民和中国城镇居民金融资产占比可见表 5 – 4 和图 5 – 7 的描述。

表 5 – 4　　广东城镇与全国城镇居民金融资产的比例比较　　单位：%

项目	1985 年	1986 年	1987 年	1988 年	1989 年	1990 年	1991 年	1992 年
中国城镇	11.32	10.91	12.60	12.42	14.25	15.38	17.14	15.77
广东城镇	28.10	40.58	34.88	32.98	32.59	24.77	21.55	21.34
项目	1993 年	1994 年	1995 年	1996 年	1997 年	1998 年	1999 年	2000 年
中国城镇	16.80	21.44	21.96	24.39	24.33	24.31	25.27	25.18
广东城镇	19.41	19.35	21.69	29.85	31.10	34.64	34.83	37.16
项目	2001 年	2002 年	2003 年	2004 年	2005 年	2006 年	2007 年	2008 年
中国城镇	25.35	24.97	25.77	23.83	22.71	25.25	—	—
广东城镇	37.41	33.57	35.14	31.57	27.53	28.34	—	—

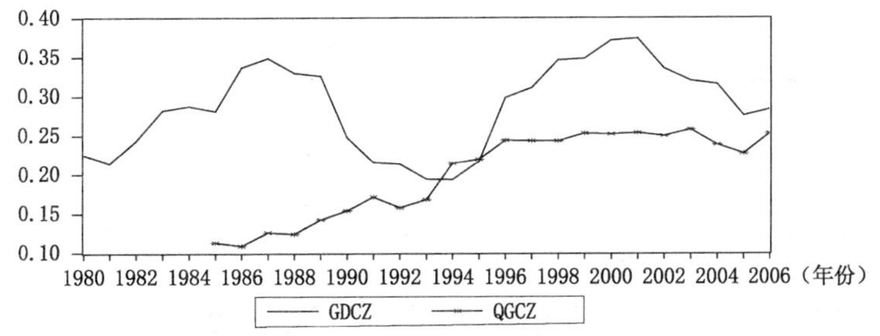

图 5 – 7　广东城镇居民（GDCZ）和全国城镇（QGCZ）居民金融资产占比重比较

四、广东农村与全国农村居民资产结构的比较

广东农村居民的金融资产占比同样要显著高于全国农村居民的水平，改革开放以后这种差距基本维持在10%以上的水平，而且这种差额有上升的趋势。1985—2006年广东农村居民金融资产占比与全国农村居民的差额分别为：4%、7%、9%、9%、11%、11%、13%、13%、12%、11%、11%、12%、13%、11%、10%、10%、11%、12%、16%、17%、19%、17%。广东农村居民金融资产所占比例较高，其主要原因在于，广东农村居民的储蓄比全国农村居民的储蓄要多，广东农村的市场发育程度要高于全国平均水平。由于没有统计全国农村居民1980—1984年的数据，所以不对这个时间段的数据进行比较。广东农村居民1980—1984年金融资产占总资产的比例分别为：6.54%、9.39%、12.54%、12.45%、15.87%。广东农村和全国农村居民资产结构可见表5-5和图5-8的描述。

表5-5 全国农村与广东农村居民金融资产占总资产的比例

单位：%

项目	1985年	1986年	1987年	1988年	1989年	1990年	1991年	1992年
中国农村	15.18	17.21	18.98	18.68	20.34	22.44	19.80	23.50
广东农村	19.54	24.56	27.89	29.54	31.16	33.11	32.64	36.75
项目	1993年	1994年	1995年	1996年	1997年	1998年	1999年	2000年
中国农村	22.48	25.04	25.52	24.03	24.73	26.36	26.73	25.18
广东农村	34.89	36.32	36.17	36.51	37.89	37.90	36.39	35.35
项目	2001年	2002年	2003年	2004年	2005年	2006年	2007年	2008年
中国农村	26.09	27.41	29.34	31.22	29.99	31.51	—	—
广东农村	37.05	39.41	45.85	48.04	46.26	48.56	—	—

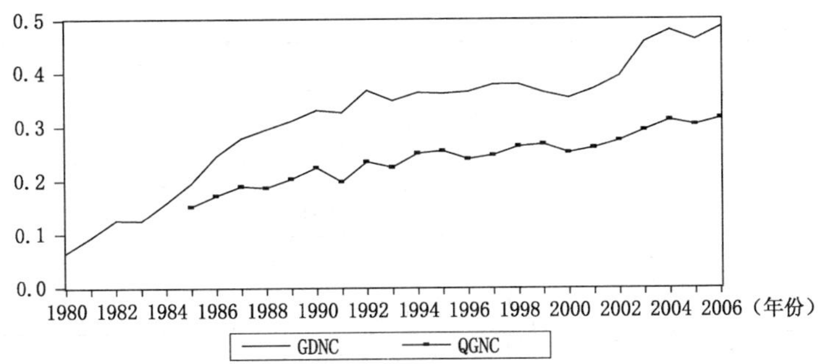

图 5－8 广东农村居民（GDNC）和全国农村（QGNC）居民金融资产占比重比较

五、广东城镇与广东农村居民资产结构的比较

从表 5－6 可以看出，广东农村居民金融资产的比例要高于广东城镇居民金融资产的比例。这是因为城镇居民的住房资产所占比重较大，而农村居民的住房所占比例较小。1985—2006 年两者的差异分别为：9%、16%、7%、3%、1%、1%、11%、15%、15%、17%、15%、7%、16%、3%、2%、2%、0%、4%、10%、17%、19%、20%。两种居民金融资产比重的差距每年都在发生波动（见图 5－9），这主要是因为城镇居民的股票资产和房地产价格每年都有一定的波动造成的。

表 5－6 广东城镇与广东农村居民金融资产占总资产的比例

单位：%

项目	1985 年	1986 年	1987 年	1988 年	1989 年	1990 年	1991 年	1992 年
广东城镇	28.10	40.58	34.88	32.98	32.59	24.77	21.55	21.34
广东农村	19.54	24.56	27.89	29.54	31.16	33.11	32.64	36.75

续表

项目	1993 年	1994 年	1995 年	1996 年	1997 年	1998 年	1999 年	2000 年
广东城镇	19.41	19.35	21.69	29.85	31.10	34.64	34.83	37.16
广东农村	34.89	36.32	36.17	36.51	37.89	37.90	36.39	35.35
项目	2001 年	2002 年	2003 年	2004	2005 年年	2006 年	2007 年	2008 年
广东城镇	37.41	33.57	35.14	31.57	27.53	28.34	—	—
广东农村	37.05	39.41	45.85	48.04	46.26	48.56	—	—

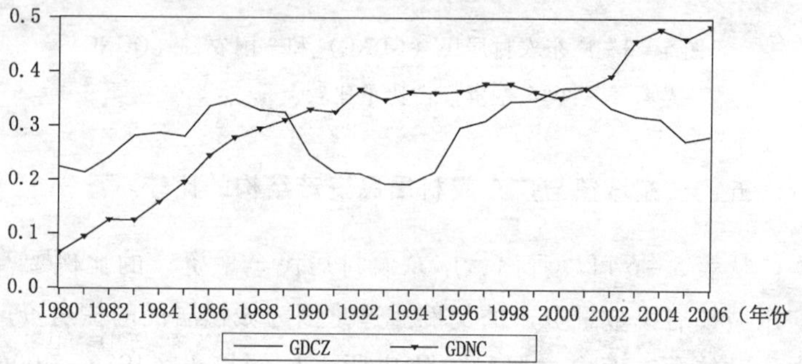

图 5－9 广东农村（GDNC）和广东城镇（GDCZ）
居民金融资产比重比较

第四节 居民整体的资产财富效应

一、资产财富效应[①]的实证方法比较

在实证分析居民资产的财富效应时，主要有以下三种分析

① 该部分的观点可参考如下文献：骆祚炎．居民资产结构、资产规模与消费变动关系研究——基于广东数据的协整检验和 VAR 模型分析［J］．经济体制改革．2007，（2）：168—172。

方法。

（一）以收入和资产作为自变量对消费进行回归

这种分析的理论基础主要来源于生命周期理论。按照该理论，其消费函数的基本形式为：$C_t = \alpha A_t + \beta Y_t, 0 < \alpha, \beta < 1$。$\alpha$ 和 β 分别为实际财富 A_t 和劳动收入 Y_t 的边际消费倾向。A_t 包括储蓄、股票、债券和遗产等。A_t 的边际消费倾向可以用来衡量财富效应的大小。Zeldes 也提出一个类似的公式。即：$c = k(w + xhw)$。x 是非人力财富的增函数，hw 代表人力财富，w 代表非人力财富。从该公式可以看出，个人消费与财富的存量呈现线性关系。这就是资产的财富效应。Zeldes 认为，消费是资产和收入的稳定函数的结论，在个人劳动收入是随机的情况下，必须要保证消费的效用函数是二次型并且消费可以为负的条件才能成立。这说明，Zeldes 对财富效应的解释比以前的 LCH 等理论更加严格。利用该公式分析财富效应较好地把理论与实证分析结合起来。李振明（2001）[38]和骆祚炎（2004）[39]采用过该方法。但是利用该理论进行实证分析时面临两个问题。一是居民资产和收入之间存在较强的相关性，容易产生多重共线性的问题，而对多重共线性的修正可能导致无法把资产引入到消费函数中。二是收入、资产和消费等时间序列可能并不平稳，OLS 方法可能产生伪回归，从而使得出的结论可能不可靠。

（二）对居民资产和消费进行单方程协整

利用协整理论来分析资产的财富效应，主要是为了克服第一种方法中的序列不平稳性问题。孙凤（2002）[40]等人采用过该方法。但是该分析方法也存在一些难以克服的困难。双变量之间的单方程协整关系，往往把其他重要变量例如居民可支配收入与消费之间的关系漏掉了。这种对重要关系的疏漏，导致居民资产和消费之间的协整关系不准确，也使这种协整关系缺少必要的理论基础。

（三）利用 VAR 原理进行误差修正 VEC 模型分析

向量自回归 VAR 模型是基于数据的统计性质，把系统中每一个内生变量作为系统中所有内生变量的滞后值的函数来构造模型，从而将单自变量单方程回归模型推广到由多元时间序列组成的向量自回归模型。显然 VAR 分析解决了第二种单方程协整检验造成的问题。段进（2005）[41] 等人采用 VAR 协整检验分析了股市财富效应。VEC 模型是一种特殊形式的 VAR 模型。它首先进行协整 JJ 检验。VAR 中的协整检验与单方程单变量中的协整检验不同。单方程协整检验是基于回归残差序列进行检验，VAR 检验是基于回归系数的协整检验。这种检验不需要事先设计线性模型进行 OLS 估计。在此基础上，构造向量误差修正模型 VEC。对 VEC 模型进行 VAR 检验，如果该 VEC 模型符合稳定性等要求，则就可以用来论证资产的财富效应。但是利用该方法实证分析财富效应时，要与财富效应和消费函数理论结合起来，否则可能导致结论失去意义。VEC 模型验证资产的财富效应时从三个方面进行。一是对 VEC 模型进行 Granger 因果检验，观察居民资产在一定的概率意义下是否当期引起居民消费的变化。二是构造各种内生变量对居民消费的脉冲响应函数。三是更进一步对居民资产等因素对消费的贡献进行方差分解，从而精确判断居民资产对居民消费的将来影响程度。上述三种方法各有优缺点。本章主要采取 VAR 模型分析方法。

二、数据来源及数据处理

该检验数据主要来源于《广东统计年鉴》1980—2005 年各期。数据覆盖 1980—2004 年①。为平滑时间序列，数据均使用人均指标的实际值（不变价格）。ADF 单位根检测发现原序列的水平值及 1 阶差分序列均不平稳。其水平值的 2 阶差分平稳。对序列求自然对数后进行单位根检测发现，各序列的水平值仍然不平稳，但各序列的 1 阶差分经过 ADF 检验已经平稳。根据表 5 -7可以发现，LOGPCR、LOGTAR、LOGPDIR 的 1 阶差分平稳，因此 LOGPCR、LOGTAR、LOGPDIR 成为本研究研究的主要对象（其他变量的检验不列示）。

表 5 -7　　各变量单位根检验结果表

变量	类型	ADF 值	1% 临界	5% 临界	10% 临界	结论
LOGPCR	(c,0,0)	0. 796132	-3. 737853	-2. 991878	-2. 635542	不平稳
LOGTAR	(c,0,2)	-0. 688738	-3. 769597	-3. 004861	-2. 642242	不平稳
LOGPDIR	(c,0,0)	0. 737042	-3. 737853	-2. 991878	-2. 635542	不平稳
D(LOGPCR)	(c,0,0)	-3. 498241	-3. 752946	-2. 998064	-2. 638752	平稳
D(LOGTAR)	(c,0,1)	-3. 786297	-3. 769597	-3. 004861	-2. 642242	平稳
D(LOGPDIR)	(c,0,0)	-3. 417427	-3. 752946	2. 998064	-2. 638752	平稳

注：1. （c，0，2）中的 2 表示滞后 2 阶，0 表示无趋势，c 表示带截距项。其他依此类推。2. 上述结论在 95% 的显著水平上成立。

数据符号说明如下：实际人均消费——PCR，实际人均可支配收入——PDIR，实际人均储蓄余额——PSR，实际人均住房资

① 在进行该项研究时，《广东统计年鉴》还没有公布 2005 年和 2006 年的数据，发表文章时没有再更换样本。

产总额——PHR，实际人均股票资产持有额——PGPR，实际人均总资产额——TAR。实际人均消费对数值——LOGPCR，实际人均可支配收入对数值——LOGPDIR，实际人均总资产对数值——LOGTAR。LOGTAR（-1）代表滞后1阶，其他类推。实际人均消费对数值的1阶差分——D（LOGPCR），其他类推。

三、资产财富效应的协整检验

（一）居民资产和消费的协整关系检验

直接对居民消费和居民资产进行回归，得到如下方程：

$$LOGPCR = 2.5924 + 0.4879LOGTAR \qquad (5-1)$$

$$t = 21.41 \qquad 31.82$$

R - squared = 0.9777，F - statistic = 1012.26，Prob（F - statistic）= 0.0000。对残差序列的水平值进行单位根检验。当没有截距项和趋势项时，在99%的意义上存在协整关系。当只带截距项时，则在90%的显著水平上存在协整关系。

（二）建立居民资产和消费的误差修正 ECM 模型

$$D(LOGPCR) = 0.0883D(LOGTAR) - 0.3808ECM(-1)$$

$$t = 1.24 \qquad\qquad -3.83 \qquad (5-2)$$

$$+0.0614$$

$$4.78$$

其中，ECM 由方程(5-1)产生。R - squared = 0.4942，Durbin - Watson stat = 1.3272，F - statistic = 10.2554，Prob（F - statistic）= 0.0000。该方程的残差序列单位根检验平稳，残差序列不存在自相关和 ARCH 问题。该方程的拟合优度过小，拟合效果不够好，是由于拟合方程为差分序列的关系。由于该方程中存在被解释变量的滞后项，因此 Durbin - Watson 检验在此失效。方程中

DLOGTAR 的系数的 T 值较小。F 值较大，整个模型在 99% 的水平上显著。总体来说该方程可靠。

（三）模型稳定性检验（Chow Breakpoint Test）

对方程（5－2）进行稳定性检验。在分别插入 1989 年、1990 年、1991 年和 1992 年等间断点后，稳定性检验表明，居民资产对消费的影响没有因为制度变化等因素发生显著改变。这说明广东的消费变动和改革过程基本是平稳的，分析也同时说明广东有较好的市场经济基础，因此能够很快适应改革的过程和理念。

（四）对 ECM 模型关于财富效应的解释

从方程（5－2）可以看出，居民资产对消费有一定影响。但其影响系数为 0.0883。说明财富效应微弱。其含义可以表达为，当居民资产的对数值增长指数上升 1% 时，居民消费对数值的增长指数上升 0.0833%。简单地说就是居民消费对资产的弹性为 0.0883。同时，该方程也说明，对于居民资产和居民消费之间的短期波动（通过差分的形式表现出来）脱离均衡的倾向，资产和收入之间的协整关系 ECM 以一定的幅度（－0.3808），通过逆向调节来使这种波动不至于偏离均衡过远。本研究通过孙凤所建立的模型也证实资产财富效应微弱（孙凤，2002）[9]。

四、VAR 模型对财富效应的进一步分析

上面单方程检验只考虑到资产对消费的影响，忽略收入对消费的影响。因此，本研究把可支配收入和资产都考虑在内建立 VAR 模型对财富效应进一步分析。

（一）建立居民实际指标对数值的 VAR 模型

由于 DLOGPCR 等指标已经平稳，所以可以直接建立 VAR 模型如下：

$$
\begin{aligned}
DLOGPCR = & -0.1755800248 \times DLOGPCR(-1) \\
& +0.1502032106 \times DLOGPCR(-2) \\
& -0.3992621753 \times DLOGPCR(-3) \\
& +0.5904013746 \times DLOGPDIR(-1) \\
& -0.2033717971 \times DLOGPDIR(-2) \\
& +0.3709065222 \times DLOGPDIR(-3) \\
& +0.2003799014 \times DLOGTAR(-1) \\
& -0.09259443189 \times DLOGTAR(-2) \\
& +0.08353189338 \times DLOGTAR(-3) \\
& +0.01873202268
\end{aligned} \tag{5-3}
$$

检验结果表明，AR ROOTS 检验根模均小于 1，说明稳定性好。模型残差检验表明该模型在 95% 的显著水平下不存在自相关和 ARCH 问题。模型符合要求。

（二）脉冲响应函数对财富效应的说明

方程（5－3）的脉冲响应函数随着将来日期的逐渐增大，其值逐渐趋于 0。这一方面再次说明所建立的 VAR 模型稳定，另一方面说明对居民资产、可支配收入造成的任何冲击，不会对居民消费产生大的影响。因此，资产财富效应微弱。结果见表 5－8。表 5－8 中给出的期限可以延长，本研究只列出今后 6 期的影响。

表 5-8　　各因素对居民消费的脉冲响应函数

将来期限	DLOGPCR	DLOGPDIR	DLOGTAR
1	0.034890	0.000000	0.000000
2	0.014007	0.039115	0.010405
3	-0.006200	-0.008443	0.017616
4	-0.025013	-0.002755	0.008312
5	-0.014254	-0.006476	0.006868
6	-0.005609	-0.003870	0.001925

（三）DLOGPCR 的方差分解对财富效应的证明

DLOGPCR 的方差分解说明，资产对消费的影响在将来时期基本稳定在 12% 左右的水平，相对于可支配收入对消费的影响（38% 左右），其影响比较小。可以发现，现期消费自身对将来消费的影响最大，达到 49% 左右。资产在 3 个影响因素中，其效应最小。这同样说明资产财富效应弱小。具体情况见图 5-10 的描述。

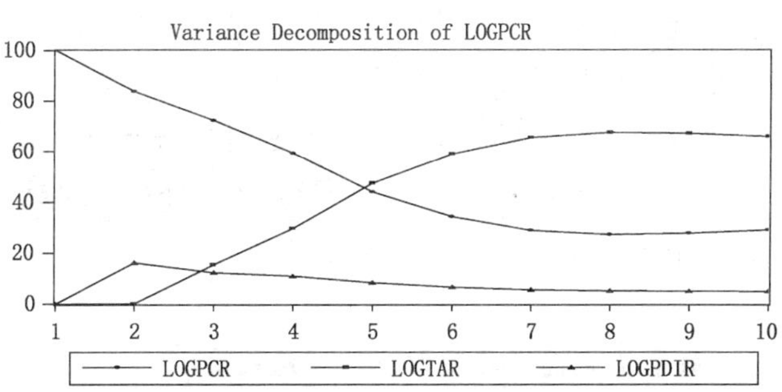

图 5-10　居民资产等因素对居民消费的方差贡献图

（四）格兰杰因果检验

格兰杰因果检验表明，资产不是引起消费变动的格兰杰原因。这说明资产的财富效应仍然很微弱。

五、采取措施促进消费的平稳增长

上述两种检验分析表明，广东居民资产对消费的影响微弱；与发达国家相比，居民资产总量少，金融资产所占比重过低。这对促进广东消费造成一定负面影响。

（一）建立多层次金融市场，增加金融资产比重

广东同发达国家相比，其资产总量少且金融资产所占比重过低。金融资产是居民主要的增殖资产，金融资产的比重过低自然会减弱资产对消费的影响。中国现阶段风险资产的缺乏，以及风险资产的广度和深度难以配比居民的投资选择，产生强制性银行储蓄（袁志刚，2005）[42]。而现阶段银行储蓄的增殖程度非常有限，这就是造成财富效应过低的直接原因之一。因此，要发展多层次金融市场，增加居民投资的品种和渠道，提高资产的集体增殖能力。当前要大力发展股票市场、企业债券市场和国债市场，居民的资金也可以通过机构以一定的形式到国外进行投资，获取投资收益。中国应该加快 QDII 的建设步伐。

（二）采取措施提高居民财产的增殖程度

从广东情况看，财产性收入占可支配收入的比例过低。例如，从表 5－9 可以看出，城镇居民 2006 年该比例为 3.2%，农村居民 2006 年也仅为 4.3%。美国股票收入占家庭财产之比，1945 年为 16%，1968 年为 26%，1990 年为 12%，1997 年为

28%，1998 年为 30%，1999 年为 35%—38%（刘建江等，2000。1999 年美国数据为本研究估计数）[43]。由于广东居民可支配收入比美国家庭财产要低很多，所以上述比例差距更大。资产增殖程度的提高，首先要依赖国家经济投入产出效益的提高，这要求中国加快建设创新型国家的步伐，大力进行科技创新，开发出技术含量高、有市场且附加值高的产品。其次，要规范各种市场，特别要加强证券市场的规范和发展，形成股市等市场稳定发展的预期。再次，要规范各类市场主体，基金、证券公司和上市公司要形成有效的分配法则，使居民不仅从市场获得资本利得收益，还能享受投资带来的分红等收益。最后，在中国目前储蓄和储蓄率过高的情况下，要鼓励国内资本走出去，获得更高的投资收益。

表 5－9　广东城镇和农村居民财产性收入占可支配收入（纯收入）比例（%）

城镇居民	2006 年	2005 年	2004 年	2003 年	2002 年	2001 年	2000 年	1999 年	1998 年	1997 年	1996 年	1995 年
	3.20	2.57	2.70	2.40	2.10	4.70	4.40	4.70	4.30	4.90	4.50	4.00
	1994 年	1993 年	1992 年	1991 年	1990 年	1989 年	1988 年	1987 年	1986 年	1985 年	1984 年	1983 年
	3.90	3.20	2.80	0	0	0	0	0	—	—	—	—
农村居民	2006 年	2005 年	2004 年	2003 年	2002 年	2001 年	2000 年	1999 年	1998 年	1997 年	1996 年	1995 年
	4.30	3.60	5.60	4.50	3.60	3.00	2.00	1.70	1.60	1.50	1.70	1.80
	1994 年	1993 年	1992 年	1991 年	1990 年	1989 年	1988 年	1987 年	1986 年	1985 年	1984 年	1983 年
	1.50	0.90	10.00	9.10	8.10	8.50	8.10	9.00	10.30	10.60	—	—

注：1. 本表原始数据来源于《广东统计年鉴》1980—2007 年各期。2. 城镇居民 1987—1991 年财产性收入城镇居民财产性收入很少，因此将其假定为 0。3. 农村居民财产性收入 1985—1992 年统计口径为其他非生产性收入，1993—2004 年统计口径为财产性收入。

（三）增加居民可支配收入，促进居民资产的增加

资产增加的源泉从理论上说，主要是居民可支配收入。居民财产继承和接受捐赠还是最终依赖可支配收入。可支配收入与资产之间有很高的相关性。广东居民名义可支配收入与居民总资产之间的相关系数高达0.99。一要强化所得税的收入调节作用。二要增加政府对居民特别是困难群体的转移支付力度。三要积极培养更多的就业机会。按照《中华人民共和国国民经济和社会发展第十一个五年规划纲要》第十七章《丰富消费性服务业》的要求，提升商贸服务业、发展房地产业、大力发展旅游业、加强市政公用事业、发展体育事业和体育产业。四要建立多层次的金融市场，拓展居民的投资渠道，也为储蓄向投资转化提供出路。

第五节 城镇居民的资产财富效应

一、数据及VAR模型说明

（一）数据来源

数据主要来源于《广东统计年鉴》1980—2005年各期。数据均使用城镇广东居民人均指标。具体来说有人均消费、人均可支配收入和资产等指标。其中，金融资产包括人均储蓄存款余额和人均股票持有额，实物资产包括人均住房资产总额（根据人均住房面积和住房均价计算）。为平滑时间序列，数据均使用人均指标的实际值（不变价格）。例如，实际人均可支配收入=名义人均可支配收入÷（商品零售价格定基指数÷100）。商品零

售价格定基指数是以 1950 年为 100。其他依此类推。

（二）数据符号

1. 实际人均指标（不变价格）及其符号。实际人均消费——UPCR，实际人均可支配收入——UPDIR，实际人均储蓄余额——UPSR，实际人均住房资产总额——UPHR，实际人均股票资产持有额——UPGPR，实际人均总资产额——UTAR。

2. 实际人均指标的自然对数值及其 1 阶差分符号。实际人均消费对数值——LNUPCR，实际人均可支配收入对数值——LNUPDIR，实际人均总资产对数值——LNUTAR。LNUTAR（-1）代表滞后 1 阶，其他类推。实际人均消费对数值的 1 阶差分——D（LNUPCR），其他类推。

（三）数据处理

ADF 单位根检测发现原序列的水平值及 1 阶差分序列均不平稳。其水平值的 2 阶差分平稳。对序列求自然对数后进行单位根检测发现，各序列的水平值仍然不平稳，但各序列的 1 阶差分经过 ADF 检验已经平稳。这些检验均是在有常数项和没有时间趋势项的情况下得到的。根据表 5-10 可以发现，LNUPCR、LNUTAR、LNUPDIR 的 1 阶差分平稳，因此 LNUPCR、LNUTAR、LNUPDIR 成为本研究研究的主要对象（出于本研究需要，其他变量的检验不列示）。

表 5-10　　各变量单位根检验结果表

变量	类型	ADF 值	1% 临界	5% 临界	10% 临界	结论
D(LNUPCR)	(c,0,0)	-4.719268	-3.752946	-3.752946	-2.638752	平稳
D(LNUTAR)	(c,0,0)	-3.615973	-3.752946	-2.998064	-2.638752	平稳
D(LNUPDIR)	(c,0,0)	-2.949838	-3.752946	-2.998064	-2.638752	平稳

注：1.（c，0，0）中的最后一个0表示滞后0阶，第一个0表示无趋势，c表示带截距项。其他依此类推。2. 消费和可支配收入数据在5%的显著水平上成立。资产数据在5.51%的显著水平上成立。

（四）VAR 模型分析方法说明

向量自回归 VAR 模型是基于数据的统计性质，把系统中每一个内生变量作为系统中所有内生变量的滞后值的函数来构造模型，从而将单自变量单方程回归模型推广到由多元时间序列组成的向量自回归模型。与其他模型相比，VAR 模型具有独特的优点。利用古典的线性回归方法分析资产和消费之间的关系，由于消费、资产和收入等时间序列的非平稳性，容易产生伪回归的问题。利用资产和消费之间的单方程协整关系检验财富效应，虽然克服了时间序列的非平稳性问题，但是却把影响消费的其他变量尤其是收入等重要变量遗漏掉，造成真实的经济关系不能得到全面反映。VAR 模型克服了上述分析方法的缺点。利用 VAR 模型验证资产的财富效应时从三个方面进行。一是对 VAR 模型进行 Granger 因果检验，观察居民资产在一定的概率意义下是否当期引起居民消费的变化。二是构造各种内生变量对居民消费的脉冲响应函数。三是更进一步对居民资产等因素对消费影响的贡献度进行方差分解，从而精确判断居民资产对居民消费的影响程度。

二、资产财富效应 VAR 模型的建立①

使用 VAR 分析方法，得到如下公式：

$$
\begin{aligned}
DLNUPCR = & -0.5164806045 \times DLNUPCR(-1) \\
& -0.2054349893 \times DLNUPCR(-2) \\
& +0.5884558806 \times DLNUPDIR(-1) \\
& +0.2528298541 \times DLNUPDIR(-2) \\
& +0.1057060495 \times DLNUTAR(-1) \\
& +0.02373903682 \times DLNUTAR(-2) \\
& +0.01642428613
\end{aligned} \tag{5-4}
$$

$$
\begin{aligned}
DLNUPDIR = & -0.2107867826 \times DLNUPCR(-1) \\
& +0.3147851601 \times DLNUPCR(-2) \\
& +0.05217500392 \times DLNUPDIR(-1) \\
& -0.1281878541 \times DLNUPDIR(-2) \\
& +0.2642226037 \times DLNUTAR(-1) \\
& +0.003098794434 \times DLNUTAR(-2) \\
& +0.0322323635
\end{aligned} \tag{5-5}
$$

$$
\begin{aligned}
DLNUTAR = & -0.7895059174 \times DLNUPCR(-1) \\
& +0.7064023554 \times DLNUPCR(-2) \\
& +0.1544476935 \times DLNUPDIR(-1) \\
& -1.199722385 \times DLNUPDIR(-2)
\end{aligned}
$$

---

① 为了进一步验证 VAR 模型的合理性，本研究检验了资产对居民消费的协整关系。检验发现，资产和消费之间不存在协整关系。检验方程如下：$LNUPCR = 0.3739513221 \times LNUTAR + 3.658153701$。该方程残差的 ADF 检验表明 T 统计量为 -1.18，而 10% 显著水平下的 T 统计量要求为 -2.63，残差序列不平稳。因此不能用协整方法检验财富效应。当然使用 VAR 模型中的协整检验并构建误差修正 VEC 模型是可以检验财富效应的。这两种协整检验原理不同。

$$+0.6175390827 \times DLNUTAR(-1)$$
$$+0.07569691618 \times DLNUTAR(-2)$$
$$+0.1212905298 \qquad (5-6)$$

检验结果表明，AR Roots 检验根模均小于1，说明该 VAR 模型稳定性好。滞后阶数标准检验表明该模型滞后2阶合适。模型残差检验表明该模型在95%的显著水平下不存在自相关和 White 类型的异方差问题。不存在异方差问题表明模型回归显著。模型符合要求。根模检验见表5-11：

表5-11　　VAR 模型的根模检验

根值	根模	结论
0.528132 - 0.395904i	0.660048	没有根模在单位圆外，模型满足稳定性要求
0.528132 + 0.395904i	0.660048	
-0.145517 - 0.603260i	0.620563	
-0.145517 + 0.603260i	0.620563	
-0.472526	0.472526	
-0.139472	0.139472	

在上述3个公式中，公式（5-4）直接描述居民资产对消费的影响。居民滞后1期的资产对当期消费的影响系数为0.11，显著小于居民滞后1期的可支配收入对当期消费的影响系数0.59，也显著小于居民滞后1期的消费对当期消费的影响系数-0.52[①]。同样，居民滞后2期的资产对当期消费的影响也显著低于可支配收入和居民消费自身对当期消费的影响。所以，根据上述模型，本研究初步判断居民资产的财富效应微弱。

① 该影响系数是原始变量通过求对数和差分后得到，其经济意义不明显。

三、VAR模型对财富效应的检验

（一）脉冲响应函数对财富效应的判断

从表5-12和图5-11可以看出，居民资产对居民消费的影响，在将来的第一期到第三期逐渐增大，分别达到0.000、0.013、0.023。随后这种效应开始显著下降，其影响逐渐趋于0。总体来看，居民消费自身对未来消费的影响效应更大，其第一期至第三期的影响系数分别达到0.053、-0.017、-0.005，超过居民资产对消费的影响。居民可支配收入对消费的影响在第二期表现要比其他因素大（其影响值达到0.029），这说明居民可支配收入是在近期影响居民消费的最重要变量，资产的财富效应微弱①。

表5-12 各因素的冲击对居民消费的脉冲响应函数值

（10期影响值）

未来期限	DLNUPCR	DLNUPDIR	DLNUTAR
1	0.052672	0.000000	0.000000
2	-0.016641	0.029471	0.012914
3	-0.005071	0.004699	0.023200
4	0.010793	-0.015190	0.012010
5	-0.000642	-0.004437	-5.62E-05
6	-0.005311	0.000190	-0.001355
7	0.000405	-0.002350	-0.001796
8	0.000925	-0.000715	-0.002586
9	-0.000823	0.001516	-0.001485
10	-0.000127	0.000809	-5.69E-05

① 脉冲响应函数逐渐趋于0，这也表明该VAR模型是稳定的。

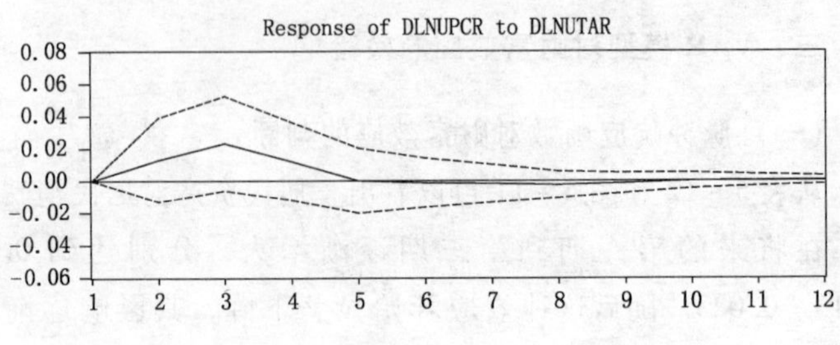

图 5-11 居民资产对居民消费的脉冲响应函数图

（二）资产财富效应的方差分解

脉冲响应函数分析一个内生变量的冲击给其他变量所带来的影响，而方差分解是通过分析每一个结构冲击对内生变量变化的贡献度（用方差度量），进一步评价不同结构冲击的相对重要性。从表 5-13 和图 5-12 可以看出，未来的第一期和第二期，资产对消费的贡献度只有 0% 和 4%，而消费对其自身产生的贡献度分别达到 100% 和 74%，可支配收入对消费的贡献度分别达到 0% 和 21%。从第三期开始，资产对消费影响的贡献度基本稳定在 16% 的水平，消费的贡献度稳定在 61% 的水平，可支配收入的影响度稳定在 21% 的水平。资产对消费的影响最小。

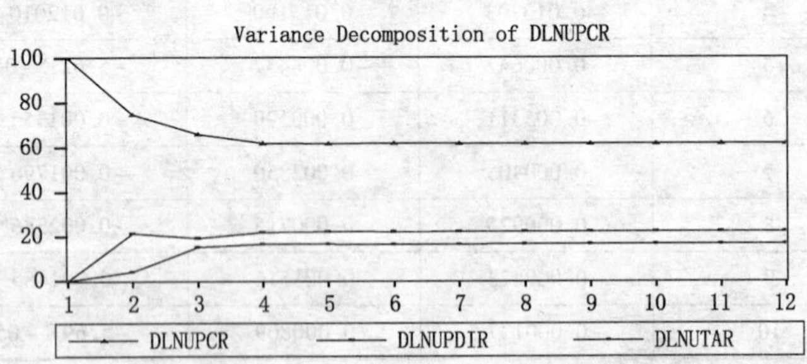

图 5-12 居民消费的方差分解图

表 5－13　　各因素对居民消费影响的方差分解表

未来期限	标准差	DLNUPCR（%）	DLNUPDIR（%）	DLNUTAR（%）
1	0.052672	100.0000	0.000000	0.000000
2	0.063927	74.66549	21.25380	4.080708
3	0.068357	65.85153	19.06071	15.08777
4	0.071862	61.83995	21.71492	16.44513
5	0.072002	61.60812	22.01046	16.38142
6	0.072210	61.79366	21.88419	16.32215
7	0.072272	61.69137	21.95256	16.35607
8	0.072328	61.61274	21.92853	16.45873
9	0.072364	61.56471	21.95072	16.48458
10	0.072368	61.55709	21.96040	16.48252

（三）格兰杰因果检验

从表 5－14 可以看出，格兰杰因果检验表明，居民资产不是引起居民消费变动的格兰杰原因。这再次表明居民资产财富效应的弱小。

表 5－14　　格兰杰因果检验表

Dependent variable：DLNUPCR			
Excluded	Chi－sq	df	Prob.
DLNUTAR	1.268575	2	0.5303
All	11.40611	4	0.0224

四、发挥财富效应对城镇居民消费的促进作用

上述分析表明，资产财富效应弱小，其对消费的促进作用有待加强。应该通过增加居民家庭财产等措施促进消费的增长和增强消费对经济的拉动作用。

（一）采取措施促进居民财产的增加

居民资产较少促使居民为了应付不确定性和未来支出的增长，增加储蓄，从而成为制约财富效应发挥的重要原因。以广东城镇居民家庭为例。2000—2006 年居民平均资产分别为 91937 元、99359 元、112398 元、112926 元、119960 元、147199 元、170276 元（名义数据）。2000 年以前居民资产的水平更低。美国 2000 年、2003 年家庭资产总额分别为 494250 亿美元、541680 亿美元（孙元欣，2006）[44]，美国 2000 年和 2002 年（没查到 2003 年人口数）人口数分别为 28222 万人、28837 万人①，按照 1 美元 = 8 元人民币的汇率折算②，则美国人均个人资产总额 2000 年、2003 年分别为：1401035 元、1502736 元。广东城镇居民 2000 年、2003 年人均资产只相当于美国居民人均资产的 6.56%、7.51%，换句话说，美国居民人均资产 2000 年、2003 年分别是广东城镇居民的 15.24 倍、13.30 倍。中国居民家庭资产的规模与美国相比更低。为了增加居民的资产，首先应该采取措施增加居民的可支配收入（例如增加就业和提高劳动效率等）；其次应该改善居民收入分配状况，通过税收和财政支付等手段使收入向更多的居民倾斜；再次要抑制住房、教育和医疗等消费价格的过快增长。

（二）发展多层次金融市场，提高金融资产的比重

广东城镇居民同美国居民相比，其金融资产所占比重过

① 从《国际统计年鉴 2004》第 120 页查找得到。

② 2005 年 7 月进行人民币汇率形成机制改革以来，截至 2007 年 12 月下旬，人民币对美元的汇率已经突破 1 美元 = 7.36 元的关口。汇率经常变动，本研究只是以 1 美元 = 8 元人民币作粗略的说明。

低。金融资产是居民主要的增殖资产，金融资产的比重过低自然会减弱资产对消费的作用（当然更重要的原因是资产的规模偏小，对消费等促进的作用不高）。从表 5-15 可以看出，1995 年、2000 年、2003 年广东城镇居民金融资产占比分别为：21.69%、37.16%、35.14%，而美国该比例同期为 66.20%、68.69%、63.40%，美国数据几乎是广东城镇居民同样数据的 2 倍。中国居民金融资产的占比与美国相比显得更低。由此造成的后果是，居民财产性收入占可支配收入的比例过低。例如广东城镇居民 2004 年该比例为 2.70%，而美国股票收入占家庭财产之比，1945 年为 16%，1968 年为 26%，1990 年为 12%，1997 年为 28%，1998 年为 30%，1999 年为 35%—38%（刘建江等，2000。1999 年美国数据为本研究估计数）[45]。由于广东居民可支配收入比美国家庭财产要低很多，所以上述比例的差距更大。中国现阶段风险资产的缺乏，以及风险资产的广度和深度难以配比居民的投资选择，产生强制性银行储蓄。而现阶段银行储蓄的增殖程度非常有限，这就是造成财富效应过低的直接原因之一。因此，要发展多层次金融市场，增加居民投资的品种和渠道，提高资产的增殖能力。当前要积极发展股票市场、企业债券市场和国债市场和 QDII 等制度。

表 5-15　广东城镇同全国居民资产结构与总额比较表

（名义数据）　　单位：元、%

项目		1985	1990	1995	2000	2003	2004	2005	2006
广东	金融资产占比	28.10	24.77	21.69	37.16	35.14	31.57	27.53	28.34
	实物资产占比	71.90	75.23	78.31	62.84	64.86	68.43	72.47	71.66

续表

项目		1985	1990	1995	2000	2003	2004	2005	2006
中国全国	金融资产占比	9.21	16.80	22.61	25.18	26.30	24.81	23.72	26.21
	实物资产占比	90.79	83.20	77.39	74.82	73.70	75.19	76.28	83.79
美国	金融资产占比		—	68.69	63.40	—	—	66.20	—
	实物资产占比		—	31.31	36.60	—	—	33.80	—

注：1. 广东数据来源于《广东统计年鉴》各期。2. 中国全国数据来源于《中国统计年鉴》各期。3. 美国数据根据下面资料计算：孙元欣．美国家庭资产统计方法和分析［J］. 统计研究．2006，(2)：46—47。美国家庭金融资产的种类和中国及广东城镇居民有很大的不同。

（三）维持股市和房地产等市场稳定发展的预期

居民资产发挥财富效应的一个重要条件是资产价格的平稳变化。维持股市和房地产市场稳定的预期对于资产财富效应的发挥尤为重要。从股市看，以上海股市综合指数收盘价为例，1992年为241.2点，此后开始下降，1995年为113.24点，1997年达到381.29点，1998年大幅度上涨到1146.7点，2000年达到高峰2073.48点。此后股市急速下挫，2002年股指跌落到1337.65点。2007年9月21日上证综合指数达到5400点，股市好于往年，但股指波动仍然很剧烈。股票市场进入2008年度来出现大幅度下跌。截至2009年4月中旬，上证指数在2500点以下。中国股市受到政策因素、制度因素、行政干预因素、上市公司质量因素和机构炒作因素等方面的影响而出现了难以意料的预期，必须规范发展。目前住房价格过高，涨幅过大。按世界银行的标准，发达国家的房价收入比一般在1.8—5.5倍之间，发展中国家合理的房价收入比在3—6倍之间。我国目前的房价收入比已超过7.8倍，上海、北京、广州等地的房价收入之比则更高。上海80平方米的住宅价格相当于每户一年可支配收入的27.5倍[46]。应该控制房价的过快增长，使人均住房面积和住房资产增加，促进财富效应的发挥。

第六节 农村居民的资产财富效应

一、数据来源与VAR模型说明

（一）数据来源

本研究数据主要来源于《广东统计年鉴》、《广东年鉴》、《中国统计年鉴》和《中国金融年鉴》1980—2006年各期。数据均使用城镇广东居民人均指标。具体来说有人均消费、人均可支配收入和资产等指标。其中，金融资产包括储蓄存款、证券和五种社会保险金（农村居民购买的商业保险金没有统计在内，农村居民基本没有开展住房公积金制度，故不统计）。实物资产包括人均住房资产总额（根据人均住房面积和住房均价计算）。数据均使用人均指标的实际值（不变价格），以1950年广东农村工业品零售价格定基指数为100计算出来。例如，农村居民实际人均可支配收入 = 农村居民名义人均可支配收入 ÷（农村工业品零售价格定基指数 ÷ 100）。其他依此类推。

（二）数据符号

实际人均指标（不变价格）及其符号。实际人均消费——RPCR，实际人均可支配收入——RPDIR，实际人均总资产额——RPTAR。2. 实际人均指标的自然对数值及其1阶差分符号。实际人均消费对数值——LNRPCR，实际人均可支配收入对数值

——LNRPDIR，实际人均总资产对数值——LNRPTAR。LNRPTAR（-1）代表滞后1阶，其他类推。

（三）数据处理

ADF单位根检测发现原序列的水平值及1阶差分序列均不平稳。其水平值的2阶差分平稳。对序列求自然对数后进行单位根检测发现，各序列的水平值仍然不平稳，但各序列的1阶差分经过ADF检验已经平稳。这些检验均是在有常数项和没有时间趋势项的情况下得到的。根据表5-16可以发现，LNRPCR、LNRPTAR、LNRPDIR的1阶差分平稳。

表5-16　各变量单位根检验结果表

变量	类型	ADF值	1%临界	5%临界	10%临界	结论
LNRPCR	(c,0,0)	-1.415490	-3.724070	-2.986225	-2.632604	不平稳
LNRPDIR	(c,0,1)	-0.552099	-3.737853	-2.991878	-2.635542	不平稳
LNRPTAR	(c,0,2)	0.218997	-3.752946	-2.998064	-2.638752	不平稳
D(LNRPCR)	(c,0,0)	-3.315440	-3.737853	-2.991878	-2.635542	平稳
D(LNRPDIR)	(c,0,0)	-3.432900	-3.737853	-2.991878	-2.635542	平稳
D(LNRPTAR)	(0,0,0)	-2.745205	-3.737853	-2.991878	-2.635542	平稳

注：1.（c，0，1）中的1表示滞后1阶，0表示无趋势，c表示带截距项。其他依此类推。2. 上述结论在92%的显著水平上成立。

（四）VAR模型分析方法说明

向量自回归VAR模型是基于数据的统计性质，把系统中每一个内生变量作为系统中所有内生变量的滞后值的函数来构造模型，从而将单自变量单方程回归模型推广到由多元时间序列组成的向量自回归模型。利用VAR模型验证资产的财富效应时从三个方面进行。一是对VAR模型进行Granger因果检验，观察居民资产在一定的概率意义下是否当期引起居民消费的变化。二是构造各种内生变量对居民消费的脉冲响应函数。三是更进一步对居民资产等因素对消费影响的贡献度进行方差分解，从而精确判断居民资产对居民消费的影响程度。

二、资产财富效应的 VAR 模型分析

使用 VAR 分析方法，得到如下公式：

DLNRPCR = 0.7333 × DLNRPCR（-1）+ 0.2475 × DLNRPCR（-2）- 0.8568 × DLNRPDIR（-1）- 0.3122 × DLNRPDIR（-2）+ 0.1444 × DLNRPTAR（-1）+ 0.4041 × DLNRPTAR（-2）+ 0.0278 （5-7）

检验结果表明，AR Roots 检验根模均小于 1，说明该 VAR 模型稳定性好。滞后阶数标准检验表明该模型滞后 2 阶合适。模型残差检验表明该模型在 95% 的显著水平下不存在自相关和 White 类型的异方差问题。根模检验见表 5-17：

表 5-17 VAR 模型的根模检验

根值	根模	结论
0.505004 - 0.360336i	0.620380	没有根模在单位圆外，模型满足稳定性要求
0.505004 + 0.360336i	0.620380	
0.083808 - 0.538560i	0.545042	
0.083808 + 0.538560i	0.545042	
-0.466233	0.466233	
0.182767	0.182767	

公式（5-7）直接描述各种因素对居民消费的影响。居民滞后 1 期的资产对当期消费的影响系数为 0.1444，显著小于居民滞后 1 期的可支配收入对当期消费的影响系数 0.8568，也显

著小于居民滞后 1 期的消费对当期消费的影响系数 -0.7333[①]。本研究初步判断居民资产的财富效应微弱。

三、VAR 模型对财富效应的进一步检验

（一）脉冲响应函数对财富效应的判断

从表 5-18 和图 5-13 可以看出，居民资产对居民消费的影响，在未来的第 1 期到第 4 期逐渐增大，分别达到 0.000、0.009、0.017、0.019。随后这种效应开始显著下降，其影响逐渐趋于 0。总体来看，居民消费自身对未来消费的影响效应更大居民可支配收入对消费的影响在第 2 期表现要比其他因素大（其影响值达到 0.021）。第 3 期至第 5 期，资产对消费的影响要超过可支配收入的影响。这说明，资产的当期和近期财富效应微弱，但有一定的“预期”财富效应[②]。

表 5-18 各因素的冲击对居民消费的脉冲响应函数值（8 期影响值）

未来期限	DLNUPCR	DLNUPDIR	DLNUTAR
1	0.041997	0.000000	0.000000
2	0.012986	-0.021091	0.009188
3	0.000260	-0.005272	0.017704
4	0.003821	0.002928	0.018965
5	0.002262	0.001001	0.007224
6	-0.001490	-0.001789	-0.000766
7	-0.002621	-0.000951	-0.002867
8	-0.001303	0.000255	-0.001934

① 该影响系数是原始变量通过求对数和差分后得到，其经济意义不明显。因此不能通过符号来判断影响，要通过系数的绝对值来判断影响大小。

② 由于脉冲响应函数逐渐趋于 0，这也表明该 VAR 模型是稳定的。

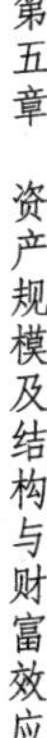

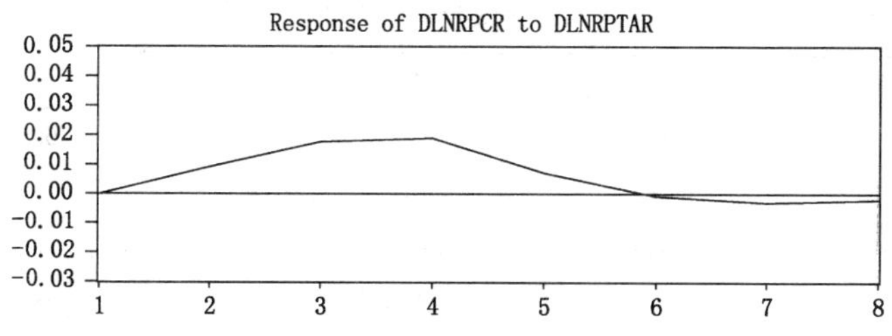

图 5-13 农村居民资产对居民消费的脉冲响应函数图

（二）资产财富效应的方差分解

方差分解是通过分析每一个结构冲击对内生变量变化的贡献度（用方差度量），进一步评价不同结构冲击的相对重要性。从表 5-19 和图 5-14 可以看出，未来的第 1 期和第 2 期，资产对消费的贡献度只有 0 和 3.4%，而消费对其自身产生的贡献度分别达到 100% 和 79%，可支配收入对消费的贡献度分别达到 0 和 18%。从第 3 期开始，资产对消费影响的贡献度基本稳定在 25% 的水平，消费的贡献度稳定在 60% 的水平，可支配收入的影响度稳定在 14% 的水平。这仍然说明，资产的近期财富效应微弱，但有一定的“预期”财富效应。

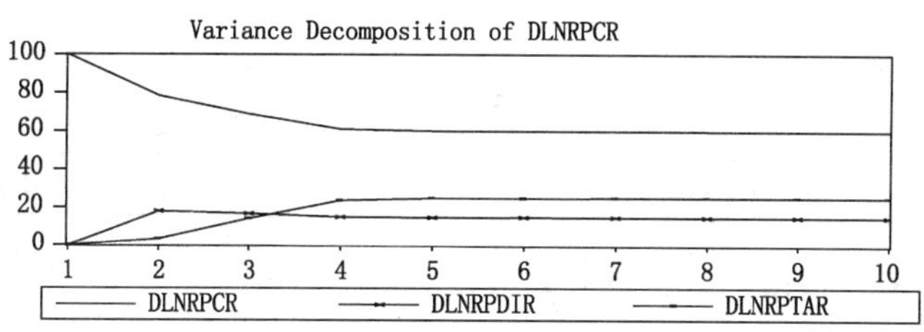

图 5-14 广东农村居民消费的方差分解图

表 5-19 各因素对广东居民消费影响的方差分解表

未来时期	标准差	DLNUPCR（%）	DLNUPDIR（%）	DLNUTAR（%）
1	0.041997	100.0000	0.000000	0.000000
2	0.049615	78.50001	18.07058	3.429409
3	0.052943	68.94425	16.86183	14.19392
4	0.056443	61.11763	15.10463	23.77774
5	0.056957	60.17684	14.86407	24.95910
6	0.057010	60.13393	14.93504	24.93103
7	0.057150	60.04987	14.88959	25.06054
8	0.057198	60.00077	14.86654	25.13269
9	0.057210	59.97588	14.86562	25.15849
10	0.057213	59.97086	14.86450	25.16464

（三）格兰杰因果检验

从表 5-20 可以看出，格兰杰因果检验表明，居民资产不是引起居民消费变动的格兰杰原因。这再次表明居民资产财富效应的弱小。

表 5-20 格兰杰因果检验表

因变量：DLNUPCR				
零假设为否	Chi-sq	df	Prob.	结论
DLNUTAR	7.000375	2	0.0302	无因果关系
DLNRPDIR	4.591417	2	0.1007	有因果关系

四、促进农村居民资产财富效应的提高

上述分析表明，农村居民资产的当期财富效应弱小，“预期”的财富效应较当期的财富效应要大，总体来说资产对消费的促进作用有待加强。应该通过增加居民家庭财产等措施促进消

费的增长和增强消费对经济的拉动作用。

（一）促进农村居民财产的增加

居民资产较少促使居民为了应付不确定性和未来支出的增长，增加储蓄，从而成为制约财富效应发挥的重要原因。以广东农村居民家庭为例。2000—2006年居民平均资产分别为9998元、10309元、11577元、13946元、15670元、18032元、19609元（名义数据）。2000年以前居民资产的水平更低。美国2000年、2003年家庭资产总额分别为494250亿美元、541680亿美元，美国2000年和2002年人口数分别为28222万人、28837万人，按照1美元=8元人民币的汇率折算①，则美国人均个人资产总额2000年、2003年分别为：1401035元、1502736元。广东农村居民2000年、2003年人均资产只相当于同年美国居民人均资产的0.71%、0.93%。广东农村居民2005年的人均资产总额也只相当于美国2003年人均资产的1.19%。中国居民家庭资产尤其是中国农村居民的规模与美国相比更低。为了增加居民的资产，首先应该采取措施增加居民的可支配收入（例如增加就业和提高劳动效率等）；其次应该改善居民收入分配状况，通过税收和财政支付等手段使收入向更多的农村居民倾斜等。

（二）发展农村多层次金融市场

广东农村居民同全国农村居民相比，其金融资产占总资产的比重较大（其主要原因在于广东农村居民的储蓄存款比全国农

---

① 根据《国际统计年鉴2004》（中国统计出版社）第120页查找得到。2005年7月进行人民币汇率形成机制改革以来，2007年12月中旬人民币对美元的汇率已经突破1美元=7.36元的关口。汇率改革之前大约1美元=8.26元人民币。本研究只是以1美元=8元人民币作粗略的说明。

村居民平均水平要高。但是，广东农村居民同美国居民相比，其金融资产所占比重过低。从表 5 - 21 可以看出，2000 年、2003—2005 年广东农村居民金融资产占比分别为：35.35%、45.85%、48.04%、48.26%，而美国该比例 1995 年达到 66.20%。中国居民金融资产的占比与美国相比显得更低。由此造成的后果是，居民财产性收入占可支配收入的比例过低。例如广东农村居民 2005 年该比例为 3.60%，而美国股票收入占家庭财产之比，1945 年为 16%，1968 年为 26%，1990 年为 12%，1997 年为 28%，1998 年为 30%，1999 年为 35%—38%[①]（刘建江等，2000）[②]。由于广东农村居民可支配收入比美国家庭财产要低很多，所以上述比例的差距更大。中国现阶段风险资产的缺乏，以及风险资产的广度和深度难以配比居民的投资选择，产生强制性银行储蓄。而现阶段银行储蓄的增殖程度非常有限，这就是造成财富效应过低的直接原因之一。因此，要发展多层次金融市场，尤其要在农村地区增加金融市场建设的投入，适当加快城镇化进程，增加居民投资的品种和渠道，提高资产的集体增殖能力。

表 5 - 21 广东农村与全国居民资产结构比较表

（名义数据，%）

项目		1985 年	1990 年	1995 年	1998 年	2000 年	2003 年	2004 年	2005 年
广东农村	金融资产占比	19.54	33.11	36.17	37.90	35.35	45.85	48.04	46.26
	实物资产占比	80.46	67.89	63.83	62.10	64.65	54.15	51.96	51.74

① 1999 年美国数据为本研究估计数。

② 刘建江等．股市对经济增长的贡献：美国案例［J］．世界经济．2000，（6）：23—24。

续表

	项目	1985 年	1990 年	1995 年	1998 年	2000 年	2003 年	2004 年	2005 年
中国全国	金融资产占比	9.21	16.80	22.61	25.18	26.30	24.81	23.72	9.21
	实物资产占比	90.79	83.20	77.39	74.82	73.70	75.19	76.28	90.79
美国	金融资产占比	—	—	66.20	—	68.69	63.40	—	—
	实物资产占比	—	—	33.80	—	31.31	36.60	—	—

注：1. 广东数据来源于《广东统计年鉴》各期，经过计算得到。中国全国数据来源于《中国统计年鉴》各期，经过计算得到。2. 广东金融资产包括居民储蓄存款、证券及五种社会保险金。广东实物资产指住房资产。中国金融资产包括居民储蓄存款和股票资产。中国实物资产指住房资产。3. 美国数据来源：孙元欣．美国家庭资产统计方法和分析［J］. 统计研究．2006，（2）：46—47。

（三）维持股市和房地产等市场平稳发展的预期

居民资产发挥财富效应的一个重要条件是资产价格的平稳变化。维持股市和房地产市场稳定的预期对于资产财富效应的发挥尤为重要。从股市看，以上海股市综合指数收盘价为例，1992年为241.2点，2000年达到高峰2073.48点。此后股市急速下挫，2002年股指跌落到1337.65点。2007年9月21日上证综合指数达到5400点，股市好于往年，但股指波动仍然很剧烈。中国股市受到政策因素、制度因素、行政干预因素、上市公司质量因素和机构炒作因素等方面的影响而出现了难以意料的预期，必须规范发展。目前住房价格过高，涨幅过大。应该控制房价的过快增长，使人均住房面积和住房资产增加，促进财富效应的发挥。

参考文献：

［1］陈佳贵．前言．全球经济失衡与中国经济发展［C］.

中国社会科学院经济学部编．北京：经济管理出版社．2006 年 11 月版．

[2] 陈佳贵．前言．全球经济失衡与中国经济发展 [C]．中国社会科学院经济学部编．北京：经济管理出版社．2006 年 11 月版．

[3] 李扬等．全球经济失衡与中国经济发展战略．全球经济失衡与中国经济发展 [C]．中国社会科学院经济学部编．北京：经济管理出版社．2006 年 11 月版．22—37．

[4] 尹世杰．再论以提高消费率拉动经济增长 [J]．社会科学．2006，(12)：20—26．

[5] 宋冬林等．我国城镇居民消费过度敏感性的实证检验与经验分析 [J]．管理世界．2003，(5)：29—35．

[6] 杭斌等．经济转型期中国城镇居民消费敏感度的变参数分析 [J]．数量经济技术经济研究．2004，(9)：24—28．

[7] 袁志刚．消费理论中的收入分配与总消费 [J]．社会科学．2007，(2)：69—76．

[8] 杜海韬、邓翔．流动性约束和不确定性状态下的预防性储蓄研究——中国城乡居民的消费特征分析 [M]．经济学(季刊)．2005，(2)：297—315．

[9] 施建淮、朱海婷．中国城市居民预防性储蓄及预防性动机强度：1999—2003 [J]．经济研究．2004，(10)：66—74．

[10] 万广华、张茵、牛建高．流动性约束、不确定性与中国居民消费 [J]．经济研究．2001，(11)：35—44．

[11] Christian Dreger and Hans - Eggert Reimers, (2006), "Consumption and disposable Income in the EU countries: the role of wealth effects", Empirica, 33: 245—254.

[12] Pedroni P., (2004), "Panel cointergration: asymptotic

and finite sample properties of pooled time series tests with an application to the PPP hypothesis", Econometric Theory, 3: 579—625.

[13] Im Ks and Pesaram MH and Shin Y. (2003), "Testing for unit roots in heterogeneous panels", Journal of Econometrics, 1: 43—74.

[14] Hadri K. (2000), "Testing for stationarity in heterogeneous panel date", Econometric Journal, 2: 148—161.

[15] John D. Benjamin and Peter Chinloy and G. Donald Jud (2004), "Real estate versus financial wealth in consumption", Journal of Real Estate Finance and Economics, 3: 341—354.

[16] Greenspan A., Speech to the 2001 Kansas City Federal Reserve Monetary Policy Conference, Jackson Hole Wyoming. In John D. Benjamin and Peter Chinloy and G. Donald Jud, Real Estate Versus Financial Wealth in Consumption, Journal of Real Estate Finance and Economics, 2004, (3): 342.

[17] Ling T. He and Josephp Mcgarrity, (2005), "A reexamination of the wealth effect and uncertainty effect", International Advances in Economics Research, 11: 379—398.

[18] Bittlingmayer George (1998), "Output, Stock volatility, and political uncertainty in a natural experiment: Germany, 1880—1940", Journal of Finance, 43: 2243—2257.

[19] Romer Christina (1990), "The great crash and the onset of the great depression", Quarterly Journal of Economics, 105: 597—624.

[20] Pindyck, Robert S. (1991), "Irreversibility, uncertainty, and investment", Journal of Economic Literature, 29: 1110—1148.

[21] Fama, Eugene F., (1990), "Stock returns, expected returns, and real activity", Journal of Finance, 45: 1089—1108.

[22] Vincent Labhard and Gabriel Sterne and Chris Young, (2005), "Wealth and consumption: an assessment of international evidence", Working Paper, NO. 275, Bank of England, October.

[23] Kangohlee (2005), "Wealth effects on self - insurance and self - protection against monetary and non - monetary losses", The Geneva Risk and Insurance Review, 30: 147—159.

[24] Hurts E. and F. Stafford, Home Is Where the Equity Is: Liquidity Constrains, Refinancing and Consumption, Mimeo, University of Chicago. In John D. Benjamin and Peter Chinloy and G. Donald Jud, Real Estate Versus Financial Wealth in Consumption, Journal of Real Estate Finance and Economics, 2004, (3): 351.

[25] Massimo Caruso (2001), "Stock prices and money velocity: a multi - country analysis", Empirical Economics, 26: 651—672.

[26] Yoko Moriizumi, (2000), "Current wealth, housing purchase and private housing loan demand in Japan", Journal of Real Estate Finance and Economics, 1: 65—86.

[27] 卢嘉瑞等. 股市财富效应及其传导机制 [J]. 经济评论. 2006, (6): 36—44.

[28] 段进等. 我国股市财富效应对消费影响的协整分析 [J]. 消费经济. 2005, (2): 86—88.

[29] 刘建江等. 从消费函数理论看房地产财富效应的作用机制 [J]. 消费经济. 2005, (2): 93—96.

[30] 骆祚炎. 近年来中国股市财富效应的实证分析 [J]. 当代财经. 2004, (7): 10—13.

[31] 李振明．中国股市财富效应的实证分析 [J]．经济科学．2001，(3)：58—61．

[32] 贺菊煌等著．消费函数分析 [M]．社会科学文献出版社．2000：53—55．

[33] 臧旭恒著．中国消费函数分析 [M]．上海三联书店和上海人民出版社联合出版．1995：239—246．

[34] 臧旭恒等．居民资产与消费选择行为分析 [M]．上海三联书店，上海人民出版社．2001：10—12．

[35] 孙元欣．美国家庭资产统计方法和分析 [J]．统计研究．2006，(2)：46—47．

[36] 臧旭恒．居民跨时预算约束与消费函数假定及验证 [J]．经济研究．1994，(9)：51—52．

[37] 包蓓英．上海市家庭金融资产状况研究 [J]．消费经济．2000，(3)：31—34．

[38] 李振明．中国股市财富效应的实证分析 [J]．经济科学．2001，(3)：58—59．

[39] 骆祚炎．近年来中国股市财富效应的实证分析 [J]．当代财经．2004，(7)：10—13．

[40] 孙凤．消费者行为数量研究——以中国城镇居民为例 [M]．上海三联书店，上海人民出版社．2002：160—170．

[41] 段进．我国股市财富效应对消费影响的协整分析 [J]．消费经济．2005，(2)：86—88．

[42] 袁志刚等．居民储蓄与投资选择：金融资产发展的含义 [J]．数量经济技术经济研究．2005，(1)：34—36．

[43] 刘建江等．股市对经济增长的贡献：美国案例 [J]．世界经济．2000，(6)：23—24．

[44] 孙元欣．美国家庭资产统计方法和分析 [J]．统计研

究 . 2006，(2)：46—47.

[45] 刘建江等．股市对经济增长的贡献：美国案例 [J]. 世界经济 . 2000，(6)：23—24.

[46] 赵晓：我们见证中国房价历史性下跌 . http：//news. wuhan. soufun. com/2005 - 07 - 201/466560. htm.

第六章

金融资产与不动产财富效应的比较

第一节 财富效应比较研究的文献综述

当前，国际上对财富效应的研究发生了深刻变化，即不仅研究包括股票在内的金融资产的财富效应，还研究不动产的财富效应，实证分析模型和检验技术更加科学（骆祚炎，2007）[1]。关于金融资产财富效应与住房资产财富效应的大小比较，尚存在分歧。从资产流动性的角度看，住房资产的流动性要弱于金融资产特别是股票资产，这似乎意味着住房资产的财富效应要弱于金融资产。但是研究者又认为，与股票市场相比，房地产市场的价格波动要小，房地产缺乏供给弹性和替代弹性，房地产价格变化所产生的财富效应应高于股票市场的财富效应。从现有研究看，主要有两种观点。

第一种观点认为，住房资产的财富效应小于金融资产财富效应。Skeiner（1995）[2]认为，房价上涨的时候，没有住房的人或租房者会为购买住房而增加储蓄减少消费，住房持有者因为房价上涨而带来的消费增长被抵消。Engelhardt（1996）[3]利用PSID数据发现，住宅资产价格上升对消费几乎没有影响。Hoynes和McFadden（1997）[4]发现，住宅资产对消费只有有限的影响。Levin（1998）[5]的分析发现，住房资产对消费基本没有影响。Tracy（1999）[6]等人认为，虽然住房价格的变动带来的财富变化可能比股价变动带来的财富变动要大，但是住房资产的财富效应要小于金融资产的财富效应，Poterba（2000）[7]认为，由于自己居住而不能兑现的房地产具有较低的边际消费倾向。Yoko Mori-izumi（2000）[8]认为，财富对住房抵押贷款需求的影响具有不确定性或表现阶段性的特征，因而其财富效应具有不确定性。Campbell和Cocco（2005）[9]认为，年纪大的自有住房者对住房价格变化比较敏感，而年轻租房者的消费对住房价格变化不敏感，住房财富效应与住房持有者的分布有关。

第二种观点认为，住房资产的财富效应要大于金融资产财富效应。Case等人（2001）[10]发现，住房价格上涨对家庭消费的促进作用要明显大于股市的财富效应。Bayoumi和Edison（2002）[11]利用16个国家30年的数据，得到的一个主要结论是，住房财富对消费的影响要大于股市对消费的影响。Benjamin等（2004）[12]以美国1952年第一季度到2001年第四季度的数据为样本，其研究发现，不动产增长1美元使消费增加8美分，而金融资产增加1美元只能使消费增加2美分。实际上，美国2000年和2001年的股市下跌对总需求的影响很有限，这是因为房地产的 MPC（边际消费倾向）要高于金融资产的 MPC，不动产的财富效应抵消了其负面影响。Carroll 等（2006）[13]认为，尽管美国在 21 世纪初期股票市场遭受较大下跌和工资增长缓慢，但是消费和投资均出现较为强劲的增长，得益于房地产市场的财富效应。他们认为，房地产的短期的 MPC = 0.02，房地产的长期财富效应为 MPC = 0.09，房地产财富效应要大于股票资产的财富效应。

国外理论研究还表明，金融资产和不动产的 MPC 存在一定的波动。John D. Benjamin（2004）[14]认为，对金融资产 MPC 的估计从宏观上的预测比从微观上的预测要小。就股票市场的财富效应而言，各种估计也不一致。Poterba 和 Samwick（1995）[15]检验股市上涨时高档商品的市场情况，发现只有汽车需求对股市价格较为敏感，其他高档商品的需求对股市价格的上涨不敏感。Shleifer（1995）[15]甚至估计股票的 MPC 接近于零。但是 Juster et al（1999）[16]利用动态收入的面板数据 PSID（panel survey of income dynamics）却发现股市的 MPC = 0.17。就住宅资产的财富效应而言，同样有不同的结论。Hoynes 和 McFadden（1997）[17]利用宏观数据发现住宅资产对消费只有有限的影响。利用 PSID 数据，Engelhardt（1996）[18]发现住宅资产的财富效应具有不对称性。住宅资产的价格上升对消费几乎没有影响，但是住宅资产的价格下降 1 美元却可能使消费下降 30 美分。John D. Benjamin 认为，也有一些文献发现住宅资产的价格上升具有正的 MPC。从各资产 MPC 的变动范围看，John D. Benjamin 计算认为，不动产的 MPC 在 0.08 到 0.15 之间，金融资产的 MPC 在 0 到 0.15 之间波动。金融资产 MPC 的波动范围要大于不动产的范围。

中国当前的财富效应研究集中在股市财富效应的分析上。例如，卢嘉瑞等（2006）[19]分析了股市财富效应的传导机制并检验其财富效应。段进等（2005）[20]、骆祚炎（2004）[21]和李振明（2001）[22]对股市财富效应进行理论和实证分析。贺菊煌等（2000）[23]和臧旭恒（1995）[24]分别分析1996年和1995年以前金融资产对消费的影响。这些文献在财富效应研究上存在某些不足。一是这些分析主要集中在股市财富效应的研究上，对住房资产财富效应的研究很少见。即使是对金融资产财富效应的研究，在金融资产的统计上还存在需要改进的地方。例如，应该把居民的社会保险账户等资产纳入到消费函数中。二是对不动产财富效应的分析还停留在理论分析阶段。目前对住房资产财富效应研究的典型文献是，刘建江等（2005）[25]对房地产财富效应作用机制的分析。他们运用持久收入理论和生命周期理论，认为持续上涨的房地产市场，既增加公众财富，又增强市场信心，扩大短期边际消费倾向，促进消费和经济的增长。但是该论文没有建立金融资产和不动产财富效应的比较分析模型，也没有对房地产财富效应进行实证分析。鉴于国内在财富效应研究上的某些不足，以及通过资产财富效应促进消费和扩大内需的重要意义，本研究认为对资产财富效应的分类研究有待加强。

第二节 财富效应比较研究的理论分析模型

一、几种财富效应实证分析模型的比较

（一）以收入和资产整体作为自变量对消费进行回归

这种模型的理论基础主要来源于生命周期理论。按照该理论，其消费函数的基本形式为：$C_t = \alpha A_t + \beta Y_t, 0 < \alpha, \beta < 1$。$\alpha$

和 β 分别为实际财富 A_t 和劳动收入 Y_t 的边际消费倾向。A_t 包括储蓄、股票、债券和遗产等。A_t 的边际消费倾向可以用来衡量财富效应的大小。李振明（2001）[26]和骆祚炎（2004）[27]采用过该方法。但是利用该理论进行实证分析时面临几个问题。一是居民资产和收入之间存在较强的相关性，容易产生多重共线性的问题。二是收入、资产和消费等时间序列可能并不平稳，OLS 方法可能产生伪回归，从而使得出的结论可能不可靠。三是该理论认为所有资产具有相同的边际消费倾向，这在理论上很难得到肯定。

（二）对居民资产和消费进行单方程协整

利用协整理论来分析资产的财富效应，主要是为了克服第一种方法中的时间序列不平稳性问题。孙凤（2002）[28]等人采用过该方法。但是该分析方法也存在一些难以克服的困难。双变量之间的单方程协整关系，往往遗漏其他重要变量，例如居民可支配收入与消费之间的关系。同时，协整模型很难直接反映原始变量之间的经济关系。Carroll 等（2006）[29]认为，利用协整理论分析财富效应，在理论上和实证检验上都存在缺陷。由于税收、人口、产出增长率、金融结构、社会保险和其他因素都在发生变化，消费和收入与资产的之间的关系实际上是不稳定的，利用协整模型分析财富效应因而变得不可取。

（三）利用 VAR 模型（包括误差修正 VEC 模型）分析

向量自回归 VAR 模型是基于数据的统计性质，把系统中每一个内生变量作为系统中所有内生变量的滞后值的函数来构造模型，从而将单自变量单方程回归模型推广到由多元时间序列组成的向量自回归模型。段进（2005）[30]等人采用 VAR 协整检验分析了股市财富效应。VAR 模型验证资产的财富效应时从三个方面进行。一是进行 Granger 因果检验。二是构造各种内生变量对居民消费的脉冲响应函数。三是更进一步对居民资产等因素对消费的贡献进行方差分解。但是，该模型也存在不容忽视的问题。其主要表现是，数据之间的统计性质可能与理论不吻合，造成理论被数据拖着走的现象。该模型也往往很难取得较好的模拟结果。

（四）两阶段回归 TSLS 分析法

Carroll 等（2006）[31]认为，使用两阶段最小二乘法可以较好地分析不同资产的财富效应。Carroll 把习惯形成引入到消费的效用函数中，得到下式：

$$u(c,H) = \frac{(c - xH)^{1-\rho}}{1-\rho}$$（x 代表习惯形成的相关系数）

然后，Carroll 等根据 Dynan（2000）模型得到欧拉方程为：$\Delta \log c_{t+1} = c_0 + x\Delta \log c_t + \varepsilon_{t+1}$。该方程中，扰动项和解释变量之间存在相关关系，OLS 和 WLS 估计量有偏差且不一致，可以采用工具变量法进行估计。Carroll 等对该欧拉方程进行变形，并假定当前资产对消费的 MPC 为 μ，根据无穷递缩等比数列的性质得到，资产对消费影响的累积效应为：$MPC_{LR} = \mu/(1 - x)$。计算资产的累积财富效应是 Carroll 等的贡献。但是，该模型也存在不足。一是研究者改变了欧拉方程中的对数表达。二是累积效应在现实中很难存在，因为消费时间不可无限制分期。三是该模型要求使用较高频数据，这往往有一定困难。

二、财富效应分资产类别的理论分析模型①

Muellbauer（1994）[32]认为，基于流动性和资产所有权不同而引起的资产差异，会引起不同种类资产的边际消费倾向。根据Benjamin（2004）[33]的理论，家庭从金融资产 S_t 和实物资产 H_t（主要是住房资产）取得收入，个人可支配收入被分为转移性收入 G_t 和工资薪金 Y_t。转移性收入 G_t 包括社会保障金、失业补偿金、食品供应票等。这样不包括财产性收入在内的可支配收入为 $Z_t = Y_t + G_t$。一些因素将这两种收入转化为资产的价值。假设这些转化因素用 b_Y 和 b_G 代表，则不可观测的人力资本和转移财富分别为 $b_Y Y_t$ 和 $b_G G_t$。转移资产被看做是一项可以从社会保障等项目中获得收入的权利。工资薪金所得和转移性收入均用现金支付，具有完全的流动性，它们形成的资产也具有完全的流动性。家庭从金融资产上获得的收入缺乏流动性，因为金融资产是一些受限制的养老金和保险金账户，利息、红利和资本利得不会轻易被用来消费。住房资产是如此。这样假定金融资产相对于住房资产的流动性为 λ_S，则按照流动性加总得到的总财富，包括人力资本、转移资产、经过流动性调整后的金融资产和实物资产，即：

$$W_t = b_Y Y_t + b_G G_t + \lambda_S S_t + H_t \tag{6-1}$$

将等式两边同时除以可支配收入 Z_t，得到公式如下：

① 实际上，本研究的理论分析模型还有改进的必要。由于消费者在进行消费决策时一般不会考虑工薪收入和转移性收入等收入的类别，以及金融资产可以进一步细分为证券类资产和非证券类资产等原因，模型可以进一步修正。详细观点可参考如下文献：骆祚炎．居民金融资产结构性财富效应分析：一种模型的改进［J］. 数量经济技术经济研究．2008，（12）：97—110。

$$w_t = b_Y + (b_G - b_Y)g_t + \lambda_S s_t + h_t \text{ ①} \quad (6-2)$$

假定 $c_t = C_t/Z_t$（相当于收入的平均消费倾向）。同时，假设总资产的边际消费倾向 MPC 为 β，即 $C_t = \beta W_t$。则有：

$$c_t = \beta[b_Y + (b_G - b_Y)g_t + \lambda_S s_t + h_t] \quad (6-3)$$

（6－3）式即为计算住房资产和金融资产财富效应的理论模型。注意，模型（6－3）中的变量均通过除以可支配收入得到，他们的含义发生了变化，都是相对数据。

在模型（6－3）中，如果 $b_Y = b_G$，则表示转移性资产对消费无影响。如果 $b_Y > b_G$，则表示转移资产的增加将引起储蓄的增长和消费的下降。如果 $b_Y < b_G$，则转移资产的增加将导致消费的增长。如果 $\lambda_S = 1$，则表示两种资产的 MPC 相等。如果 $\lambda_S > 1$，则表示金融资产的 MPC 要大于实物资产。如果 $\lambda_S < 1$，则表示实物资产的 MPC 要大于金融资产的 MPC。模型（6－3）中的 β 由真实利率 ω，时间偏好率 δ，相对风险规避系数 γ，计划的报酬率（$\tau - t$）（planning horizon）来共同决定。其决定公式如下：

$$\beta = \frac{1-\theta}{1-\theta^{(\tau-t)}}, \quad \theta \equiv \frac{1}{1+\omega}\left[\frac{1+\omega}{1+\delta}\right]^{\frac{1}{\gamma}} \text{ ②}$$

三、分资产类别财富效应理论模型的一个特例

需要注意的是，在函数（6－1）中，如果假定人力资本收入和转移收入具有相同的流动性，两种资产具有相同的转化率，则可以认为该两者转化而来的资产具有相同的 MPC。这样

---

① 小写字母是（1）式各项除以可支配收入 Z_t 之后得到的。利用 $Z_t = Y_t + G_t$ 将（1）式变形为：$W_t = b_Y(Y_t + G_t) + (b_G - b_Y)G_t + \lambda_S S_t + H_t$，则可得到（2）式。

② 假定消费的效用函数为 $U_t = \frac{C_t^{(1-\gamma)}}{1-\gamma}$。$\gamma$ 为常相对风险规避系数。

（6－1）式可以转化为：$W_t = b_Z Z_t + \lambda_S S_t + H_t$，对该式两边同时除以可支配收入 Z_t 并结合函数（6－3）式得到：

$$c_t = \beta[b_Z + \lambda_S s_t + h_t] \quad (6-4)$$

（6－4）式是（6－3）式的一个特例。本章仍然采用（6－3）式进行一般性的分析。

四、与传统财富效应分析模型的比较

传统的财富效应分析，其理论基础主要是生命周期理论和持久收入理论。按照这些理论，其消费函数的基本形式为：

$$C_t = \alpha A_t + \beta Y_t, 0 < \alpha, \beta < 1 \quad (6-5)$$

α 和 β 分别为实际财富 A_t 和劳动收入 Y_t 的边际消费倾向。A_t 的边际消费倾向可以用来衡量财富效应的大小。模型（6－3）与模型（6－5）相比，进行了系列改进。一是模型（6－3）分别考察金融资产和不动产的财富效应（可以使用边际消费倾向 MPC 或者是消费的资产弹性来衡量），而 $C_t = \alpha A_t + \beta Y_t$ 模型中则没有区别两种资产不同的财富效应。二是模型（6－3）把收入分为劳动收入和转移性收入，而传统的分析模型没有区别这两种收入。三是模型（6－3）以收入和资产的流动性为依据来分析资产对消费的影响。该模型认为，由劳动收入和转移性收入形成的资产具有相同的流动性。但是，由金融资产和住房资产引起的收入却缺乏流动性。这样可以使得资产可以按照流动性进行加总。另外，模型（6－3）中的变量通过除以可支配收入得到，理论上使时间序列更加平稳。但是，这里需要指出的是，该模型还只是理论比较模型，实证分析模型还必须考虑到数据的性质（尤其是平稳性），和收入与资产因素对消费影响的滞后效应，对理论模型进行一定的修正。

第三节 居民金融资产与住房资产财富效应比较

一、数据来源与三种实证分析模型[①]

（一）数据来源说明

本节以广东省居民1980—2005年的年度人均不变价格数据为样本进行分析。以1950年商品零售价格指数为100计算实际不变指标。其中，《广东统计年鉴2006》以1978年商品零售价格指数为100，这里把2005年的1978年定基指数换算成1950年指数为458.4[②]。居民金融资产包括，储蓄存款、证券和社会保险账户。社会保险账户包括，基本养老保险、失业保险、医疗保险、工伤保险和生育保险。广东省公开的统计资料对各种社会保险基金余额统计不全，而且与《中国统计年鉴》的统计有差异。例如，根据《中国统计年鉴》得到2005年广东省养老保险基金和医疗保险基金余额分别为775.46亿元、215.36亿元，而根据《广东年鉴》得到养老保险和医疗保险结余额分别为667亿元、

---

① 该节观点可以参考如下文献：骆祚炎．金融资产与住房资产财富效应的比较检验——以广东省为例［J］．南方金融．2007，（6）：8—11。

② 需要指出的是，由于资料的原因本研究计算实际不变价格时选择了文中的基准时期。在后续的研究中已经进行了改进，以1978年商品零售价格指数为100计算实际不变价格。在计算广东城镇和农村居民实际不变价格时也是以1950年为基期，后续的研究中同样进行了改进。另外，一个需要注意的问题是，现在进行财富效应分类比较研究的模型均存在不稳定的问题。即当对样本数据的时间范围进行小的变动时，解释变量的模拟系数可能出现较大的变化。从这个意义上说，理论分析模型和实证分析模型还有改进的必要。

226.2 亿元，两者分别相差 108 亿元、11 亿元。《中国统计年鉴》只能查到广东省 2001—2005 年的养老保险、失业保险和医疗保险等数据，其他年份和数据和工伤保险及生育保险无法查到。鉴于此，对社会保险基金余额只能进行估算。估算方法为，根据广东省居民与全国居民可支配收入的倍数来计算社会保险基金余额。这是因为社会保险基金主要是根据居民的收入水平来缴纳。城镇居民住房资产，通过计算人均居住面积和当年的住房均价得到，不考虑自住房、租赁房和度假房等之间的差别。两种金融资产在此没有统计。一是居民购买的商业保险。二是居民缴存的住房公积金①。这两种数据无法通过公开统计资料获取。数据主要来源于《广东统计年鉴》、《广东年鉴》、《中国统计年鉴》和《中国金融年鉴》1980—2006 年各期。

（二）数据的平稳性检验

对公式（6－3）中的水平值进行 ADF 检验发现，这些水平值均不满足平稳性条件。分别对公式（6－3）中的变量求 1 阶差分，发现各变量均保持平稳（显著性水平达到 93% 以上）。ADF 单位根检验结果见表 6－1。

表 6－1　　各变量单位根检验结果表

变量	类型	ADF 值	1% 临界	5% 临界	10% 临界	结论
$d(c_t)$	(c,0,0)	－3.865650	－3.737853	－2.991878	－2.635542	平稳
$d(g_t)$	(c,0,0)	－5.951065	－3.737853	－2.991878	－2.635542	平稳
$d(h_t)^*$	(c,0,0)	－1.822877	－2.664853	－1.955681	－1.608793	平稳

① 住房公积金资料在作者正在主持的教育部人文社科规划课题中，已经收集到一定的原始资料。随着研究工作的展开，对金融资产的统计将更加全面，对本研究将起到修正和补充的作用。

续表

变量	类型	ADF 值	1% 临界	5% 临界	10% 临界	结论
$d(s_t)$	(c,0,0)	-3.689385	-3.737853	-2.991878	-2.635542	平稳

注：1.（c，0，0）表示无滞后，无趋势，带截距项。2. 上述结论在95%的水平上成立。2. 同类型检验的临界值的差异与滞后阶数是固定还是连续有关，还与其他因素有关。

（三）财富效应分析模型的修正

对方程（6-3）的各水平值进行检验发现，这些变量之间存在协整关系如（6-6）式。同时考虑到，一般来说，居民资产对消费具有滞后的影响，转移性收入一般比消费滞后。这样，模型（6-3）演变为（6-7）式。函数式（6-7）成为本节研究金融资产和不动产财富效应比较的分析模型：

$$ecm_t = 0.8989 + c_t - 0.73g_t + 0.055s_t + 0.017h_t \quad (6-6)$$

$$dc_t = \beta[b_Y + (b_G - b_Y)dg_{t-1} + \lambda_S ds_{t-1} + dh_{t-1}] + \gamma ecm_{t-1} \quad (6-7)$$

如果考虑到居民收入对消费影响的同期性，则模型（6-7）进一步修正如下：

$$dc_t = \beta[b_Y + (b_G - b_Y)dg_t + \lambda_S ds_{t-1} + dh_{t-1}] + \gamma ecm_{t-1} \quad (6-8)$$

另一方面，本研究使用的样本为年度数据，资产对消费的影响在年度内也可以视为同期影响。认为只有上年末的资产对到本年末的消费产生影响也许是不合理的。为此，本研究同时提出另一种分析模型如下：

$$dc_t = \beta[b_Y + (b_G - b_Y)dg_t + \lambda_S ds_t + dh_t] \quad (6-9)$$

本研究同时利用模型上面三种模型来分析金融资产和不动产的财富效应。

二、金融资产和住房资产财富效应的三种检验

（一）对模型（6－7）的检验

对模型（6－7）进行模拟，得到方程（6－10）式：

$$dc_t = -0.009 - 0.702dg_{t-1} - 0.062ds_{t-1} - 0.036dh_{t-1} - 1.051ecm_{t-1} + [ar(4) = -0.362, ar(5) = 0.687, ar(7) = -0.518, ar(8) = 0.472] \quad (6-10)$$

其中，ecm 由（6－6）式决定。对误差项采取自回归，是为了消除原方程中存在的自相关，并提高各系数的 T 值。各系数的 T 值符合要求。联合检验 F 的概率为 0.000，符合要求。拟合优度 $R^2=0.98$。该方程检验结果良好，T 值检验见表 6－2。方程中存在因变量的滞后变量，DW 检验在此失效。金融资产的 MPC＝－0.0616，住房资产的 MPC＝－0.0364。在 1981—2005 年的 25 个样本数据中，有 15 个金融资产数据与消费数据符号相反，有 13 个住房资产样本数据与消费数据相反。因此，至少可以说明，金融资产和住房资产对消费的影响主要是同向的。即总体上看，金融资产和住房资产的增加促进消费的增长。金融资产的MPC＝－0.062，表示金融资产价值每增加 1 个单位，将导致消费增加 0.062 个单位。住房资产的 MPC＝－0.036，表示住房资产价值每增加 1 个单位，将导致消费增加 0.036 个单位。从这个意义上说，金融资产的财富效应要大于住房资产的财富效应。两种资产的 MPC 都较小，表明，收入对消费的制约仍然是主要的。

（二）对模型（6－8）的检验

$$dc_t = 0.005 + 0.14dg_t - 0.05ds_{t-1} - 0.03dh_{t-1} - 0.88ecm_{t-1} + [ar(1) = -0.56, ar(2) = -0.39, ar(3) = -0.54, ar(5)$$

$= 0.38, ar(6) = 0.41, ar(8) = -1.15, ar(9) = -0.9]$ (6–11)

该方程除 dg_t 和 $ar(1)$ 系数的 T 值略小外，其他各项系数符合要求。方程不存在自相关。联合检验 F 的概率为 0.019，符合要求。拟合优度 $R^2 = 0.98$。DW 检验在此失效。各项检验较好。T 值检验见表 2。金融资产的 MPC = –0.05，住房资产的MPC = –0.03。金融资产的财富效应仍然超过住房资产的财富效应。

（三）对模型（6–9）的检验

$$dc_t = 0.024 - 0.578dg_t - 0.182ds_t - 0.027dh_t + [ar(1) = -0.48, ar(2) = -0.59, ar(3) = -0.87, ar(4) = -0.49, ar(6) = -0.58, ar(8) = -1.02] \quad (6-12)$$

该方程不存在自相关。各项系数 T 值显著。F 检验的概率为 0.04。$R^2 = 0.84$。DW 检验在此失效。各项检验较好。T 值检验见表 6–2。金融资产的 MPC = –0.182，住房资产的MPC = –0.027。金融资产的财富效应仍然超过住房资产的财富效应。

表 6–2 模型(6–7)、(6–8)和(6–9)的系数 T 检验

模型(6–7)				模型(6–8)				模型(6–9)			
变量	T值	变量	T值	变量	T值	变量	T值	变量	T值	变量	T值
dg_{t-1}	–11.2	$ar(5)$	8.3	dg_t	1.3	$ar(2)$	–2.6	dg_t	–2.6	$ar(3)$	–3.2
ds_{t-1}	–5.6	$ar(7)$	–6.4	ds_{t-1}	–2.7	$ar(3)$	–3.0	ds_t	–7.3	$ar(4)$	–2.2
dh_{t-1}	–11.1	$ar(8)$	–5.5	dh_{t-1}	–10.6	$ar(5)$	2.0	dh_t	–3.4	$ar(6)$	–2.5
ecm_{t-1}	–14.7			ecm_{t-1}	–8.4	$ar(6)$	2.2	c	5.7	$ar(8)$	–4.5
c	–7.4			c	2.6	$ar(8)$	–4.4	$ar(1)$	–2.7		
$ar(4)$	–4.6			$ar(1)$	–2.3	$ar(9)$	–2.9	$ar(2)$	–2.8		

三、金融资产财富效应略大于住房资产的原因

实证分析结果得到两点结论。一是金融资产财富效应大于住

房资产。二是两种资产的财富效应都较小。其中，第一点结论与美国情况相反，美国表现为住房资产财富效应高于金融资产，这与广东省居民的资产结构及其他条件有关。

（一）受限制的金融资产较少有利于金融资产财富效应的发挥

Benjamin（2004）[34]认为，美国居民金融资产相对较低的财富效应，与美国居民金融资产集中在受到限制的几个账户如养老金和保险金等有关。这些账户大约占到居民金融资产的75%，居民不能轻易地从这些账户中提走资金，也不能在无抵押的情况下获得借款。广东省居民的情况则相反。居民的金融资产主要是不受限制的储蓄资产。受到限制的账户如五种社会保险基金和住房公积金，其占金融资产的比例较低。1980—1988年居民金融资产几乎是储蓄资产。1989—2005年期间，除2000年和2003年的储蓄资产比例为90%以下外，其他年份储蓄资产比例均在90%以上。储蓄资产的平均比例接近94%。流动性较强的股票资产比例较低且价值波动大。1989年以后，出现少量的社会保险资产，其占居民金融资产的比例在3%以下。由于受到限制的账户相对较少，使金融资产及其产生的收益产生相对较强的财富效应。

（二）以储蓄为主体的金融资产增殖性不强限制金融资产财富效应

储蓄资产是广东居民金融资产的主体，其增殖能力是金融资产发挥财富效应的关键。但是，储蓄资产的利率不高，实际不变利率有下降的趋势，储蓄资产的增殖性不强。广东实际利率数据以商品零售价格定基指数（1950年为100）计算出来，1980—

2006 年广东全省居民实际不变价格利率分别为：0.0418、0.0410、0.0420、0.0424、0.0419、0.0431、0.0440、0.0394、0.0323、0.0386、0.0361、0.0285、0.0258、0.0272、0.0267、0.0239、0.0191、0.0148、0.0108、0.0065、0.0050、0.0051、0.0046、0.0045、0.0044、0.0049、0.0050（见图 6－1）。

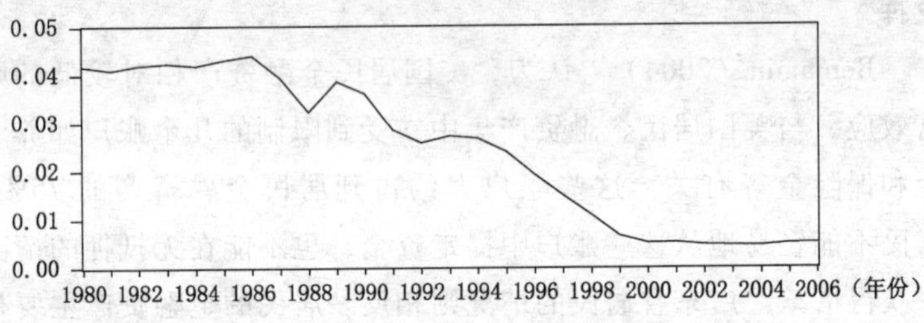

图 6－1 广东居民实际不变利率变化图

（三）股市的波动减弱金融资产的财富效应

尽管金融资产财富效应超过住房资产，但是这种财富效应仍较微弱。这一方面是因为储蓄资产的增殖性不强，另一方面是因为股票等高度流动的资产价格不稳定。Romer（1990）[35]认为，股市的波动导致人们关于未来收入的不确定性，导致消费者延迟对耐用消费品的购买，暂时的不确定性上升增加人们等待的价值，这种情况要持续到消费者对未来收入有相当的确定性为止。从 Romer 的股市不确定性理论来看，中国股市由于有较强的波动性，加之居民从股市中所获得的收入不会轻易用于消费，股票价值占居民资产的比例较小，导致股市对消费的促进作用有限。

（四）住房消费的条件限制及其价格的过快上涨，抑制消费的扩大

美国住房资产的财富效应大于金融资产的财富效应。Benjamin (2004)[36]认为，在应税收入中可以扣除住房的抵押贷款利息，较低的借款利率以及一个全国性的较安全的住房市场，使居民通过增加债务来增加住房消费。中国目前缺乏像美国这样的住房消费条件。中国在应税收入中不扣除住房抵押贷款利息，这减少了对住房投资的需求。受收入水平的限制，中国绝大多数居民购买住房都是自住，无法使住房资产的财富效应发挥出来。同时，还有一个重要的原因是，近年住房价格涨幅过大。例如，全国 2001—2006 年房屋销售价格环比增长指数分别为 2.2%、3.7%、4.8%、9.7%、7.6%、5.5%。全国普通住宅销售价格环比增长指数 2003—2006 年分别为 6.2%、9.8%、8.2%、5.9%。上海 2001—2005 年的房屋销售价格环比增长指数分别为 4.4%、7.3%、20.1%、15.9%、9.7%，北京该指数 2005 年为 6.7%，2006 年为 8.8%，广州市 2003—2006 年该指数分别为：-0.3%、2.7%、4.7%、6.2%，深圳市 2003—2006 年该指数分别为：2.2%、4.6%、12.3%、7.2%（上述住房价格指数根据《中国统计年鉴》整理得到）。其他诸如居民用地价格指数，房屋租赁价格指数也在以较高速度增长①。广东地区的普通住房价格近年来也出现较大幅度增长。骆祚炎（2007）[37]认为，由于人们产生大额刚性支出的预期（包括住房支出增加），迫使居民减少当前消费而增加储蓄。另外一个可能的原因是，Engelhardt (1996)[38]发现，住房资产的财富效应具有不对称性。住房资产的价格上升对消费几乎没有影响，但是住房资产的价格下降 1 美元却可能使消费下降 30 美分。中国近年来住房价格较快增长。住房价格的这种上升趋势引发住房资产财富效应的非对称性发挥，抑制消费的增长。此外，较强的流动性约束也制约住房资产

① 根据《中国统计年鉴》各期得到。

的财富效应。

（五）消费的过度敏感性削弱资产的财富效应

实证分析表明，广东第二类消费者（按照当期收入来确定消费的短视型消费者）至少占到总消费人口的64%以上（骆祚炎，2007）[39]。这说明大部分广东居民的消费由当期收入决定，消费对收入存在过度敏感性，广东缺乏经济分析意义上的理性消费者。从时间分布看，广东第二类消费者的比例在1987年后出现明显的增长。从这里可以看出，经济体制改革中存在的大量不确定性和风险对居民的消费支出行为产生明显影响，居民不能形成稳定的预期，加之居民资产的财富效应微弱，居民消费对当期收入的依赖程度加大。

四、促进广东居民各种资产财富效应的提高

《中共中央关于构建社会主义和谐社会若干重大问题的决定》提出，到2020年合理有序的收入分配格局基本形成，家庭财产普遍增加，人民过上更富足的生活。发挥资产的财富效应，促进消费的增长，将有助于这一目标的实现。

（一）维持股市和广东地区房地产等市场稳定的预期

居民资产发挥财富效应的一个重要条件是资产价值的平稳增长。在增殖性资产中，股票和房地产是两项重要的内容。维持股市和房地产市场稳定的预期对于资产财富效应的发挥尤为重要。中国股市受政策因素、制度因素、行政干预因素、上市公司质量因素和机构炒作因素等方面的影响而出现难以意料的预期，必须规范发展。当前股市的发展好于过去几年，要采取措施促进股市的长期发展，增加股市发展的长期利好因素，从制度上解决股市

的长期稳定发展问题。例如，发展股指期货，健全机构投资者制度。同时，防止广东地区房地产市场价格的大幅度波动，增强房地产对广东消费的促进作用。

（二）发展金融市场，增强金融资产的流动性

广东是一个金融市场较发达的地区，金融资产对消费的促进作用相对于住房资产来说要大，通过发展金融市场来促进消费具有较强的现实意义。当前，要继续促进股票市场的稳定发展，丰富股票市场的投资品种（例如，适时开展股指期货交易），健全股市交易和监管制度，平稳有序、渐进式地进行股票市场的国际化（例如扩大 QFII 和 QDII 规模），促进多层次资本市场的建设。对于一些受到限制的金融资产（例如五种社会保险基金和住房公积金），一方面要继续增强其社会保障功能，另一方面要通过有效的投资提高其增殖能力，住房公积金账户要强化为居民当前住房消费服务的功能。

（三）促进住房市场的平稳发展

有一种观点认为，持续上涨的房地产市场，能扩大短期边际消费倾向并促进消费。但要注意的是，住房资产财富效应的发挥，是以住房价格平稳增长为前提的，而且收入的增长不能明显落后于住房支出的增长。从当前看，最迫切的任务是控制房价的过快增长，满足居民的住房需求和需要。2005 年 3 月开始的住房市场综合调控措施取得显著成效。从住房资产的财富效应来看，住房资产价值的平稳增长，相对于住房资产价格的持续走低或大幅度上涨来说，更有利于对消费的促进。当前，要继续维护本轮房地产宏观调控的成效，同时采取切实措施增加居民可支配收入，培育一个健全交易的住房市场，在民生问题和经济增长与

发展问题上，取得一种相对的均衡。

（四）加强广东地区社会保障制度的建设

前面分析说明，广东地区消费者存在消费的过度敏感性问题，居民消费对收入存在过度依赖的情况。为克服收入因素对消费的制约，应该加强广东地区社会保障制度建设，健全城镇地区的失业保险制度和基本养老保险制度，建立和健全广东农村地区的社会保险体系，解除居民由于市场化的改革导致的各种系统性风险和居民面临的个体风险，释放出更多的居民消费，推动广东内需发展。

第四节 广东城镇居民资产财富效应分类比较

一、数据来源、数据性质及实证模型

（一）数据来源说明

本节以广东省城镇居民1987—2005年的年度人均不变价格数据为样本进行分析（以1950年城市居民消费价格指数为100）。选择从1987年开始，是因为缺乏城镇居民1987年以前的转移收入数据 。居民金融资产包括，储蓄存款、证券和社会保险账户。社会保险账户包括，基本养老保险、失业保险、医疗保险、工伤保险和生育保险。广东省公开的统计资料对各种社会保险基金余额统计不全，而且这些记录与《中国统计年鉴》关于广东省的统计有差异。有鉴于此，对社会保险基金余额只能进行估算。估算方法为，根据广东省居民与全国居民可支配收入的倍

数来计算相应的社会保险基金余额。这是因为社会保险基金主要是根据居民的收入水平来缴纳。收入水平高，则缴纳的基金就越多，保障水平也就越高。城镇居民住房资产，通过计算人均居住面积和当年的住房均价得到，不考虑自住房、租赁房和度假房等之间的差别①。两种金融资产在此没有统计。一是居民购买的商业保险。二是居民缴存的住房公积金。这两种数据无法通过公开统计资料获取。数据主要来源于《广东统计年鉴》、《广东年鉴》、《中国统计年鉴》和《中国金融年鉴》1980—2006 年各期。

（二）数据的平稳性特征

时间序列数据的平稳性是进行模拟分析的前提。对公式（6－3）中的水平值进行 ADF 检验发现，这些水平值均不满足平稳性条件。分别对公式（6－3）中的变量求 1 阶差分，发现各变量均保持平稳（显著性水平达到95%以上）。ADF 单位根检验结果见表 6－3。

表 6－3　　各变量单位根检验结果表

变量	类型	ADF 值	1% 临界	5% 临界	10% 临界	结论
$d(c_t)$	(c,0,0)	-7.388391	-3.737853	-2.991878	-2.635542	平稳
$d(g_t)$	(c,0,0)	-4.052478	-2.664853	-1.955681	-1.608793	平稳
$d(h_t)$	(c,0,0)	-3.379699	-3.737853	-2.991878	-2.635542	平稳
$d(s_t)$	(c,0,0)	-3.291139	-3.737853	-2.991878	-2.635542	平稳

注：1. （c，0，0）表示无滞后，无趋势，带截距项。2. 上述结论在 95% 的水平上成立。3. 同类型检验的临界值的差异与滞后阶数是固定还是连续有关，还与其他因素有关。

① Benjamin（2004）所指不动产包括居住房、度假房和租赁房，金融资产包括股票、债券和共同基金等。

（三）财富效应分析模型的修正

对方程（6-3）的各水平值进行检验发现，这些变量之间存在协整关系如（6-13）式。同时考虑到，一般来说，居民资产对消费具有滞后的影响，而居民收入对消费的影响应该是同期的。这样，模型（6-3）演变为（6-14）式。函数式（6-14）成为本节研究城镇居民金融资产和不动产财富效应的分析模型：

$$ecm_t = 0.9876 + c_t - 0.086g_t + 0.02s_t + 0.0222h_t \quad (6-13)$$

$$dc_t = \beta[b_Y + (b_G - b_Y)dg_t + \lambda_S ds_{t-1} + dh_{t-1}] + \gamma ecm_{t-1} \quad (6-14)$$

二、金融资产和住房资产财富效应的实证比较

（一）对模型（6-14）的检验

对模型（6-14）进行模拟，得到方程（6-15）式：

$$dc_t = -0.012 + 0.816dg_t - 0.045ds_{t-1} + 0.011dh_{t-1} - 1.31ecm_{t-1} + [ar(3) = 0.892, ar(6) = -0.757] \quad (6-15)$$

其中，ecm 由（6-13）式决定。该方程检验结果良好（见表6-4）。对误差项采取自回归 $ar(3)$ 和 $ar(6)$ 的形式，是为了消除原方程中存在的自相关现象，并提高各系数的T值。（6-15）式各项检验结果符合标准。各系数的T值都超过2，符合要求。联合检验F分布的概率为0.002，符合要求。拟合优度 $R^2=0.8$，符合要求。由于在方程中存在因变量的滞后变量，DW检验在此失效，不用参考。瓦尔德检验表明，金融资产和住房资产的拟合系数显著不相等。这说明两种资产的财富效应存在一定差异。

（二）实证分析结果的说明

金融资产对消费的影响系数 MPC = -0.0452，住房资产对

居民消费的影响系数 MPC = 0.0115。金融资产的 MPC 为负数，并不表示金融资产的价值变化和消费的数量变化之间是反向变动关系。在 1987—2005 年的 19 个样本中，有 10 个样本显示金融资产价值的变化与消费变动的方向相反，此时金融资产对消费水平的提高起促进作用。在另外 9 个样本中，金融资产价值的变化与消费的变化方向相同，此时金融资产对消费的影响是反作用的。同样，住房资产的 MPC 为正数，并不代表住房资产价值的变化与消费的变化方向就一定相同。实际上，在 1987—2005 年的 19 个样本中，有 9 个样本显示住房资产的价值变化和消费的变化方向相同，10 个样本显示住房资产价值的变化与消费的变化方向相反。从影响系数的绝对值来看，可以肯定地说，金融资产的财富效应要大于住房资产的财富效应，前者对消费的影响是后者的近 4 倍。同时，实证结果也显示，金融资产和住房资产的财富效应相对于收入的影响来说还是很微弱。这是因为收入因素对消费的影响系数 MPC = 0.8164，远远高于金融资产和住房资产的 MPC。收入对消费的影响是金融资产对消费影响的 18 倍，是住房资产对消费影响的 72 倍。收入对消费的制约仍然是主要的，这表明广东城镇居民的消费对收入存在过度敏感性。

表 6-4　模型（6-14）的 T 检验情况

变量	系数	T 值	显著性水平
dg_t	0.816	6.692939	0.0000
ds_{t-1}	-0.045	-3.818393	0.0029
dh_{t-1}	0.011	2.016826	0.0688
ecm_{t-1}	-1.31	-6.676560	0.0000
c	-0.012	-2.586674	0.0253
ar（3）	0.891	4.864600	0.0005
ar（6）	-0.757	-3.873490	0.0026

三、城镇居民分类资产财富效应差异的原因

实证分析结果得到两点结论：一是金融资产财富效应大于住房资产的财富效应。二是两种资产的财富效应都较小。这种特征，同样与广东省城镇居民的资产结构等特征有关。

第一，受限制的金融资产较少。Benjamin（2004）[40]认为，美国居民金融资产相对较低的财富效应，与美国居民金融资产集中在受到限制的几个账户如养老金和保险金等有关。广东城镇居民的情况则相反。城镇居民的金融资产主要是不受限制的储蓄资产。受到限制的账户如五种社会保险基金和住房公积金，其占金融资产的比例较低。1980—1988 年居民金融资产几乎是储蓄资产。1989—2005 年期间，除 2000 年储蓄资产比例为 86% 以外，其他年份储蓄资产比例均在 90% 以上。储蓄资产的平均比例接近 97%。流动性较强的股票资产比例较低且价值波动大。1993 年以后居民有较少量的股票资产，其占金融资产的比例基本介于 4% 至 7% 之间，只有 2003 年股票资产的比例超过 10%。1989 年以后，出现少量的社会保险资产，其占居民金融资产的比例在 2% 以下。由于受到限制的账户较少，使金融资产及其产生的收益产生相对较强的财富效应。

第二，广东城镇居民金融资产同样增殖性不强。由于储蓄资产同样是广东城镇居民金融资产的主体，所以其增殖能力是金融资产发挥财富效应的关键。但是，储蓄资产的利率不高，甚至实际不变价利率有下降的趋势，导致储蓄资产的增殖性不强。广东城镇实际利率以广东城镇居民消费价格定基指数计算出来（1950 年 = 100）计算出来。计算公式为：实际利率 = 名义利率 ÷（广东城镇居民消费价格定基指数 ÷ 100），则 1980—2006 年广东全省城镇居民实际不变价格利率分别为：0.0004、0.0004、

0.0004、0.0004、0.0004、0.0004、0.0004、0.0003、0.0003、0.0003、0.0003、0.0002、0.0001、0.0002、0.0002、0.0002、0.0001、0.0001、0.0079、0.0047、0.0035、0.0036、0.0033、0.0032、0.0031、0.0038、0.0035。由于城镇物价指数要高于农村地区，所以城镇居民储蓄资产的实际增殖性比农村居民还要低。这显然制约城镇居民金融资产的财富效应。

第三，股市的波动同样限制金融资产财富效应的发挥。尽管金融资产财富效应超过住房资产，但是这种财富效应仍较微弱。这一方面是因为储蓄资产的增殖性不强，另一方面是因为股票等高度流动的资产价格不稳定。关于股市对消费的影响，有两种理论进行解释（Ling T. He，2005）[41]。第一种理论是财富效应。另一种理论认为，由于股市的波动造成的不确定性效应对实体经济活动产生影响。例如，Romer（1990）[42]认为，股市的波动导致人们关于未来收入的不确定性，导致消费者延迟对耐用消费品的购买，暂时的不确定性的上升增加人们等待的价值，这种情况要持续到消费者对未来的收入有相当的确定性为止。从 Romer 的股市不确定性理论来看，中国股市由于有较强的波动性，加之居民从股市中所获得的收入不会轻易用于消费，股票价值占居民资产的比例较小，导致股市对消费的促进作用有限。

第四，城镇居民住房资产价值波动比金融资产波动要大，这使住房资产的财富效应相对降低。广东城镇居民的金融资产中，作为主体的储蓄资产，其价值稳定增长。五种社会保险基金的价值同样稳定增长。虽然股票等证券类资产的价值每年均有所波动，但是由于证券类资产占居民金融资产的比例比较低，故对金融资产稳定性的影响不大。但是住房资产则不然，只要住房价格和等因素产生波动，则其价值必然波动（住房面积的稳定增加不能够完全抵销价格波动带来的影响）。从 1980—2006 年的金融资产和住房资产的实际不变价格数据看，居民金融资产价值的标准差为2386，住房资产的标准差为5135。可见，经验事实显示住房资产价值波动更大（见图6-2）。这种情况与国外的情况恰好相反。

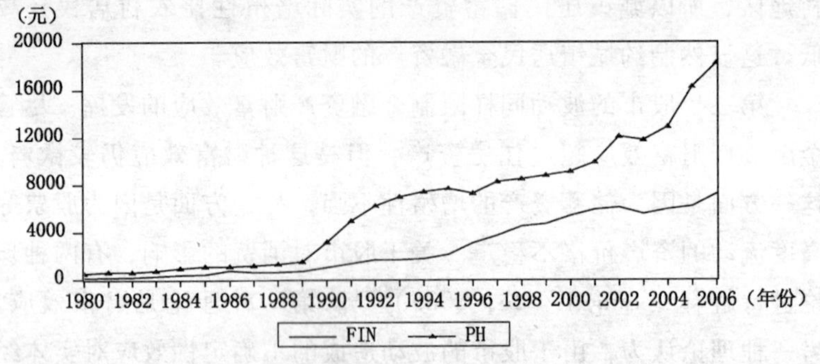

图6-2 广东城镇居民金融资产（FIN）和住房资产（PH）增长情况

第五，城镇住房价格上涨过快，抑制消费的增长。受到收入水平的限制，中国绝大多数居民购买住房都是为了自己居住，无法使住房资产的财富效应发挥出来。同时，还有一个重要的原因是，目前住房价格过高，涨幅过大。中国目前全国的房价收入比已超过7.8倍，上海、北京、广州等地的房价收入之比则更高[43]。骆祚炎（2007）[44]认为，由于人们产生大额刚性支出的预期（包括住房支出增加），迫使居民减少当前消费而增加储蓄。另外一个可能的原因是，Engelhardt（1996）[45]发现，住房资产的财富效应具有不对称性。住房资产的价格上升对消费几乎没有影响，但是住房资产的价格下降1美元却可能使消费下降30美分。中国近年来住房价格较快增长。例如，全国2001—2006年房屋销售价格环比增长指数分别为2.2%、3.7%、4.8%、9.7%、7.6%、5.5%。全国普通住宅销售价格环比增长指数 2003—2006 年分别为 6.2%、9.8%、8.2%、5.9%。上海 2001—2005 年的房屋销售价格环比增长指数分别为 4.4%、7.3%、20.1%、15.9%、9.7%，北京该指数 2005 年为 6.7%，2006 年为 8.8%，广州市 2003—2006 年该指数分别为：-0.3%、2.7%、4.7%、6.2%，深圳市 2003—2006 年该指数分别为：2.2%、4.6%、12.3%、7.2%（上述住房价格指数根据《中国统计年鉴》整理得到）。其他诸如居民用地价格指数，房屋租赁价格指数也在以较高速度增长①。住房价格的这种上升趋势引发住房资产财富效应的非对称性发挥，抑制消费的增长。

第六，城镇居民同样存在消费的过度敏感性。实证分析表明，1994 年以后广东城镇居民中，消费由当期收入决定的消费者（短视型消费者）所占比例不低于 65%。城镇居民的收入结构中，以劳动收入为主体的工薪收入是主要收入来源，财产性收入和转移性收入所占比例均较低，消费对当期收入的依赖程度加大。消费的过度敏感性与城镇居民的收入结构有一定关系。在广东城镇居民中，工薪收入是主要收入，财产性收入占可支配收入的比重较低。财产性收入占总收入的比例最低，1991 年及以前年度这种比例几乎为 0，最高比例为 1997 年的 4.9%，平均比例为 2.4%。2000—2006 年财产性收入占比分别为：4.7%、4.7%、2.1%、2.4%、2.7%、2.57%、3.2%（工薪收入和财产性收入比重比较见图 6-3）。

第七，较强的流动性约束制约城镇居民住房资产的财富效应。总体来看，流动性约束降低了消费水平。住房价格的上升，一方面导致一个相对于其他资产来说更高的投资回报率，另一方面由于较强的流动性约束却使居民无法获得这种投资回报率。杜

① 根据《中国统计年鉴》各期得到。

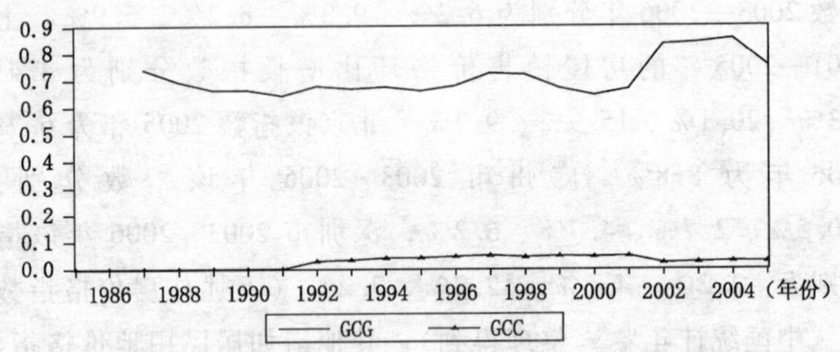

图 6－3 广东城镇居民工薪收入（GCG）和财产性收入（GCC）比重比较

海韬等（2005）[46]认为，20 世纪 90 年代中期以来持续走低的收入增长率直接抑制了消费需求的增长，仍然偏紧的流动性约束和日益增强的不确定性增大了预防性储蓄动机，也制约了住房资产财富效应的发挥。

为通过资产财富效应来促进城镇居民消费，应该培育股市和房地产等市场稳定的预期，大力发展金融市场，增强金融资产的流动性，抑制住房价格的过快增长，促进住房市场的平稳发展，并适当减少居民的流动性约束限制。

四、发挥不同类别资产财富效应提高城镇居民消费

（一）发展多层次金融市场，拓宽城镇居民投资渠道

积极发展多层次金融市场，增加居民投资渠道，改变当前城镇居民过度依赖储蓄资产的现状。当前，应该继续扩大直接融资的比重，使居民增加股票、债券、基金、期货、期权等方面的投资。在发展金融市场的同时，要采取措施维持金融市场的稳定发展。

（二）抑制住房价格的过快增长，促进住房市场平稳发展

房价的大幅度上涨使不拥有属于自己住房的居民的消费受到较大抑制，会抵消住房拥有者的消费增长。现在房价过高，房价上涨过快，住房资产价值可能出现泡沫。要按照中央经济工作会议的要求。对于投资房、第二套房可以加大力度进行调节（例如，提高首付比例，提高利率，限制第二套房的抵押等），对于不规范的住房诸如小产权房等，要加紧进行清理，对于经济适用房要采取更加规范的措施，防止经济适用房变为以投资为目的的住房。在从紧货币政策的背景下，适当加大对中低收入者住房融资的支持。控制房价是当前发挥住房资产财富效应的关键之一。当前，还要注意防止美国“次按”危机在中国重演。

（三）加大财政政策对中低收入群体的住房保障支持力度

人均拥有的住房资产价值是住房资产发挥财富效应的基本条件。人均拥有的住房价值包括住房价格和人均拥有的住房面积等方面。住房价格上升固然能够增加人均住房资产价值，但是让更多的居民拥有属于自己的住房才是增加人均拥有住房价值更重要的因素。当前一个突出的矛盾是，住房价格上涨过快，导致没有住房的人或租房者为购买住房增加储蓄从而减少消费，住房持有者因为房价上涨带来的消费增长被部分抵消。因而从全社会看人均拥有的住房资产的价值上升缓慢，住房资产财富效应表现弱化。这种情况在城镇表现尤其突出。由于城镇人口的基数上升，城镇居民收入差距的扩大和低收入者的收入不多，有相当多的人口不拥有属于自己的住房，这在限制了住房资产财富效应（骆祚炎，2006）[47]。

第五节 广东农村居民资产财富效应分类比较

一、数据性质及实证分析模型

（一）数据来源说明

本研究以广东农村居民1980—2005年的年度人均不变价格数据为样本进行分析。原始数据来源于《广东统计年鉴》1980—2006年各期。以1950年广东省农村工业品零售价格定基指数为100计算得到。例如，农村居民实际人均可支配收入=农村居民名义人均可支配收入÷（农村工业品零售价格定基指数÷100）。其他依此类推。居民金融资产包括：储蓄存款、股票和社会保险账户。社会保险账户包括：基本养老保险、失业保险、医疗保险、工伤保险和生育保险。两种金融资产在此没有统计。一是居民购买的商业保险。二是居民缴存的住房公积金。需要说明的有如下几点：第一，《广东统计年鉴2006》农村工业品零售价格定基指数以1978年为100，这里把2005年的1978年定基指数换算成1950年指数为266.5。第二，工资性收入1985—1992年统计口径为从集体统一经营中得到的收入，1993—1999年统计口径为劳动者的报酬收入，2000—2005年统计口径为工资性收入。第三，转移性收入1985—1992年统计口径为从经济联合体得到的收入，1993—2005年统计口径为转移性收入。第四，财产性收入1985—1992年统计口径为其他非生产性收入，1993—2005年统计口径为财产性收入。

（二）数据的平稳性特征

对公式（6－3）中的水平值进行ADF检验发现，这些水平值均不满足平稳性条件。分别对公式（6－3）中的变量求1阶差分，发现消费、转移性收入、住房资产和金融资产平稳。ADF单位根检验结果见表6－5。

表6－5　　各变量单位根检验结果表

变量	类型	ADF值	1%临界	5%临界	10%临界	结论
c_t	(c,0,0)	－1.446258	－3.724070	－2.986225	－2.632604	不平稳
g_t	(c,0,0)	－1.856326	－3.808546	－3.020686	－2.650413	不平稳
s_t	(c,0,3)	1.118930	－3.769597	－3.004861	－2.642242	不平稳
h_t	(0,0,0)	－0.046492	－3.724070	－2.986225	－2.632604	不平稳
$d(c_t)$	(c,0,3)	－3.870302	－3.737853	－2.991878	－2.635542	平稳
$d(g_t)$	(0,0,0)	－4.922208	－3.831511	－3.029970	－2.655194	平稳
$d(s_t)$	(c,0,2)	－3.865593	－3.769597	－3.004861	－2.642242	平稳*
$d(h_t)$	(c,0,0)	－3.655035	－3.737853	－2.991878	－2.635542	平稳

注：1.（c，0，3）中的3表示滞后3阶，0表示无趋势项，c表示带截距项。其他与此类似。2. 同类型检验的临界值的差异与滞后阶数是固定还是连续有关，还与其他因素有关。

（三）财富效应分析模型的修正

时间序列平稳性特征要求，模型（6－3）中的变量须取对数值。同时，资产对消费的影响还要考虑时间滞后因素。一般来说，资产对居民消费具有滞后的影响，而收入对消费的影响是同期的。这样，模型（6－3）演变为如下形式：

$$c_t = \beta[b_Y + (b_G - b_Y)g_t + \lambda_S s_{t-1} + h_{t-1}] \tag{6－16}$$

模型（6－16）在使用月度和季度等短周期数据时可能是适用

的。同时考虑到，转移性收入一般比消费滞后，所以模型（6－16）可以进一步修正为如下式：

$$c_t = \beta[b_Y + (b_G - b_Y)g_{t-1} + \lambda_S s_{t-1} + h_{t-1}] \qquad (6-17)$$

另一方面，本研究使用的样本为年度数据，资产对消费的影响在年度内也可以视为同期影响。认为只有上年末的资产对到本年末的消费产生影响是不合理的。为此，本研究同时提出另一种分析模型如下：

$$c_t = \beta[b_Y + (b_G - b_Y)g_t + \lambda_S s_t + h_t] \qquad (6-18)$$

本研究同时利用模型（6－16）、（6－17）和（6－18）来分析金融资产和不动产的财富效应。

二、金融资产和住房资产财富效应的比较

（一）对模型（6－16）的检验

对模型（6－16）进行模拟得到拟合方程如（6－19）式：

$$c_t = -0.0092 - 0.3389g_t + 0.1834s_{t-1} - 0.2179h_{t-1} + [ar(3) = 0.9649, ar(6) = 0.3962, ar(7) = 0.2011] \qquad (6-19)$$

该表达式中，除AR（7）项的T值（＝1.41）较小外，其他各项的T值基本符合要求。F值在97%显著水平上成立，检验理想。拟合优度 $R^2 = 0.8512$，达到0.8的显著性标准。该模拟式不存在自相关和异方差的问题。对误差项采取 $ar(4)$ 形式，是为了增强各系数的T值。方程基本符合要求。金融资产的MPC＝0.1834，住房资产MPC＝－0.2179。由于转移性收入缺乏1986年以前数据，实际上方程是从1986年至2005年拟合的。从这20个样本数据看，经过差分处理后的住房资产和消费有12个数据符号相反，从总体上看，虽然住房资产的MPC为负数，但实际上反映出住房资产对消费还是具有促进作用。可以认为，广东农村居民住房资产的财富效应略大于金融资产的财富效应。

（二）对模型（6－17）的检验

对模型（6－17）进行拟合得到方程（6－20）：

$$c_t = -0.0107 + 0.9997g_{t-1} + 0.1706s_{t-1} - 0.1955h_{t-1} + [ar(2) = 0.4801] \tag{6-20}$$

该式中，除常数项的T值（＝1.60）较小外，其他各项的T值基本符合要求。F值在94%显著水平上成立，检验理想。该模拟式不存在自相关和异方差的问题。但是，拟合优度 $R^2=0.4986$，没有达到0.8的显著性标准。经过拟合的其他一些方程其拟合优度更差，而且F检验和T检验也不满足要求，所以本研究在此采用该模拟表达式来大致分析问题。金融资产的MPC＝0.1706，住房资产MPC＝－0.1955。由于从1986年至2005年的20个样本数据看，经过差分处理后的住房资产和消费有12个数据符号相反，从总体上看，虽然住房资产的MPC为负数，但实际上反映出住房资产对消费还是具有促进作用。可以认为，广东农村居民住房资产的财富效应略大于金融资产的财富效应。

（三）对模型（6－18）的检验

通过拟合多种实证分析模型，没有发现符合检验要求的模拟式。本研究认为该模型不能用来进行实证检验。模型（6－16）和（6－17）的T值情况见表6－6。

表6－6　模型(6－16)和模型(6－17)的T值检验情况

模型（6－16）				模型（6－17）	
变量	T值	变量	T值	变量	T值
dg_t	－1.81	ar（3）	－6.10	dg_{t-1}	2.73
ds_{t-1}	3.49	ar（6）	－3.05	ds_{t-1}	2.34

续表

模型（6－16）				模型（6－17）	
变量	T值	变量	T值	变量	T值
dh_{t-1}	－2.98	ar（7）	1.41	dh_{t-1}	－2.52
c	－1.64	—	—	c	1.61
P（F）＝0.0260				ar（2）	－1.85
				P（F）＝0.0634	

三、住房资产略大于金融资产财富效应的原因

实证分析得到三点结论：一是住房资产财富效应略大于金融资产的财富效应。二是两种资产的财富效应差别不大。三是两种资产的财富效应较微弱。这种特征的产生具有以下原因。

（一）农村居民对住房消费具有较强的偏好

中国农村居民对住房消费具有较强的偏好，住房是其生产和生活的基础条件之一。农村居民子女在成人之后首先要解决住房问题。加之农村金融市场不发达等因素的作用，农村居民的住房资产财富要超过金融资产财富。以广东农村居民为例，1980—2005年的26年间，住房资产的价值平均是金融资产价值的3.23倍，最高倍数为14.29倍（1980年），最小倍数为1.08倍（2004年）。当然这里也可以看出，伴随改革开放，农村居民的金融资产增长较快，2005年广东农村居民储蓄存款（储蓄存款是农村居民最主要金融资产）是1980年的95倍，但是广东农村居民2005年的住房资产价值仅是1980年的近8倍，这种增长速度的格局导致农村居民住房资产价值和金融资产价值越来越接近（见图6－4）。尽管如此，住房资产对农村居民消费在一定时期

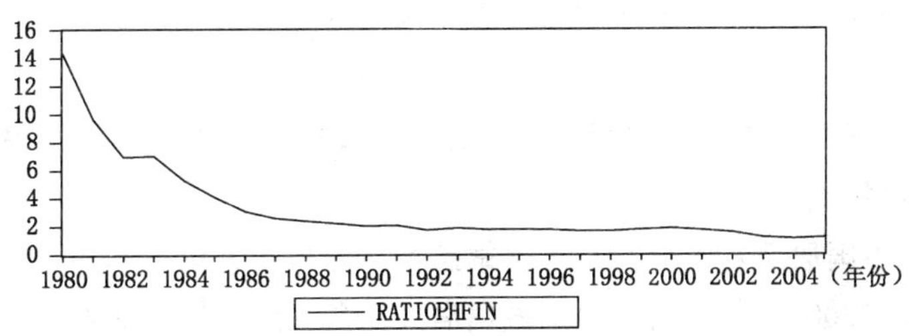

图 6-4 广东农村居民住房资产价值与金融资产价值的倍数

内仍然存在较强的支撑作用。

（二）以储蓄为主的金融资产增殖性不强限制财富效应的发挥

广东农村居民的金融资产主要是储蓄资产。受到限制的账户如五种社会保险基金，其占金融资产的比例很低。1980—1988年农村居民金融资产都是储蓄资产。1980—2005年期间，储蓄资产占金融资产的比例平均为99.12%，最低比例达到98%以上。1989年以后，出现少量的社会保险资产，其占居民金融资产的比例很低。储蓄资产增殖性不强，制约金融资产的收益对消费的促进作用。广东农村居民实际不变价格利率水平较低。在这里，广东农村实际利率以广东农村工业品零售价格定基指数计算出来（1950年=100），计算公式为：实际利率=名义利率÷（广东农村工业品零售价格定基指数÷100）。1980—2006年广东全省农村居民实际不变价格利率分别为：0.0005、0.0005、0.0004、0.0006、0.0005、0.0006、0.0006、0.0006、0.0005、0.0006、0.0005、0.0004、0.0004、0.0004、0.0004、0.0004、0.0003、0.0002、0.0002、0.0001、0.0083、0.0085、0.0078、0.0076、0.0075、0.0084、0.0088（这种对实际不变利率的处理和前面有关消费、资产和收入数据采用的是相同的方法)。

(三) 农村居民消费对收入存在过度敏感性使资产的财富效应微弱

中国居民对消费存在过度敏感性。农村居民也不例外，宋冬林等 (2003)[48] 认为，中国城镇居民消费在经济转型期表现出过度敏感性，为使拉动需求的政策更加有效，有必要采取措施矫正居民消费的过度敏感性。骆祚炎 (2007)[49] 认为，居民面临的收入不确定性和日益增加的支出预期，使消费过度敏感性增强。消费对收入的过度依赖，必然削弱两种资产的财富效应。广东农村居民同样受相同的制约。广东农村居民消费的过度敏感性与其收入结构有一定关系。在农村居民的收入中，财产性收入所占比例不高，特别是 20 世纪 90 年代初期以来，广东农村居民财产性收入占可支配收入比例有下降的趋势（见图 6－5)。1993—2006 年广东农村居民财产性收入占可支配收入比例分别为：0.90%、1.50%、1.80%、1.70%、1.50%、1.60%、1.70%、2.00%、3.00%、3.60%、4.50%、5.60%、3.60%、4.30%。

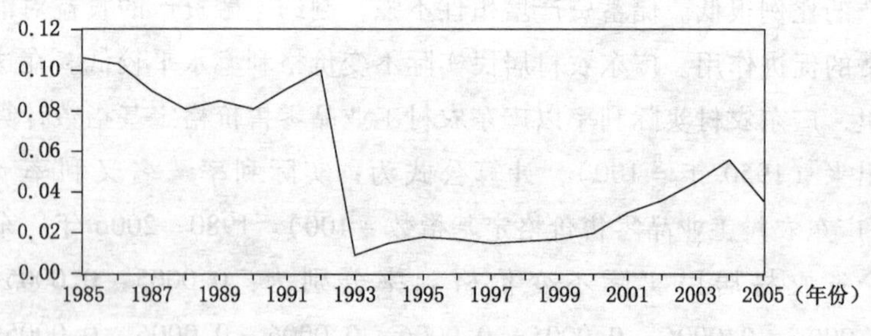

图 6－5 广东农村居民财产性收入占可支配收入比例图

(四) 农村居民存在较强的流动性约束也制约资产财富效应

广东农村居民的流动性约束，一方面与其收入水平和收入的增长能力有关系，另一方面又与农村居民较低的资产规模有一定关系。1980—1988 年期间，广东城镇居民与广东农村居民资产规模的差距不大，大致稳定在 3 倍左右。1990 年以后，广东城镇居民的资产规模快速增长，但广东农村居民资产规模的增长速度比较平滑，1990 年后广东城镇居民与广东农村居民之间的资产差距呈现一个“喇叭”型，资产规模的差距越来越大。1980—2006 年广东城镇居民与广东农村居民资产规模的倍数大致分别为：1.78、2.02、2.02、2.41、2.7、3.11、3.3、3.5、4.28、5.12、8.0、9.11、9.9、9.56、10.1、9.82、8.95、9.24、8.86、8.65、9.23、9.67、9.75、7.78、7.72、8.16、8.68（近年来，城镇居民的资产增加较快，与城镇地区的商品房价格有很大关系，城镇住房的价格过快增长，也是城乡差距的一种表现）（见图 6-6）。农村居民较低的资产规模限制了其在银行等金融体系获得流动性的能力，从而也限制了农村居民的消费扩展。

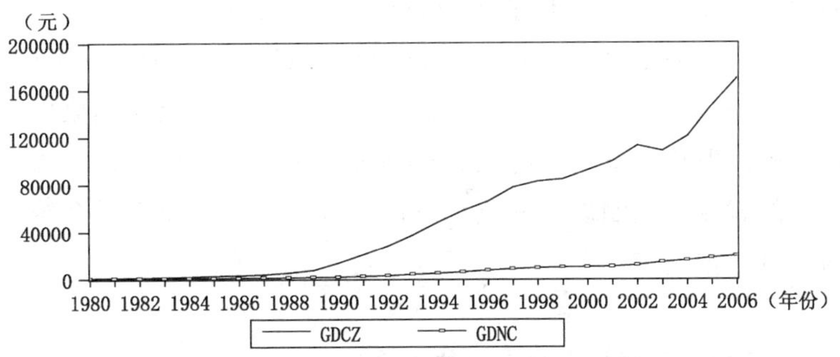

图 6-6 广东农村居民（GDNC）与广东城镇居民（GDCZ）资产规模的比较

四、发挥资产财富效应促进农村居民消费增长

（一）积极发展农村金融市场，提高农村居民财产性收入

要提高金融资产的增殖性，改善农村金融资产过于单一的局面，通过发展农村金融市场和提高农村居民财产性收入等措施来促进消费。当前，农村金融市场发展相对滞后，农村居民的金融资产主要是储蓄资产，缺乏像股票之类的金融资产，农村居民缺乏有效的投资渠道。应该稳步推进城镇化建设，提高农村地区的金融服务规模和水平。

（二）建立和完善农村社会保障体系

建立和完善农村社会保障体系，可以有效缓解农村居民的后顾之忧，使农村居民的消费得到更多的释放。当前，要重点发展好农村养老保险体系和医疗保险体系。同时，建立和完善进入城镇的农民的社会保障体系。对流入城镇的农民工要纳入到城镇社会保障体系。对进入城镇企业、事业和从事服务等工作的农民工，要逐步建立养老保险、医疗保险等制度。目前一些城市农民的工作权和子女受教育权等受到侵害（李新伟等，2006）[50]，需要政府提供的一定的公共服务加以满足。同时，要加快破除城乡分割的体制障碍，建立健全与城镇化健康发展相适应的财税、征地、行政管理和公共服务等制度。改革城乡分割的就业管理制度，深化户籍制度改革，逐步建立城乡统一的人口登记制度。

（三）分类引导农村人口的城镇化

根据《中华人民共和国国民经济和社会发展第十一个五年规划纲要》的精神，对临时进城务工人员，继续实行亦工亦农、

城乡双向流动的政策。对在城市已有稳定职业和住所的进城务工人员，要创造条件使之逐步转为城市居民，依法享有当地居民应有的权利，承担应尽的义务。对因城市建设承包地被征用、完全失去土地的农村人口，要转为城市居民，城市政府要负责提供就业援助、技能培训、失业保险和最低生活保障等。鼓励农村人口进入中小城市和小城镇定居，特大城市要从调整产业结构的源头入手，形成用经济办法等控制城镇人口过快增长的机制（骆祚炎，2007）[51]。农村人口的城镇化有利于增加农村居民资产并扩大消费。

（四）维持股票和房地产等市场稳定的预期

发挥财富效应的一个重要条件是资产价值的平稳增长。在增殖性资产中，股票和房地产是两项重要的内容。维持股市和房地产市场稳定的预期对于资产财富效应的发挥尤为重要。要采取措施促进股市的长期发展，增加股市发展的长期利好因素，从制度上解决股市的长期稳定发展问题。例如，发展股指期货，健全机构投资者制度。政府在调控股市时，应该进一步增加政策的可预见性和透明度，树立调控的权威，避免产生股市较大的波动。防止房地产市场价格的大幅度波动，增强房地产对消费的促进作用。农村居民通过参与股票等投资，获得稳定的收入和增强其提高收入的预期。

第六节 广东与全国居民分类资产财富效应的比较

一、广东与全国居民分类资产财富效应的总体比较

（一）全国居民金融资产和不动产财富效应的检验

1. 全国居民的数据特征及实证模型的建立。本检验以中国居民1985—2005年的年度人均不变价格数据为样本进行分析。以1978年商品零售价格指数为100。居民金融资产包括：储蓄存款、证券和社会保险账户。社会保险账户包括：基本养老保险、失业保险、医疗保险、工伤保险和生育保险。居民住房资产，通过计算人均居住面积和当年的住房均价得到，不考虑自住房、租赁房和度假房等之间的差别。两种金融资产在此没有统计。一是居民购买的商业保险。二是居民缴存的住房公积金。这两种数据无法通过公开统计资料获取。相关数据主要来源于《中国统计年鉴》和《中国金融年鉴》各期。

对公式（6-3）中的水平值进行ADF检验发现，这些水平值均不满足平稳性条件。分别对公式（6-3）中的变量求1阶差分，发现各变量均保持平稳（显著性水平达到97%以上）。ADF单位根检验结果见表6-7。

表6-7　　中国居民各变量单位根检验结果表

变量	类型	ADF值	1%临界	5%临界	10%临界	结论
$d(c_t)$	(c,0,0)	-4.604331	-3.831511	-3.029970	-2.655194	平稳
$d(g_t)$	(c,0,0)	-4.670194	-3.831511	-3.029970	-2.655194	平稳

续表

变量	类型	ADF 值	1% 临界	5% 临界	10% 临界	结论
$d(h_t)$	(c,0,0)	-3.561549	-3.831511	-3.029970	-2.655194	平稳
$d(s_t)$	(c,0,0)	-3.653670	-3.831511	-3.029970	-2.655194	平稳

注：1.（c，0，0）表示无滞后，无趋势，带截距项。2. 上述结论在 95% 的水平上成立。

2. 财富效应分析模型的修正。对方程（6-3）的各水平值进行检验发现，这些变量之间存在协整关系如（6-21）式。同时考虑到，一般来说，居民资产对消费具有滞后的影响，转移性收入一般比消费滞后。这样，模型（6-33）演变为（6-22）式。函数式（6-22）成为本研究研究金融资产和不动产财富效应比较的分析模型：

$$ecm_t = 0.8917 + c_t - 0.3384g_t - 0.1182s_t + 0.0053h_t \quad (6-21)$$

$$dc_t = \beta[b_Y + (b_G - b_Y)dg_{t-1} + \lambda_S ds_{t-1} + dh_{t-1}] + \gamma ecm_{t-1} \quad (6-22)$$

如果考虑到居民收入对消费影响的同期性，则模型（6-22）进一步修正如下：

$$dc_t = \beta[b_Y + (b_G - b_Y)dg_t + \lambda_S ds_{t-1} + dh_{t-1}] + \gamma ecm_{t-1} \quad (6-23)$$

另一方面，本研究使用的样本为年度数据，资产对消费的影响在年度内也可以视为同期影响。认为只有上年末的资产对到本年末的消费产生影响也许是不合理的。为此，本研究同时提出另一种分析模型如下：

$$dc_t = \beta[b_Y + (b_G - b_Y)dg_t + \lambda_S ds_t + dh_t] \quad (6-24)$$

本研究同时利用模型（6-22）、（6-23）和（6-24）来分析金融资产和不动产的财富效应。

3. 对模型（6－22）的检验。对模型（6－22）进行模拟，得到方程（6－25）式：

$$dc_t = 0.15dg_{t-1} + 0.054ds_{t-1} - 0.027dh_{t-1} - 1.4091ecm_{t-1} + [ar(2) = 0.951, ar(3) = 0.34, ar(6) = -0.803, ar(7) = -0.985] \tag{6-25}$$

其中，ecm 由（6－21）式决定。该方程不存在自相关。对误差项采取自回归，是为了消除原方程中存在的自相关，并提高各系数的T值。拟合优度 $R^2=0.98$。该方程检验结果良好。各系数的T值符合要求，T值检验见表6－8。方程中存在因变量的滞后变量，DW检验在此失效。金融资产的 MPC＝0.054，住房资产的 MPC＝－0.027。在1985—2005年的20个样本中（1985年由于求1阶差分该样本自然消除），有12个金融资产和住房资产数据与消费数据符号相反。这说明，金融资产对消费的影响主要是反向的，而住房资产对消费的影响主要是同向的。但从绝对影响上看，金融资产的边际消费倾向要大于住房资产的边际消费倾向，金融资产的财富效应要大于住房资产的财富效应。这两种财富效应比较接近。两种资产的MPC都较小，说明收入对消费的制约仍然是主要的。

4. 对模型（6－23）的检验。模型（6－23）无法获得令人满意的拟合结果，不予参考。

5. 对模型（6－24）的检验。对模型（6－24）进行拟合得到如下方程（6－26）：

$$dc_t = -0.57dg_t - 0.118ds_t + 0.045dh_t + [ar(1) = -1.0, ar(2) = -1.36, ar(3) = -1.4, ar(4) = -1.21, ar(5) = -1.04, ar(6) = -0.59, ar(7) = -0.44] \tag{6-26}$$

该方程的F检验表明不存在自相关。对误差项采取自回归，同样是为了消除原方程中存在的自相关，并提高各系数的T值。拟合优度 $R^2=0.88$。该方程检验结果较好。各系数的T值符合要求，T值检验见表6－8。方程中存在因变量的滞后变量，DW检验在此失效。金融资产的MPC＝－0.118，住房资产的MPC＝0.045。金融资产的边际消费倾向要大于住房资产的边际消费倾向，金融资产的财富效应要大于住房资产的财富效应。

表6－8 模型(6－22)和模型(6－24)的系数T检验情况

模型（6－22）				模型（6－24）			
变量	T值	变量	T值	变量	T值	变量	T值
dg_{t-1}	2.55	ar（3）	2.67	dg_t	－3.07	ar（3）	－3.42
ds_{t-1}	4.04	ar（6）	－7.89	ds_t	－15.94	ar（4）	－4.27
dh_{t-1}	－10.9	ar（7）	－10.65	dh_t	5.67	ar（5）	－3.06
ecm_{t-1}	－23.92	—	—	ar（1）	－3.12	ar（6）	－2.69
ar（2）	6.9	—	—	ar（2）	－5.34	ar（7）	－2.16

（二）广东居民与全国居民分类资产财富效应的比较

1. 实证分析结果均显示，无论是广东省居民还是全国居民，都表现出金融资产财富效应大于住房资产的财富效应（这种情况与美国的情况相反），而且两种资产的财富效应都较微弱。两种资产的MPC都较小，说明收入对消费的制约仍然是主要的，两种居民的消费对收入存在过度敏感性。

2. 居民受限制的金融资产账户较少，是导致金融资产财富效应大于住房资产财富效应的共同原因。广东居民与中国居民一样，其持有的金融资产主要是不受限制的储蓄资产（广东省居民资产结构已经在前面有论述，这里不重复），受到限制的账户如五种社会保险基金和住房公积金，其占金融资产的比例较低。

就中国居民而言，1980—1988 年居民金融资产几乎是储蓄资产。1989—2005 年期间，除 2000 年和 2001 年的储蓄资产比例为 90% 以下外，其他年份储蓄资产比例均在 90% 以上。储蓄资产的平均比例接近 95%。1993 年以前，居民所持有的股票资产占金融资产的比例几乎为零，1993 年以后有所增加。其中，2000 年达到最高比例 10.9%，其后一直下降，平均比例为 3.18%。而且股票资产的价值波动大也限制其财富效应的发挥。1989 年以后，出现少量的社会保险资产，其占居民金融资产的比例在 3% 以下。由于受到限制的账户相对较少，使金融资产及其产生的收益产生相对较强的财富效应。

3. 其他相同的原因使资产的整体财富效应微弱。这些其他愿意包括：储蓄的低增殖性和股市的波动削弱资产的财富效应，住房消费的条件限制及其价格的过快上涨，抑制消费的扩大，较强的流动性约束制约住房资产的财富效应，等等。

4. 无论是广东省居民还是全国居民，其持有的人均资产总量同发达国家相比尤其是同美国相比还存在很大差距。广东省和中国居民资产的财富效应还有很大的发挥空间。

二、广东城镇与全国城镇居民分类资产的财富效应比较

（一）全国城镇居民分类资产财富效应[①]的检验

1. 全国城镇居民数据来源与数据性质。中国城镇居民以 1985—2005 年的年度人均不变价格数据为样本进行分析（以 1978 年城市居民消费价格指数为 100）。数据主要来源于《中国

① 全国城镇居民分类资产的财富效应比较可见如下参考文献：骆祚炎．城镇居民金融资产和不动产财富效应的比较分析［J］．数量经济技术经济研究．2007，(11)：56—65。

统计年鉴》1985—2006年各期。

全国城镇居民金融资产包括：储蓄存款、股票和社会保险账户。社会保险账户包括：基本养老保险、失业保险、医疗保险、工伤保险和生育保险。两种金融资产在此没有统计。一是居民购买的商业保险。二是居民缴存的住房公积金。住房公积金制度2002年实施以来，已经积累较大的余额，2006年5月达到6864亿元[①]。但是，2002年以来历年的住房公积金数据无法查找。大部分非正规就业或失业中的低收入者，无法或无力参加公积金制度，各地在执行这一制度上也存在较大的差异，住房公积金对消费的影响本研究不展开分析。城镇居民住房资产，通过计算人均居住面积和当年的住房均价得到，不考虑自住房、租赁房和度假房等之间的差别[②]。

时间序列数据的平稳性是进行模拟分析的前提。对公式（6－3）中的水平值进行ADF检验发现，这些水平值均不满足平稳性条件。分别对公式（6－3）中的变量求1阶差分，发现消费、转移性收入、住房资产平稳，但金融资产不平稳（接受概率为12.58%）。通过直接求各资产的边际消费倾向来比较财富效应成为不可能。虽然对变量求2阶差分后，各序列平稳，但是2阶差分后各变量的经济意义变得不明显。为此，本研究对模型（6－3）中的变量取对数值后进行检验。结果发现，消费、转移收入和金融资产在5%水平上平稳，住房资产在10.5%的水平上接受平稳的假设。这样，拟合出来的方程，其各变量的系数就代表消费的资产弹性和收入弹性。消费的金融资产和住房资产弹性

---

① 汪光焘：确保资金安全是今年公积金管理工作重心.http：//news.soufun.com/2007－03－09/974033.htm.

② Benjamin（2004）所指不动产包括居住房、度假房和租赁房，金融资产包括股票、债券和共同基金等。

分别代表两种资产的财富效应。ADF单位根检验结果见表6-9。

表6-9 全国城镇居民各变量单位根检验结果表

变量	类型	ADF值	1%临界	5%临界	10%临界	结论
$d(c_t)$	(c,0,0)	-6.065118	-3.831511	-3.029970	-2.655194	平稳
$d(g_t)$	(c,0,0)	-4.126550	-3.831511	-3.029970	-2.655194	平稳
$d(h_t)$	(c,0,0)	-4.536746	-3.831511	-3.029970	-2.655194	平稳
$d(s_t)$	(0,0,0)	-1.481399	-2.692358	-1.960171	-1.607051	不平稳
$\ln c_t$	(c,0,3)	-2.850657	-3.886751	-3.052169	-2.666593	平稳
$\ln g_t$	(0,0,0)	-1.743406	-2.685718	-1.959071	-1.607456	平稳
$\ln h_t$	(c,0,0)	-2.571584	-3.808546	-3.020686	-2.650413	平稳*
$\ln s_t$	(c,0,3)	-5.377823	-3.886751	-3.052169	-2.666593	平稳

注：1.（c，0，3）中的3表示滞后3阶，0表示无趋势项，c表示带截距项。其他与此类似。2. 同类型检验的临界值的差异与滞后阶数是固定还是连续有关，还与其他因素有关。

2. 财富效应分析模型的修正。时间序列平稳性特征要求，模型（6-3）中的变量须取对数值。同时，资产对消费的影响还要考虑时间滞后因素。一般来说，资产对居民消费具有滞后的影响，而收入对消费的影响是同期的。这样，模型（6-3）演变为如下形式：

$$\ln c_t = \beta[b_Y + (b_G - b_Y)\ln g_t + \lambda_S \ln s_{t-1} + \ln h_{t-1}] \qquad (6-27)$$

模型（6-27）在使用月度和季度等短周期数据时可能是适用的。同时考虑到，转移性收入一般比消费滞后，所以模型（6-27）可以进一步修正为如下（6-28）式：

$$\ln c_t = \beta[b_Y + (b_G - b_Y)\ln g_{t-1} + \lambda_S \ln s_{t-1} + \ln h_{t-1}]^{①} \qquad (6-28)$$

另一方面，本研究使用的样本为年度数据，资产对消费的影响在

① Benjamin(2004)也考虑到转移性收入的滞后影响。

年度内也可以视为同期影响。认为只有上年末的资产对到本年末的消费产生影响是不合理的。为此，本研究同时提出另一种分析模型如下：

$$\ln c_t = \beta[b_Y + (b_G - b_Y)\ln g_t + \lambda_S \ln s_t + \ln h_t] \quad (6-29)$$

本研究同时利用模型（6－27）、（6－28）和（6－29）来分析全国城镇居民金融资产和不动产的财富效应。

3. 对模型（6－27）的检验。对模型（6－27）进行模拟得到拟合方程如（6－30）式：

$$\ln c_t = -0.048\ln g_t - 0.086\ln s_{t-1} - 0.14\ln h_{t-1} + [ar(4) = -0.233] \quad (6-30)$$

方程（6－30）不存在自相关的现象。其各系数的 T 值检验（见表6－10）除 $ar(4)$ 项的略小之外，其他均在5%的水平上成立。由于无常数项，不需要进行 F 检验。对误差项采取 $ar(4)$ 的形式，是为了消除原方程中存在的自相关现象，并增强各系数的 T 值。方程符合要求。从该方程看，消费的金融资产弹性为 －0.086，消费的住房资产弹性为－0.14。金融资产和住房资产的弹性为负数，实际上是指两种资产的价值上升能够促进消费的增加。这是因为，消费的对数值1985—2005年全为负数，而住房资产的对数值全为正数，金融资产的对数值除1985—1989年为负数外，1990—2005年全为正数。所以这种“负”的弹性实际上反映的是同向变动关系。消费的住房资产弹性为－0.14，即指住房资产价值增加1%，消费增加0.14%。消费的金融资产弹性具有同样的涵义。消费的住房资产弹性要略大于消费的金融资产弹性，即住房资产的财富效应要略大于金融资产的财富效应。

4. 对模型（6－28）的检验。对模型（6－28）进行拟合得到方程（6－31）：

$$\ln c_t = -0.052\ln g_{t-1} - 0.094\ln s_{t-1} - 0.143\ln h_{t-1} + [ar(1)$$

$= -0.743, ar(4) = -0.669] + [ar(5) = -0.57, ar(6)$
$= -0.26]$ (6－31)

方程（6－31）不存在自相关的现象。各系数的T值检验（见表6－10）均在5%的水平上成立。方程符合要求。消费的金融资产弹性为－0.094，消费的住房资产弹性为－0.143。金融资产和住房资产的弹性为负数，实际上反映资产价值和消费呈现同向变动关系。同样，住房资产的财富效应要略大于金融资产的财富效应。

5. 对模型（6－29）的检验。对模型（6－29）进行拟合得到方程（6－32）：

$$\ln c_t = -0.065\ln g_t - 0.069\ln s_t - 0.159\ln h_t + [ar(6) = -0.437] \quad (6-32)$$

方程（6－32）不存在自相关的现象。各系数的T值检验（见表6－10）均在5%的水平上成立。方程符合要求。消费的金融资产弹性为－0.069，消费的住房资产弹性为－0.159。金融资产和住房资产的弹性为负数，实际上反映资产价值和消费呈现同向变动关系。（6－32）式显示住房资产的财富效应要略大于金融资产的财富效应。

表6－10　模型（6－27）、模型（6－28）和模型（6－29）的检验情况

模型（6－27）			模型（6－28）			模型（6－29）		
变量	系数	T值	变量	系数	T值	变量	系数	T值
$\ln g_t$	－0.048	－2.97	$\ln g_{t-1}$	－0.052	－9.43	$\ln g_t$	－0.065	－3.13
$\ln h_{t-1}$	－0.087	－5.49	$\ln h_{t-1}$	－0.094	－23.18	$\ln h_t$	－0.069	－3.12
$\ln s_{t-1}$	－0.14	－7.47	$\ln s_{t-1}$	－0.143	－22.31	$\ln s_t$	－0.159	－6.21
$ar(4)$	－0.233	－1.56	$ar(1)$	－0.743	－2.58	$ar(6)$	－0.437	－4.23

续表

<table>
<tr><th colspan="3">模型（6－27）</th><th colspan="3">模型（6－28）</th><th colspan="3">模型（6－29）</th></tr>
<tr><th>变量</th><th>系数</th><th>T 值</th><th>变量</th><th>系数</th><th>T 值</th><th>变量</th><th>系数</th><th>T 值</th></tr>
<tr><td colspan="3" rowspan="4">R^2 ＝0.90。DW 检验失效。无 F 检验</td><td>$ar(4)$</td><td>－0.669</td><td>－5.03</td><td colspan="3" rowspan="4">R^2 ＝0.91。DW 检验失效。无 F 检验</td></tr>
<tr><td>$ar(5)$</td><td>－0.57</td><td>－3.43</td></tr>
<tr><td>$ar(6)$</td><td>－0.26</td><td>－3.12</td></tr>
<tr><td colspan="3">R^2 ＝0.98。DW 检验失效。无 F 检验</td></tr>
</table>

（二）广东城镇与全国城镇居民分类资产财富效应的比较

1. 由于广东城镇居民和全国城镇居民的实证分析模型的变量含义不同，因此两者之间的金融资产和住房资产财富效应不能直接比较。但是，可以通过比较两种资产之间相对系数的大小，以及资产和收入系数的大小，来大致判断两种居民金融资产和住房资产财富效应的区别。

2. 实证分析显示，广东城镇居民和全国城镇居民金融资产和住房资产的财富效应都较微弱。这种共性与广东城镇居民和全国城镇居民表现出来的消费过度敏感性有关。骆祚炎（2007）[52] 认为，居民面临的收入不确定性和日益增加的支出预期，使消费过度敏感性增强。消费对收入的过度依赖，必然削弱两种资产的财富效应。同时，在两种居民的收入结构中，工薪收入是居民收入的主体，财产性收入和家庭经营性收入所占比例不高。广东城镇居民 20 世纪 90 年代以来的财产性收入占可支配收入的比例最高为 4.9%，最低为 2.1%，平均比例近 3%。全国城镇居民 1987 年以来的财产性收入最高为 2.43%，最低为 0.55%，平均比例在 1% 左右。两种居民的家庭经营性收入占可支配收入的比例虽然比财产性收入高，但是和工薪收入相比仍然显得比重过低。两种居民的工薪收入所占比例都在70%左右。(两种居民的收入结构见表6-11)。这种收入结构导致居民消费对劳动收入的依赖程度很高，导致居民资产的财富效应不强。

表6-11 广东城镇和全国城镇居民可支配收入结构表(名义数据)

单位:%

年份	广东城镇居民				全国城镇居民			
	工薪收入占比	财产性收入占比	经营性净收入占比	转移收入占比	工薪收入占比	财产性收入占比	经营性净收入占比	转移收入占比
2006	73.60	3.20	7.60	15.60	68.93	1.92	6.36	22.79
2005	75.48	2.57	6.42	15.53	68.88	1.70	6.00	23.42
2004	85.46	2.70	5.40	16.13	70.62	1.59	4.88	22.91
2003	84.11	2.40	5.00	17.03	70.74	1.49	4.46	23.31
2002	83.36	2.10	5.00	16.96	70.19	1.25	4.06	24.50
2001	66.73	4.70	11.61	16.97	70.32	1.96	3.99	23.74
2000	64.40	4.40	16.25	14.96	71.17	2.04	3.91	22.88
1999	67.03	4.70	14.44	13.83	68.07	2.18	8.40	21.35
1998	72.00	4.30	9.43	14.28	72.92	2.43	8.54	16.10
1997	72.57	4.90	9.23	13.30	74.75	2.40	8.26	14.59
1996	67.91	4.50	14.70	12.89	76.95	2.31	7.10	13.63
1995	65.98	4.00	15.55	14.48	79.23	2.11	1.70	16.96
1994	67.43	3.90	14.40	14.28	77.59	1.97	6.90	13.54
1993	66.77	3.20	15.69	14.34	77.84	1.77	7.77	12.61
1992	67.74	2.80	14.06	15.42	79.66	1.50	7.14	11.69
1991	64.26	—	17.87	17.88	75.40	1.15	7.43	16.02

续表

年份	广东城镇居民				全国城镇居民			
	工薪收入占比	财产性收入占比	经营性净收入占比	转移收入占比	工薪收入占比	财产性收入占比	经营性净收入占比	转移收入占比
1990	66.32	—	16.84	16.85	75.83	1.03	1.48	21.66
1989	66.28	—	16.86	16.88	75.24	0.87	7.86	16.04
1988	69.34	—	15.33	15.35	76.74	0.62	7.47	15.17
1987	73.93	—	13.04	13.02	81.81	0.55	6.47	11.16

注：1. 广东城镇居民数据说明：工薪收入 1987—2001 年统计口径为工资性收入，2002—2006 年统计口径为工薪收入；1987—1991 年城镇居民财产性收入很少，因此将其假定为0。2. 全国城镇居民数据说明如下：工薪收入 1999—2006 年统计口径为工薪收入；1980—1998 年工薪收入 = 国有单位职工工资 + 集体单位职工工资 + 职工从工作单位得到的其他收入 + 其他劳动收入；2000—2006 年经营性净收入数据来源《中国统计年鉴》2001—2007 年；1980—1999 年经营性净收入 = 全年总收入 - 工薪收入 - 财产性收入 - 转移性收入；工薪收入占比、财产性收入占比、经营净收入占比、转移性收入占比分别为其与全年总收入的比值。3. 本表原始数据来源于《广东统计年鉴》和《中国统计年鉴》1980—2007 年各期。

3. 实证研究也显示出两种城镇居民在分类资产财富效应上的差异。广东城镇居民表现出来金融资产的财富效应要略高于住房资产的财富效应，但是全国城镇居民的三种模型检验均表现出住房资产的财富效应要略高于金融资产的财富效应。这种情况与广东城镇居民金融资产比重比全国城镇居民高有关。同时，广东城镇居民的住房资产价值波动比全国城镇居民住房资产的价值波动略微要大（见图 6 - 7），这使得全国城镇居民表现出相对较强的住房资产财富效应。广东城镇居民金融资产占总资产的比例比全国城镇居民要高，主要是因为广东城镇居民的储蓄资产比全国要多，相应地其各种社会保障金额及证券持有额也要多。1990 年以前，广东城镇居民与中国城镇居民金融资产占比的差异较大。1985—1990 年分别达到：17%、30%、22%、20%、18%、9%。1991—1995 年间这种差距逐渐缩小。1996—2003 年这种差距逐渐拉大，其差额分别为：5%、7%、10%、9%、12%、12%、9%、10%。2004 年、2005 年、2006 年这种差额分别为：8%、5%、3%，差额有所减少。由于没有统计全国城镇居民 1980—1984 年的数据，所以不对这个时间段的数据进行比较。广东城镇居民 1980—1984 年金融资产占总资产的比例分别为：22.46%、21.40%、24.33%、28.23%、28.75%。广东城镇居民和中国城镇居民金融资产占比可见表 6－12 的描述。

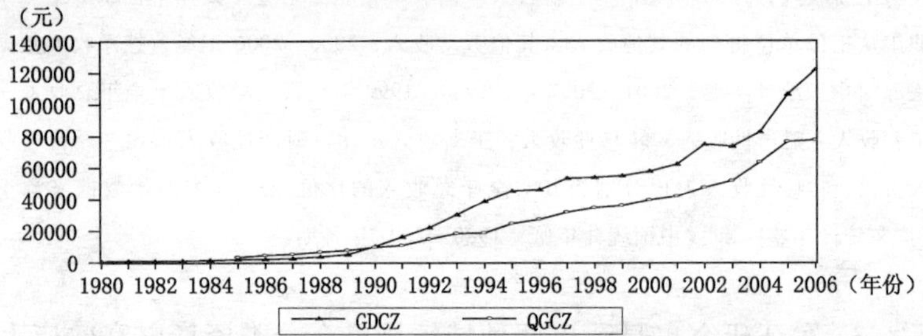

图 6－7 广东城镇（GDCZ）与全国城镇（QGCZ）居民住房资产增长情况比较

表 6－12 广东与中国城镇居民金融资产占总资产的比例

单位：%

项目	1985 年	1986 年	1987 年	1988 年	1989 年	1990 年	1991 年	1992 年
中国城镇	11.32	10.91	12.6	12.42	14.25	15.38	17.14	15.77
广东城镇	28.10	40.58	34.88	32.98	32.59	24.77	21.55	21.34

续表

项目	1993 年	1994 年	1995 年	1996 年	1997 年	1998 年	1999 年	2000 年
中国城镇	16.80	21.44	21.96	24.39	24.33	24.31	25.27	25.18
广东城镇	19.41	19.35	21.69	29.85	31.10	34.64	34.83	37.16
项目	2001 年	2002 年	2003 年	2004 年	2005 年	2006 年	2007 年	2008 年
中国城镇	25.35	24.97	25.77	23.83	22.71	25.25	—	—
广东城镇	37.41	33.57	35.14	31.57	27.53	28.34	—	—

注：根据《广东统计年鉴》和《中国统计年鉴》各期整理得到。

三、广东农村与全国农村居民分类资产财富效应比较

（一）全国农村居民分类资产财富效应的检验

1. 全国农村居民数据来源及其处理。中国农村居民数据主要来源于《中国统计年鉴》和《中国金融年鉴》1980—2007 年各期。数据覆盖 1985—2006 年共 22 年。为平滑数据，本研究均采用实际不变价格数据。农村居民实际数据以 1985 年农村居民消费价格指数为 100，然后根据各年的定基指数计算出来。例如，居民实际可支配收入 = 居民名义可支配收入 ÷（农村居民消费价格定基指数 ÷100）。其他依此类推。全国农村居民金融资产包括：储蓄存款、股票和社会保险账户。社会保险账户包括：基本养老保险、失业保险、医疗保险、工伤保险和生育保险。

2. 数据平稳性。根据模型（6－3）的要求，对各变量求一阶差分后，各数据平稳。ADF 检验见表 6－13。

表 6－13　中国农村居民各变量单位根检验结果表

变量	类型	ADF 值	1% 临界	5% 临界	10% 临界	结论
$d(c_t)$（消费）	(c,0,0)	－3.993610	－3.808546	－3.020686	－2.650413	平稳
$d(g_t)$（转移收入）	(c,0,0)	－3.878328	－3.808546	－3.020686	－2.650413	平稳
$d(s_t)$（金融资产）	(c,0,0)	－2.663410	－3.808546	－3.020686	－2.650413	平稳
$d(h_t)$（住房资产）	(0,0,0)	－5.698592	－3.808546	－3.020686	－2.650413	平稳

注：1. 金融资产的一阶差分在 10% 的水平上平稳。其他均在 1% 的水平上成立。2. 同类型检验的临界值的差异与滞后阶数是固定还是连续有关，还与其他因素有关。

3. 实证分析模型。结合理论分析模型（6－3），并考虑到转移性收入及各种资产对消费的滞后性，得到如下实证分析模型（6－33）：

$$c_t = \beta[b_Y + (b_G - b_Y)g_{t-1} + \lambda_S s_{t-1} + h_{t-1}] \quad (6-33)$$

4. 实证结果。对模型（6－33）进行拟合得到方程（6－34）如下：

$$dc_t = -0.024 + 4.058dg_{t-1} + 0.353ds_{t-1} - 0.129dh_{t-1} + [ar(2) = -0.307, ar(6) = -0.243, ar(7) = -0.872] \quad (6-34)$$

该方程拟合优度达到 0.86。方程不存在自相关。F 检验在 1% 的显著水平上成立。各系数的 T 值检验合格（见表 6－14）。住房资产的系数为负数，在 21 个有效的原始样本中，经过调整后的有效样本个数为 13 个（1994—2006 年）。在这 13 个有效样本中，住房资产的差分值与消费对应的差分值有 7 个符号相反，从总体上看，也可以认为该负的系数意味着住房资产有“正”的财富效应。瓦尔德检验表明，住房资产系数和金融资产系数不相等。中国农村居民金融资产的财富效应要高于住房资产的财富效应。

表 6－14 模型（6－14）的 T 检验情况

变量	系数	T 值	显著性水平
dg_{t-1}	4. 058306	6. 344512	0. 0007
ds_{t-1}	0. 352900	3. 217221	0. 0182
dh_{t-1}	－0. 129746	－5. 913465	0. 0010
c	－0. 024432	－5. 012419	0. 0024
ar（2）	－0. 307641	－3. 068695	0. 0220
ar（6）	－0. 243527	－2. 247808	0. 0656
ar（7）	－0. 872297	－8. 157727	0. 0002

（二）广东农村与全国农村居民不同种类资产财富效应的比较

从实证分析结果看，广东农村居民住房资产财富效应要略微高于金融资产财富效应，中国农村居民的金融资产财富效应要略微高于住房资产财富效应。两种居民的两种资产财富效应相对于收入对消费的影响来说都要弱。这种特点与两种居民的资产结构和收入结构有关。

1. 首先从收入结构看。工资性收入和家庭经营性等劳动收入是两种居民收入的主体。这意味着两种居民的消费对收入都存在过度敏感性，因为两种居民的两种资产财富效应相对于收入对消费的影响来说都较低。例如，1987—1992 年期间，广东居民财产性收入占比分别为：9. 00%、8. 10%、8. 50%、8. 10%、9. 10%、10. 00%，同期中国农村居民财产性收入占比分别为：7. 21%、7. 01%、7. 84%、6. 89%、7. 33%、4. 58%。2000—

2006年广东农村居民财产性收入占比分别为：2.00%、3.00%、3.60%、4.50%、5.60%、3.60%、4.30%，同期中国农村居民财产性收入占比分别为：2.00%、1.98%、2.05%、2.50%、2.60%、2.73%、2.73%。1993—1999年期间两种居民的财产性收入占比更低（见表6-15）。

表6-15 广东农村和全国农村居民可支配收入结构表 单位：%

年份	中国农村				广东农村			
	工资性收入占比	家庭经营收入占比	转移收入占比	财产收入占比	工资性收入占比	家庭经营收入占比	转移收入占比	财产收入占比
2006	38.40	53.83	5.04	2.73	57.20	33.30	5.10	4.30
2005	36.08	56.67	4.52	2.73	54.60	36.90	4.90	3.60
2004	34.00	59.46	3.93	2.60	49.80	41.40	3.20	5.60
2003	35.00	58.78	3.69	2.50	48.50	43.40	3.60	4.50
2002	33.93	60.04	3.97	2.05	43.80	47.80	4.80	3.60
2001	32.62	61.69	3.72	1.98	41.70	50.70	4.60	3.00
2000	31.07	63.35	3.50	2.00	37.30	54.80	5.90	2.00
1999	28.52	65.54	4.53	1.43	30.40	61.60	6.30	1.70
1998	26.53	67.81	4.26	1.40	28.20	63.90	6.30	1.60
1997	24.62	70.47	3.79	1.13	26.20	65.80	6.50	1.50
1996	23.41	70.74	3.64	2.21	25.80	66.20	6.30	1.70
1995	22.41	71.34	3.63	2.60	26.40	65.10	6.70	1.80
1994	21.54	72.22	3.12	3.12	25.10	66.40	7.00	1.50
1993	21.10	73.59	2.64	2.64	21.60	68.40	9.10	0.90
1992	23.52	71.63	0.27	4.58	7.00	82.60	0.40	10.00
1991	9.32	83.01	0.28	7.33	5.50	85.20	0.20	9.10

续表

年份	中国农村				广东农村			
	工资性收入占比	家庭经营收入占比	转移收入占比	财产收入占比	工资性收入占比	家庭经营收入占比	转移收入占比	财产收入占比
1990	8.79	84.00	0.36	6.89	6.80	85.00	0.10	8.10
1989	9.40	82.10	0.57	7.84	7.40	83.50	0.60	8.50
1988	9.16	83.19	0.66	7.01	7.10	84.20	0.60	8.10
1987	9.07	82.84	0.75	7.21	6.20	84.10	0.70	9.00

注：1. 广东农村居民数据说明如下：工资性收入 1985—1992 年统计口径为从集体统一经营中得到的收入，1993—1999 年统计口径为劳动者的报酬收入，2000—2006 年统计口径为工资性收入；转移性收入 1985—1992 年统计口径为从经济联合体得到的收入，1993—2005 年统计口径为转移性收入；财产性收入 1985—1992 年统计口径为其他非生产性收入，1993—2006 年统计口径为财产性收入。2. 中国农村居民数据说明如下：工资性收入 1998—2006 年统计口径为工资性收入，1992—1997 年统计口径为劳动者报酬，1980—1992 年统计口径为劳动者收入；转移性收入 1992—2005 年统计口径为转移性收入，1980—1991 年统计口径为从经济联合体得到的收入；财产性收入 1992—2006 年统计口径为财产性收入，1980—1991 年统计口径为其他非生产性收入；工资性收入占比、家庭经营收入占比、转移性收入占比、财产性收入占比分别为其与人均纯收入的比值。3. 本表原始数据来源于《中国统计年鉴》和《广东统计年鉴》1980—2007 年各期。

2. 从资产结构及资产波动情况看。广东农村居民的金融资产比重要高于全国农村居民，但是广东农村居民的金融资产在增长过程中的波动较大，全国农村居民的金融资产增长更加平滑（见图 6 - 8）。资产的平稳增长是资产发挥财富效应的重要条件。这种资产增长的波动差异，可能相对削弱了广东农村居民的金融资产财富效应，从而使住房资产财富效应的效果超过全国农村居民的住房资产财富效应。

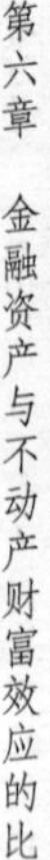

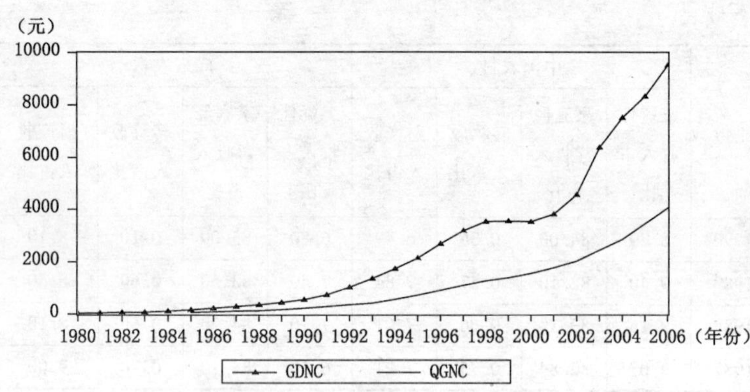

图 6－8 广东农村（GDNC）与全国农村（QGNC）居民金融资产增长情况比较

当然，广东农村居民相对较强的住房资产财富效应还可能与近年来的广东地区的住房价格的上涨有一定关系。同时，广东地区聚集了全国各地的许多农民工和流动人口，使广东农村居民的住房收入（例如租赁收入和投资收入）增长较快，这在一定程度上也增强了农村居民的住房资产财富效应。

参考文献：

[1] 骆祚炎．财富效应理论研究新进展［J］．经济学动态．2007，(6)：105—109.

[2] Skeiner Jonathan. Housing Wealth Effect and Aggregate Saving [J] Regional Science and Urban Economics. 1999, (19): 305—324.

[3] Engelhardt G. V.. House prices and home owner saving behavior [J]. Regional Science and Urban Economics. 1996, (26): 313—336.

[4] Hoynes H. W. and D. L. McFadden. The impact of demographics on housing and non-housing wealth in the United States. In M. D. Hurd, Y. Naohiro (eds). The economic effect of aging in the United States and Japan [R]. Chicago University of Chicago for NBER. 1997. 153—194.

[5] Levin Laurence. Are Assets Fungible? Testing the Behavioral Theory of Life-Cycle Savings [J], Journal of Economic Organization and Behavior. 1998, (36): 59—83.

[6] Tracy J. and Schnedder H. and Chan S. Are Stock Overtaking Real Estate in Household Portfolio [J]. Federal Reserve Bank of New York Current Issues in Economics and Finance, 1999, (5): 1—5.

[7] Poterba J. Stock Market Wealth and Consumption [J]. Journal of Economic Perspective, 2000, (14): 99—198.

[8] Yoko Moriizumi. Current wealth, housing purchase and private housing loan demand in Japan [J]. Journal of Real Estate Finance and Economics. 2000, (1): 65—86.

[9] Campbell John, J. Cocco. How Do House Prices Affect Consumption? Evidence from Micro-Data [R]. NBER Working Paper. NO. 11534. 2005.

[10] Karl E. Case and John M. Quigley and Robert J. Shiller. Comparing Wealth Effects-the Stock Market versus the Housing Market [R], NBER Working Paper, 2001.

[11] Bayoumi T. and Edison H. Is Wealth Increasingly Driving Consumption? [R]. IMF Working Paper, October. 2002.

[12] [22] Benjamin John D. and Chinloy P. and Donald Jud G. Real Estate Versus Financial Wealth in Consumption [J]. Journal

of Real Estate Finance and Economics, 2004, (3): 341—354.

[13] Christopher D. Carroll, Misuzu Otsuka, Jirka Slacalek. How Large Is the Housing Wealth Effect? A New Approach [R]. Working Paper, October 18. 2006.

[14] Poterba J. and A. Samwick, (1995), "Stock ownership patterns, stock market fluctuations and consumption", Brookings Papers on Economic Activity, 2: 295—357.

[15] Shleifer A., (1995), "Comment on stock ownership patterns, stock market fluctuations and consumption", Brookings Papers on Economic Activity, 2: 358—359.

[16] Juster F. T. and J. Lupton and J. P. Smith and F. Stafford, 1999. In John D. Benjamin and Peter Chinloy and G. Donald Jud, Real Estate Versus Financial Wealth in Consumption, Journal of Real Estate Finance and Economics, 2004, (3): 351.

[17] Hoynes H. W. and D. L. McFadden, "The impact of demographics on housing and non-housing wealth in the United States". In M. D. Hurd and Y. Naohiro (eds), (1997), "The economic effect of aging in the United States and Japan", Chicago University of Chicago for NBER, 153—194.

[18] Engelhardt G. V., (1996), "House prices and home owner saving behavior", Regional Science and Urban Economics, 26: 313—336.

[19] 卢嘉瑞、朱亚杰．股市财富效应及其传导机制 [J]. 经济评论, 2006, (6): 36—44.

[20] 段进、曾令华、朱静平．我国股市财富效应对消费影响的协整分析 [J].消费经济, 2005, (2): 86—88.

[21] 骆祚炎．近年来中国股市财富效应的实证分析 [J].

当代财经，2004，(7)：10—13.

[22] 李振明．中国股市财富效应的实证分析［J］.经济科学，2001，(3)：58—61.

[23] 贺菊煌．消费函数分析［M］.北京：社会科学文献出版社，2000.53—55.

[24] 臧旭恒．中国消费函数分析［M］.上海：上海三联书店和上海人民出版社联合出版，1995.239—246.

[25] 刘建江、杨玉娟、袁冬梅．从消费函数理论看房地产财富效应的作用机制［J］.消费经济，2005，(2)：93—96.

[26] 李振明．中国股市财富效应的实证分析［J］.经济科学，2001，(3)：58—61.

[27] 骆祚炎．近年来中国股市财富效应的实证分析［J］.当代财经，2004，(7)：10—13.

[28] 孙凤．消费者行为数量研究——以中国城镇居民为例［M］.上海三联书店，上海人民出版社．2002：160—170.

[29] Christopher D. Carroll, Misuzu Otsuka, Jirka Slacalek. How Large Is the Housing Wealth Effect? A New Approach [R]. Working Paper, October 18. 2006.

[30] 段进、曾令华、朱静平．我国股市财富效应对消费影响的协整分析［J］.消费经济，2005，(2)：86—88.

[31] Christopher D. Carroll, Misuzu Otsuka, Jirka Slacalek. How Large Is the Housing Wealth Effect? A New Approach [R]. Working Paper, October 18. 2006.

[32] Muellbauer J. *The Assessment: Consumer Expenditure* [J], Oxford Review of Economic Policy. 1994, (10): 1—41.

[33] John D. Benjamin, Peter Chinloy, *G. Donald Jud. Real Estate Versus Financial Wealth in Consumption* [J], Journal of Real

Estate Finance and Economics. 2004, (3): 341—354.

[34] John D. Benjamin and Peter Chinloy and G. Donald Jud, Real Estate Versus Financial Wealth in Consumption, Journal of Real Estate Finance and Economics, 2004, (3): 341—354.

[35] Romer Christina, The great crash and the onset of the great depression, Quarterly Journal of Economics, 1990, (105): 597—624.

[36] John D. Benjamin and Peter Chinloy and G. Donald Jud, Real Estate Versus Financial Wealth in Consumption, Journal of Real Estate Finance and Economics, 2004, (3): 341—354.

[37] 骆祚炎. 教育、医保和住房支出压力对城镇居民消费影响的VAR分析[J]. 广东商学院学报. 2007, (1): 58—62.

[38] Engelhardt G. V., House prices and home owner saving behavior, Regional Science and Urban Economics, 1996, (26): 313—336.

[39] 骆祚炎. 消费过度敏感性的状态空间模型检验——基于广东数据的分析[J]. 当代财经. 2007, (1): 12—16.

[40] John D. Benjamin and Peter Chinloy and G. Donald Jud, Real Estate Versus Financial Wealth in Consumption, Journal of Real Estate Finance and Economics, 2004, (3): 341—354.

[41] Ling T. He and Josephp Mcgarrity, A reexamination of the wealth effect and uncertainty effect, International Advances in Economics Research, 2005, (11): 379—398.

[42] Romer Christina, The great crash and the onset of the great depression, Quarterly Journal of Economics, 1990, (105): 597—624.

[43] 赵晓: 我们见证中国房价历史性下跌. http: //news.

wuhan. soufun. com/2005 - 07 - 201/466560. htm.

[44] 骆祚炎. 教育、医保和住房支出压力对城镇居民消费影响的VAR分析 [J]. 广东商学院学报. 2007,(1):58—62.

[45] Engelhardt G. V., House prices and home owner saving behavior, Regional Science and Urban Economics, 1996, (26): 313—336.

[46] 杜海韬、邓翔. 流动性约束和不确定性状态下的预防性储蓄研究——中国城乡居民的消费特征分析 [M]. 经济学(季刊). 2005,(2):297—315.

[47] 骆祚炎. 我国城镇贫困人口规模再估算 [J]. 财经科学. 2006,(9):82—89.

[48] 宋冬林等. 我国城镇居民消费过度敏感性的实证检验与经验分析 [J]. 管理世界, 2003,(5):29—35.

[49] 骆祚炎. 消费过度敏感性的状态空间模型检验——基于广东数据的分析 [J]. 当代财经, 2007,(1):12—16.

[50] 李新伟等. 城市农民工的基本权益保障研究 [J]. 人口学刊. 2006,(2):36—40.

[51] 骆祚炎. 城镇化进程中的人口流动与城镇新增贫困人口问题分析 [J]. 人口与经济. 2007,(4):46—51.

[52] 骆祚炎. 消费过度敏感性的状态空间模型检验——基于广东数据的分析 [J]. 当代财经, 2007,(1):12—16.

第七章

支出预期、预防性储蓄与居民消费

本章结合支出预期因素与预防性储蓄理论共同解释居民消费。预防性储蓄理论主要从收入和就业等方面的变动，来分析不确定性对居民消费的影响。支出预期理论主要从物价变动和居民主要支出的预期变化，来研究居民消费的变化。两者可以结合起来，共同解释居民的消费行为。

第一节 支出预期和预防性储蓄共同影响消费

一、预防性储蓄影响居民消费行为

预防性储蓄①是指风险厌恶的消费者为预防未来不确定性而带来的消费水平下降而进行的储蓄。这种不确定性主要由收入的波动造成。最早在理论中涉及到预防性储蓄动机的 Fisher（1956）② 和 Friedman（1957）③。他们的研究发现，当个人的职业包含更多的风险时，他们将储蓄更多。

在经济转轨时期，中国居民同样因为就业、收入增长和社会保障制度等因素面临诸多不确定性，从理论上说，预防性储蓄动机是存在的。与国外情况研究相同，有的研究认为中国居民存在较强的预防性动机，而有的研究则认为中国居民预防性动机强度不大。总之，中国居民预防性动机是存在的。

① 该部分观点可参考文献：骆祚炎．支出增长预期对居民消费和储蓄的影响分析——兼评预防性储蓄理论的不足［J］．山西财经大学学报．2007，（8）：33—38；骆祚炎．教育、医保和住房支出压力对城镇居民消费影响的 VAR 分析［J］．广东商学院学报．2007，（1）：58—62，该篇文章被中国人民大学复印资料《商贸经济》，2007 年第 5 期全文转载（42—46 页）；骆祚炎．教育和医保支出压力对农村居民消费影响的 VAR 分析［J］．统计与决策．2007，（22）：90—91。

② Fisher, Malcolm, "Exploration in Saving Behavior", Oxford University Institute Statistics Bulletin, 1956, (18): 210—227.

③ Friedman, M., A Theory of the Consumption Function, Princeton University Press, Princeton, NJ, 1957.

Zeldes (1989)[①] 在其经验模型中得到的分析结果是，当个人拥有的财富是200美元时，谨慎储蓄是最优消费的20%。即如果没有收入的不确定性，消费将比在不确定下高出20%。而当个人拥有的财富是500美元时，谨慎储蓄是最优消费的7%。这表明，个人拥有的财富同谨慎储蓄之间似乎存在反向变动关系。标准的LCH假说认为，消费同持久收入之间保持一个线性关系，持久收入被定义为非人力财富的年金值和未来收入的折现值（其实在该理论中已经考虑到财富效应）。Zeldes认为这种消费函数模型可能是错误的。其实从财富效应理论的角度看，Zeldes的预防性储蓄理论和生命周期假说（LCH）都说明财富效应的存在，区别在于资产在消费中发挥作用大小和机制有所不同。Zeldes认为，消费是资产和收入的稳定函数的结论，在个人劳动收入是随机的情况下，必须要保证消费的效用函数是二次型并且消费可以为负的条件才能成立。Carroll (1993)[②] 理论认为，储蓄相当于一种缓冲存货，以便在境况艰难时维持消费而在境况如意时增加消费。缓冲存货储蓄者一般有一个财富对持久收入的目标比率。如果财富低于目标比率，预防性储蓄动机的强度将战胜消费者的不耐心而增加储蓄。反之则相反。

与一些预防性储蓄模型不同，Wilson (1998)[③] 的预防性储蓄模型在考虑消费支出时，不仅包括了非耐用品的消费，还

---

① Zeldes Stephen P.，"Optional Consumption with Stochastic Income: Deviations from Certainty Equivalence'，Quarterly Journal of Economics，1989，(104)：275—298.

② Carroll Chritopher，"Buffer Stock Saving and the Life Cycle/Permanent Income Hypothesis"，Mimeo，Board of Governors of the Federal Reserve System，1993.

③ 朱春燕、臧旭恒．预防性储蓄理论——储蓄函数的新进展［J］．经济研究．2001，(1)：88—89。

包括了耐用消费品的消费（假定该两种消费效用能够相加）。Wilson 对消费的估计更加全面。Wilson 采用了 CARA（绝对风险厌恶）效用函数：

$$U(CN_t, K_t) = -\frac{1}{\gamma}e^{-\gamma CN_t} - \frac{1}{e}e^{-\rho K_t}$$

在上式中，γ 是非耐用品的绝对风险厌恶系数，ρ 是耐用消费品的绝对风险厌恶系数。如果 γ 和 ρ 都是正的，则表示未来劳动收入不确定性上升的家庭，将通过降低当前对耐用和非耐用消费品的支出来预防消费上面的波动。随着时间的推移和谨慎财富的增加，支出将转而上升。该模型的研究表明，假定年人均收入为 40000 美元时，季度储蓄率为 10%。如果季度收入的 15% 面临风险时，谨慎储蓄占总储蓄的 5%—10%。如果季度收入的 30% 处于风险中时，谨慎储蓄占到总储蓄的 9%—21%。尽管比例有所上升，但谨慎储蓄对总财富积累的贡献仍然很小。但是当考虑的总消费支出中包含劳务消费时，谨慎储蓄的比例开始大幅度上升。当季度收入中有 15% 处于风险之中时，谨慎储蓄占总储蓄的比例达到 42%—55%。而当季度收入中有 30% 是风险收入时，则所有的储蓄都是预防性的。

但是，也有研究者对预防性储蓄理论提出质疑。Dynan (1993)① 模型认为预防性储蓄在家庭的总储蓄中只占到一个很小的比例，预防性储蓄不是消费者行为中的重要部分（该模型使用消费变量来估计风险，这与众不同）。在考虑流动性约束之后，有较高财富的家庭相对谨慎系数有所提高。考虑到选择效应后，对于一个给定的收入不确定性水平，风险厌恶的家

① Dynan Karen E.，"How Prudent are Consumers"，Journal of Political Economy，1993，(101)：1104—1113.

庭将选择进行更多的储蓄。但是在考虑到上述效应后，Dynan对相对谨慎系数的估计仍然接近于0。因此该理论对财富效应的解释没有Zeldes模型明显。Skinner（1988）[①] 发现最有风险的职业（例如自我雇佣者和商人）有较低的储蓄率，这说明通过职业的特征来判断一个人所面临的风险时可能会造成不准确。Skinner（1988）认为，如果对风险不太介意的个人进入收入有较高风险的职业，预防性储蓄理论不必然支持这些高风险职业的个人就会储蓄更多。Guiso、Jappelli 和 Terlizzese (1992)[②] 认为，那些报告自己未来收入有较大变动的人其消费只是略微降低一点，同时财产积累稍微提高一点。

因此从理论上说，预防性储蓄动机能够部分解释居民消费行为。但是，关于预防性动机的强弱等问题，目前还存在一些争论。同时，预防性储蓄理论只从收入等方面面临的不确定性角度来解释居民消费，忽视了诸如物价和居民主要支出变化的预期对消费的影响，它需要与其他理论结合起来。

二、预防性储蓄不能完全解释居民消费

近年来，中国居民消费倾向不断降低（见图7－1），居民储蓄[③]倾向不断提高（见第一章第一节的描述）。对于储蓄的增加和储蓄倾向的提高，许多文献从消费的角度进行研究。其

① Skinner, Jonathan, "Risky Income, Life Cycle Consumption, and Precautionary Savings", Journal of Monetary Economics, 1988, (22): 237—255.

② Guiso, Lullio Jappelli and Daniele Terlizzese, "Earnings Uncertainty and Precautionary Savings", Journal of Monetary Economics, 1992, (30): 307—337.

③ 居民储蓄＝居民人均可支配收入－居民人均消费，即居民储蓄指居民消费之后的剩余。因此本研究的居民储蓄不仅包括居民的银行储蓄存款，还包括居民对股票、企业债券、国债、基金和保险等方面的投资。有的居民还用储蓄来进行非自用的投资（例如购买非自用的商品住房）。

中，一些文献把原因归结为在转轨时期，居民面临的不确定性增强所导致的预防性储蓄增加和流动性约束限制了居民消费。这些原因分析以预防性储蓄理论为基础。例如，龙志和（2000）[1]以1991—1998年分地区的截面数据为基础进行分析后认为，用来衡量预防性储蓄的相对谨慎系数达到5.0834，居民预防性储蓄动机对储蓄的影响是显著的。汪红驹等（2002）[2]认为，制度变革增加了消费者的不确定性，不确定性和流动性约束的增强是居民消费倾向下降的主要原因。杜海韬等（2005）[3]认为，20世纪90年代中期以来持续走低的收入增长率直接抑制了消费需求的增长，仍然偏紧的流动性约束和日益增强的不确定性增大了预防性储蓄动机。但是，从其他研究看，预防性储蓄理论对居民储蓄增长的解释力并不强。例如，Dynan（1993）[4]模型对预防性动机的显著性提出疑问。该模型认为预防性储蓄在家庭总储蓄中只占到一个很小的比例，预防性储蓄不是消费者行为中的重要部分。该模型的研究结果表明，消费者的谨慎度ρ小于多数研究的结论，并且小到与广泛接受的风险厌恶观点不一致的程度。在广泛使用的常相对风险函数中，ρ应该在2—5之间。但是，Dynan对ρ的估计值最高为0.312，并在95%的概率下使ρ的变动处在-0.124—0.748之间。为了解释这个现象，Dynan考虑家庭流动性约束和风险环境的选择对预防性动机的影响。在考虑流动性约束之后，有较高财富的家庭相对谨慎系数有所提高。考虑到选择效应后，对于一个给定的收入不确定性水平，风险厌恶的家庭将选择进行更多的储蓄。在考虑到上述效应后，Dynan对相对谨慎系数的估计仍然接近于0。万广华等（2001）[5]的实证分析表明，用来衡量不确定性的var(Δc_t)的系数在1961—1983年为-0.01465，在1984—1998年为-0.18353。虽然从系数的变化看，居民面临的不确定性增强了，但这些系数并不大，不确定性对储蓄增长的解释力度远不及居民收入等因素。施建淮等（2004）[6]采用1999年1月到2003年3月35个大中城市的月度数据进行实证分析认为，35个大中城市居民的相对谨慎系数为0.878，城市居民虽然存在预防性储蓄，但预防性动机并不是非常强烈。预防性储蓄理论主要从收入的角度解释储蓄和它与实证分析的矛盾表明，它不能完全解释居民储蓄增长的原因。

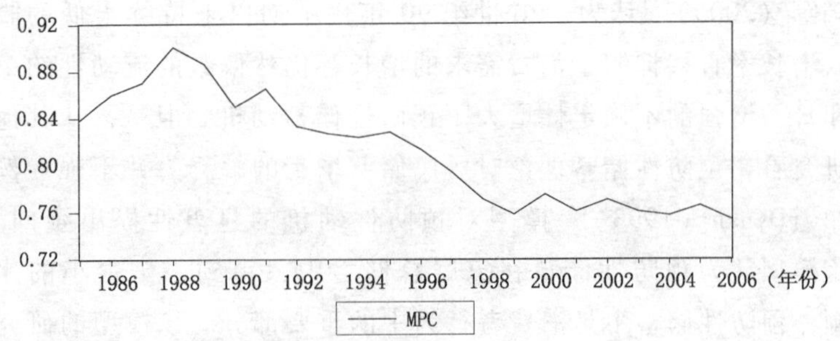

图7-1 中国居民边际消费倾向变化图

三、支出增长的预期使居民储蓄增加

对于这种矛盾的现象，本研究认为预防性储蓄理论能够部分解释居民消费倾向的下降和储蓄倾向的提高，但是它不能完全解释居民储蓄增长的原因。考虑到近年来居民在教育、医疗保健和住房等三项消费支出的不断增长等现象，本研究认为居民对未来支出形成增长的预期，也是促使居民增加储蓄的重要原因。之所以提出这个影响因素，是基于如下几点理由。第一，预防性储蓄理论主要是从收入波动的角度（包括失业）来分析居民储蓄的动机，而没有考虑到居民未来支出的增长。臧

旭恒（2001）[7]认为，用收入的不确定性来划分各种预防性储蓄理论，有多少个关于收入不确定性的假设，就有多少种关于预防性储蓄的理论。这表明预防性储蓄理论主要研究收入等波动对消费和储蓄的影响，具有片面性。朱宪辰等（2001）[8]的研究认为，城镇居民支出结构预期而不是收入预期使边际消费倾向发生了变化。这是对预防性储蓄理论提出的反论。这说明支出预期因素的确对居民储蓄产生影响。第二，有关调查问卷表明，教育消费等支出是居民进行储蓄的重要原因。据国家统计局城调总队的调查结果显示，在居民十余种储蓄目的当中，把子女教育摆在首位的家庭最多，达到36.5%。排在第二位的储蓄目的是养老，选择率为31.5%。根据中国人民银行的调查，2003年第1季度，居民的消费意愿平淡，但教育消费旺势不减，本季有20.22%的居民储蓄动机是“攒教育费”，稳居居民储蓄动机的首位。2004年第4季度的问卷表明，“攒教育费”仍是居民储蓄的首要目的，依次是“养老”、“买房装修”和“预防意外”，占比分别为18.9%、14.1%、11.8%和10.7%。2006年第3季度，城镇居民对“物价过高”的判断由1季度的13.1%上升到3季度的15%。2007年第4季度数据表明，64.7%的被调查者预期物价上涨①。第三，城镇和农村居民的恩格尔系数不断降低，表明教育等三项支出在居民消费支出中的重要性在增强。城镇居民恩格尔系数1990年为54.2%，1999年为42.1%，2000—2006年分别为：39.4%、38.2%、37.7%、37.1%、37.7%、36.7%、35.8%。农村居

① 中国人民银行的调查数据分别见：《2003年第一季度中国人民银行城镇储户调查问卷》[A]；《2004年第四季度中国人民银行城镇储户调查问卷》[A]；《2006年第三季度中国人民银行城镇储户调查问卷》[A]；《2007年第四季度中国人民银行城镇储户调查问卷》[A]。

民恩格尔系数1990年为58.8%，1999年为52.6%，2000—2006年分别为49.1%、47.7%、46.2%、45.6%、47.2%、45.5%、43.0%①。第四，利用扩展的线性支出系统ELES分析表明，居民在教育、医疗保健和住房等方面的基本消费需求在不断上升（骆祚炎，2006）[9]。第五，数据表明，三项支出及其占总支出的比例不断上升。三项支出的价格指数也在不断上升。从表7-1以看出，三项支出的绝对数几乎以直线上升，其占居民消费支出的比例呈现上升趋势。居住占居民消费的比重从1993年的10.13%增加到2006年的12.21%。教育消费占居民消费的比重最高，从1993年的8.47%增加到2006年12.93%，而且该比例的增长趋势很明显。医疗保健支出占居民消费的比例从1993年的3.06%上涨到2006年的7.01%。

表7-1　三项支出及其占中国居民消费（人均指标）的比重　　单位：元、%

项目	居住	医疗保健	教育	居住占比	医保占比	教育占比
1993年	116	35	97	10.13	3.06	8.47
1994年	157	47	125	10.19	3.05	8.12
1995年	202	63	163	10.32	3.22	8.33
1996年	244	84	207	10.66	3.67	9.05
1997年	273	100	244	11.20	4.10	10.01
1998年	295	114	273	11.78	4.55	10.89
1999年	310	131	307	11.76	4.97	11.65
2000年	346	171	347	12.03	5.95	12.07
2001年	380	189	380	12.32	6.13	12.32
2002年	427	231	481	12.27	6.64	13.82

① 数据见《中国统计年鉴（2007）》等。

续表

项目	居住	医疗保健	教育	居住占比	医保占比	教育占比
2003 年	466	262	519	12.28	6.90	13.68
2004 年	495	296	575	11.59	6.93	13.46
2005 年	542	354	640	11.12	7.27	13.13
2006 年	660	379	699	12.21	7.01	12.93

注：1. 本表原始数据来源《中国统计年鉴》各期。2. 1993 年前后的支出构成发生变化。由于不能统一口径，本表没有整理 1993 年以前数据。3. 全国居民数据是根据城镇居民和农村居民各指标按照城镇和农村居民的人口比重折算出来。4. 居住消费占比 = 居住/居民的消费支出。其他依此类推。5. 居住、医疗保健、教育支出及消费均为人均指标。

因此，本研究认为，引入居民支出增长的预期，对居民储蓄和消费进行分析有一定意义。朱宪辰等（2001）[10]的研究提出了支出预期对消费的影响，该研究主要是通过滞后的可支配收入和消费来模拟居民预期的可支配收入，然后分两个阶段以模拟的预期可支配收入为主要解释变量对居民消费进行解释。其结论是 1993 年以后居民的边际消费倾向下降，支出结构预期使居民消费结构发生变化。但是，该研究没有具体分析居民消费结构中的各项支出的时间变化趋势，没有直接分析各项支出与居民储蓄之间的关系。本研究拟直接从居民的教育、住房和医疗保健等三项支出的角度，结合其他影响因素，来分析支出增长的预期对居民消费和储蓄形成的影响，为促进消费对经济的拉动作用提出对策措施。

第二节 包含支出预期和预防性储蓄的模型

根据生命周期和持久收入假说，消费者追求效用最大化的路径可以用如下公式描述：

$$\max \sum E(u(c_t)/(1+\rho)^t \quad (7-1)$$

既定的约束条件为：$A_{t+1} = (1+r)A_t + y_{t+1} - c_{t+1}$ (7-2)

其中 ρ 为时间偏好系数，A_t 为 t 期的财产，y_t 为劳动收入，r 为资金的回报率，假定该回报率各期相等。利用动态最优的贝尔曼方程求解模型，对应的一阶条件为：

$$u'(c_{t+1}) = [(1+\rho)/(1+r)]u'(c_t) \quad (7-3)$$

现在假定效用函数为固定风险规避型，即：

$$u(c_t) = c_t^{(1-\theta)}/(1-\theta), \theta > 0 \text{ ①} \quad (7-4)$$

将（4）式求导数并代入第（3）式，同时方程两边取对数则得到：

$$\Delta c_{t+1} = \alpha_1 + \beta_1 r_{t+1} + \varepsilon_{t+1} \quad (7-5)$$

在方程（5）中，$\Delta c_{t+1} = \ln c_{t+1} - \ln c_t$，$r_{t+1} \approx \ln(1+r_{t+1})$ ②。因此根据持久收入和生命周期假说，消费的变化只和本期利率相关，和本期收入的变化不相关。但是实证分析却表明，消费对收入存在“过度敏感性”（Flavin，1981）[11] 和“过度平滑性”。由于理

① 可以证明，效用函数（7-4）式的1阶导数大于0，2阶导数小于0，3阶导数大于0。因此该效用函数已经包含了不确定性。对该函数的假设受到下面文章启发：王合绪等．中国居民消费的过度敏感性分析［J］．经济科学．2000，（4）：121—128.

② 根据泰勒公式求近似值即可得到。

性预期假说不能很好地解释在存在风险和信贷市场不完善情况下的消费行为，坎贝尔和曼丘提出一个所谓的λ假说（Campbell and Mankiw，1991）[12]。根据λ假说，假设经济中存在两类消费者。一类消费者按照LCH选择消费路径（理性消费者），第二类消费者按照当期收入来确定消费（短视型消费者），第二类消费者所占比重为λ。第一类消费者的消费函数满足公式（7－5）：

$$\Delta c_{1,t+1} = (1-\lambda)\alpha_{1,1} + (1-\lambda)\beta_{1,1} r_{t+1} + (1-\lambda)\varepsilon_{t+1} \tag{7-6}$$

第二类消费者的消费函数如下：

$$\Delta c_{2,t+1} = \alpha_{2,1} + \beta_{2,1}\Delta y_{t+1} + \varepsilon_{t+1} \tag{7-7}$$

在这里，$\Delta c_{t+1} = \ln c_{t+1} - \ln c_t$，$\Delta y_{t+1} = \ln y_{t+1} - \ln y_t$①。将公式（7－6）和公式（7－7）进行加总得到总的消费函数为：

$$\Delta c_{t+1} = \alpha_2 + \beta_2\Delta y_{t+1} + \eta_2 r_{r+1} + \varepsilon_{t+1} \tag{7-8}$$

根据Dynan（1993）[13]模型，可以用下式来测度谨慎性动机强度：

$$avg(GC)_i = \alpha_3 + \beta_3 avg(GC^2)_i + \varepsilon_i \tag{7-9}$$

上式中，$GC^2 = E_t[((c_{t+1} - c_t)/c_t)^2]$。为了与公式（7－5）和（7－8）的变量涵义取得一致，在衡量不确定性时也用消费的对数取代消费的水平值，即：

$$GC^2 = E_t[((\ln c_{t+1} - \ln c_t)/\ln c_t)^2] \tag{7-10}$$

综合公式（7－8）和公式（7－9）可得消费函数模型如下：

$$\Delta c_t = \alpha_2 + \beta_2\Delta y_t + \eta_2 r_t + \delta avg(GC^2) + \varepsilon_t \tag{7-11}$$

考虑到本研究在第二部分提出的理由，本研究认为三项支出增长的预期构成影响居民现期消费的因素。本研究用预期的三项支出

---

① 在这里为了和公式（7－5）的变量涵义取得一致，直接用消费和收入对数的变化量作为变量。这符合消费函数理论。

占居民消费的比重来体现这个因素对当期消费的影响，用符号 *ratio* cost 来表示。这样消费函数的最终模型变为：

$$\Delta c_t = \alpha + \beta\Delta y_t + \eta r_t + \delta avg(GC^2) + \omega ratio\ \mathrm{cost}_t + \varepsilon_t \qquad (7-12)$$

在公式（7－12）中，除利率和三项支出的占比不采用水平值的对数外，其他均采用对数形式①。但是要注意的是，在实证分析数据时，由于消费、收入、利率等变量不一定满足序列平稳性条件，因此公式（7－12）中变量的内涵会发生变化。

第三节 城镇居民支出预期和预防性储蓄分析

本节拟采用第二节中的（7－12）理论模型，同时借用向量自回归模型来进行实证分析。实证分析的样本均采用实际不变价格数据。

一、数据来源、VAR 模型及数据处理

（一）数据来源

广东城镇居民、全国城镇居民和全国居民原始数据来源于《广东统计年鉴》和《中国统计年鉴》1990—2008 年各期。数据覆盖 1990—2007 年。消费、收入、三项支出均采用人均指标。由于本节主要检验广东城镇居民预防性动机和支出预期对消费的影响，并与其他地区的居民进行比较，本节主要列示广

① 在这里为了和公式（7－5）的变量涵义取得一致，直接用消费和收入对数的变化量作为变量。这符合消费函数理论。

东城镇居民的数据和计算过程，其他居民只在比较分析时列出其结论数据。从表7-2可以看出，1990年以来，广东城镇居民的教育、医疗和住房等三项支出占居民当年消费支出的比例呈现逐年上涨的趋势。以广东城市居民消费价格定基指数1978年为100计算实际不变价格，实际不变价格作为本研究的样本。

表7-2 广东城镇居民三项支出及其占消费支出的比例

（名义数据） 单位：元、%

年份	1990	1991	1992	1993	1994	1995	1996	1997	1998
三项支出	159	223	286	410	625	842	1015	1153	1296
三项支出占比	8.01	9.33	10.10	10.85	12.06	13.46	15.07	16.82	18.37
年份	1999	2000	2001	2002	2003	2004	2005	2006*	2007
三项支出	1554	1371	1759	2132	1829	2617	3555	3775	4191
三项支出占比	20.67	17.10	21.72	23.72	18.98	24.47	30.10	30.37	29.2

注：1. 本表原始数据来源于《广东统计年鉴》各期的抽样调查数据。2.《广东统计年鉴》2000年以前，由于在城镇居民抽样调查数据中无法直接查找教育、医疗保健和住房支出数据，在商品支出中已经反映食品、衣着、用品和燃料等四项支出，三项支出含在非商品支出中（还包括水电费、交通和通信费用及其他支出）而且是主要组成部分，在这里对三项支出进行估算的公式为：三项支出 =（非商品支出 - 水电费）×90%。对于2000年以后的数据则可直接查找。3. 1991年原始数据和其他各年份相比有很大差别，这是因为1991年的数据在统计年鉴中没有经过调整。为了增强可比性，1991年数据取1990年和1992年数据的算术平均数。4. 2000年和2003年的数据分别比上一年的三项支出要小，这是根据抽样调查数据计算的结果。

（二）VAR分析模型说明

VAR模型是基于数据的统计性质，把系统中每一个内生变量作为系统中所有内生变量的滞后值的函数来构造模型，从而将单方程回归模型推广到由多元时间序列组成的向量自回归模型。VAR 模型具有独特的优点。利用古典的线性回归方法分析消费函数，由于消费和收入等时间序列的非平稳性，容易产生伪回归。利用单方程协整关系检验消费函数，虽然克服了时间序列的非平稳性问题，但却把影响消费的其他变量遗漏掉，造成经济关系不能得到全面反映。VAR 模型克服了上述分析方法的缺点。利用 VAR 模型验证消费函数时从两方面进行。一是构造各种内生变量对居民消费的脉冲响应函数。二是进一步对各影响因素的方差进行分解，从而精确判断各因素对居民消费的影响程度。

（三）数据的平稳性处理

把公式（7-12）中的变量看作水平值，通过检验发现这些变量均不满足平稳性条件。分别对公式（7-12）中的消费、居民可支配收入和不确定性变量（已经取对数值）求 1 阶差分，这些序列平稳。对预期的三项支出占居民消费的比例求 1 阶差分，该序列经 ADF 单位根检测基本满足平稳性条件（显著性为 8%）。对利率求 1 阶差分后序列平稳结果见表 7-3。Δc、Δy、GC^2、*ratio* cost、*rate* 分别代表消费、收入、消费的波动、三项支出预期和利率。

表 7-3　　各变量单位根检验结果表

变量	类型	ADF 值	1% 临界	5% 临界	10% 临界	结论
$d(\Delta c)$	(c,0,0)	-3.957107	-3.711457	-2.981038	-2.629906	平稳
$d(\Delta y)$	(c,0,0)	-3.652183	-3.711457	-2.981038	-2.629906	平稳
$d(GC^2)$	(c,0,0)	-7.039082	-3.724070	-2.986225	-2.632604	平稳

续表

变量	类型	ADF 值	1% 临界	5% 临界	10% 临界	结论
d(*ratio* cost)	(c,0,0)	-2.776104	-3.920350	-3.065585	-2.673459	平稳
d(*rate*)	(c,0,1)	-4.523652	-3.724070	-2.986225	-2.632604	平稳

注：1.（c，0，1）中的 1 表示滞后 1 阶，0 表示无趋势，c 表示带截距项。2. 上述结论除支出预期（显著性 8%）之外，其他因素均在 1% 的显著水平上成立。3. 同类型检验的临界值的差异与滞后阶数是固定还是连续有关，还与其他因素有关。

（四）“三项支出”占居民消费支出预期的测度

对三项支出占居民消费比例进行预期是困难的，尤其假定消费者是理性预期的消费者时。理性预期在长期收入的预期上是难以实现的（贺菊煌，2005）[14]，同样在三项支出上也难以实现。实际上理性预期更多地取决于一种心理感受和对未来的看法，这种看法很难在消费者的一生中实现。本研究对该比例的预期借鉴弗里德曼求持久收入的方法（臧旭恒等，2001）[15]，即：

$$ratio\ cost_t = (real\ cost_t + real\ cost_{t-1} + real\ cost_{t-2})/3 \tag{7-13}$$

（7-13）式中，*ratio* cost 从其本意上讲是理性预期，但在实际的数据处理上采取适应性预期的研究方法。其变化趋势见图7-2。

二、VAR 模型检验

（一）模拟的 VAR 模型方程①

基于统计数据的性质，得到如下模拟 VAR 方程②：

---

① 这里只采用 VAR 模型分析，通过数据之间的统计性质来大致说明各因素对消费的影响。实际上，在模型（7-12）中，方程右边包含了消费的滞后变量，可以更进一步采用工具变量 TSLS 方法来进行分析。

② 另外还有 4 个 VAR 方程。因与本研究主题关系不大，在此从略。

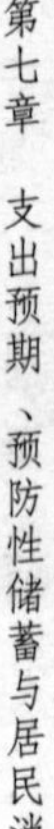

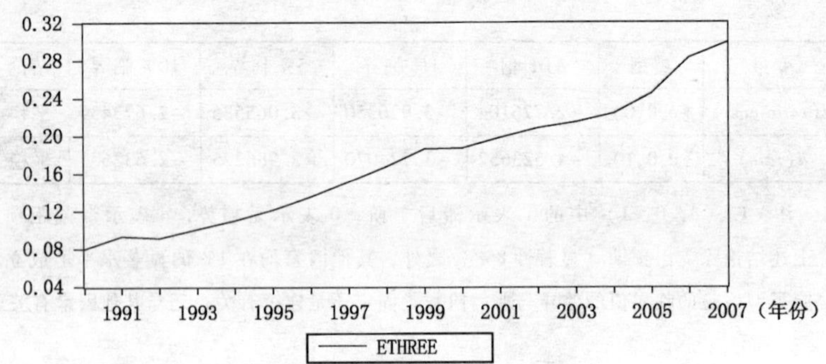

图 7－2　三项支出增长的预期

$$d(\Delta c_t) = -0.3995d(\Delta c_{t-1}) + 0.6247d(\Delta y_{t-1}) + 9.43d(rate_{t-1}) + 19.88d(GC_{t-1}^2) - 0.88d(ratio\ cost_{t-1}) + 0.0949 \quad (7-14)$$

对该模型滞后长度标准检验发现，该方程组滞后 1 阶理想。AR ROOTS 检验根模均小于 1，模型稳定性好。由于数据较短，该模型不能检验是否存在 White 类型的异方差问题。模型基本符合要求。从方程（7－14）可以看出，在影响广东城镇居民未来消费的变量中，预防性动机的因素较明显，其影响系数达到 19，支出预期的影响因素达到－0.88。在 1990—2004 的 15 个样本中，经过调整后的有效样本数为 11 个。在 11 个有效样本中，有 7 个消费波动变量与消费的符号相反，这从总体上说明，预防性动机对消费具有“负”的影响。11 个有效样本中，只有 4 个支出变量与消费变量符号相反，这从总体上说明支出预期因素对消费也是具有“负”的影响。这与前面的理论分析是一致的。因此这大致说明，广东城镇居民的消费受到预防性储蓄因素的影响要大于支出预期因素的影响。

（二）脉冲响应函数对各因素影响的分解

脉冲响应函数描述各内生变量的冲击作用对其他受影响因素的滞后反映。以消费作为受影响的因素，脉冲响应函数检验表明，预防性动机对消费的影响在第二期和第三期达到最大，其影响值分别为 0.0051、0.0020，其后对消费的影响开始降低。消费习惯对消费自身的影响最大。在第二期除消费习惯外，预防性动机对消费的影响最大，以后各期利率对消费的影响较大。对消费影响最小的是支出预期因素。各影响因素的脉冲响应函数都趋向 0，这也说明 VAR 模型稳定。结果见图 7－3。

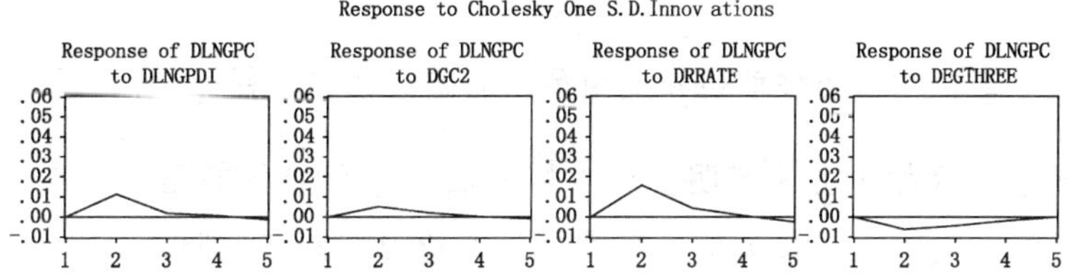

图 7 3 消费对各因素冲击的反应函数

（从左至右：可支配收入、利率、预防性动机、支出预期）

（三）VAR 模型的方差分解

各因素对消费影响程度的精确计算需要使用方差分解分析。方差分解分析每一个结构冲击，对内生变量变化（通常用方差度量）的贡献度，进一步评价不同结构冲击的相对重要性。从表 7－4 可以看出，收入因素对消费的贡献度最大，从第二期开始基本稳定在 77% 的水平。其次是消费习惯，从第二期开始基本稳定在 7.6% 的水平。然后依次是预防性动机，利率和支出预期因素。支出预期对消费的影响最小。预防性动机对消费的影响基本稳定在 5.8% 的水平。广东城镇居民预防性动机对消费的影响程度显著高于全国城镇居民，全国城镇居民的预防性动机对消费的贡献度在所有各期均不超过1.6%。

表7-4 各因素的冲击对消费变化的方差贡献度分析 （单位:%）

未来期限	消费习惯	可支配收入	预防性动机	利率	支出预期
1	8.433015	84.31857	7.248420	0.000000	0.000000
2	7.842846	78.32255	5.829342	5.192431	2.812827
3	7.656831	77.68894	5.810585	5.316883	3.526763
4	7.692796	77.57121	5.828240	5.286135	3.621616
5	7.658234	77.51217	5.811580	5.405504	3.612510

注：Cholesky Ordering：DLNGPDI DGC2 DLNGPC DEGTHREE DRRATE。

三、对预防性动机和支出预期影响作用的解释

VAR模型分析表明，广东城镇居民的预防性储蓄动机对消费的影响较大（最大的影响因素是消费习惯和居民收入），支出预期因素对居民消费也有一定影响。这与广东城镇居民所处环境的特殊性有关。

（一）较高的市场化程度增加城镇居民面临的不确定性

广东是最先在全国进行市场经济体制改革和探索的地区，在首批开放的特区中，广东境内就占三个。广东地区的市场化程度较高。例如，广东城镇居民利率对消费的变化具有较大贡献度，其对消费的影响从第2期开始基本稳定在5%以上的水平，流动性及其约束对居民消费有一定影响。在以市场为取向的改革中，居民面临的不确定性增强。一是居民的社会保障由过去的企业保障改为社会保障（在这之前按照1969年2月财政部下发的《关于国营企业财务工作中几项制度的改革意见（草案）》的规定，

中国实际上把“文革”以前实行的社会保险统筹模式改变为企业保险模式（骆祚炎，2006）[16]，由于新社会保障制度正在逐步转换、建立和健全，新的社会保障制度存在不健全和覆盖面不广等问题，人们对收入的预期不高，即期消费受到一定程度的抑制（李子江等，2002）[17]。二是居民面临的收入波动加大，尤其是近年来居民面临的就业压力有所增加。袁志刚等（2005）[18]认为，市场化的改革不仅加大居民面临的系统风险，也加大居民面临的个体风险，城镇居民的消费行为由此产生变异，其预防性动机由此增强。

（二）较高的消费水平减弱支出增长预期对消费的作用

广东城镇居民1990—2007年的消费支出平均是全国城镇居民消费支出的1.36倍，其中最低的倍数达到1.16，最高的倍数达到1.48倍。广东城镇居民1990—2007年的消费支出平均是全国居民消费支出的2.71倍，其中最低的倍数达到1.87，最高的倍数达到2.50。广东城镇居民三项支出1990—2004年平均是全国城镇居民三项支出的1.03倍，其最高倍数为1.24，最低倍数为0.80（1990年、1991年、1992年、2001年和2003年前者比后者低）。广东城镇居民三项支出2007年是全国城镇居民三项支出的1.39倍。广东城镇居民三项支出1993—2004年是全国居民三项支出的平均倍数为1.83，其最高倍数为2.08倍，最低倍数为1.47。广东城镇居民三项支出2007年是全国居民三项支出的倍数为2.17。相比之下，广东城镇居民三项支出的倍数比后两者要低。这种现象导致广东城镇居民的三项支出预期对广东城镇居民的影响相对较小，这使预防性动机对居民消费和储蓄的影响更加突出。居民消费支出比较见图7－4。

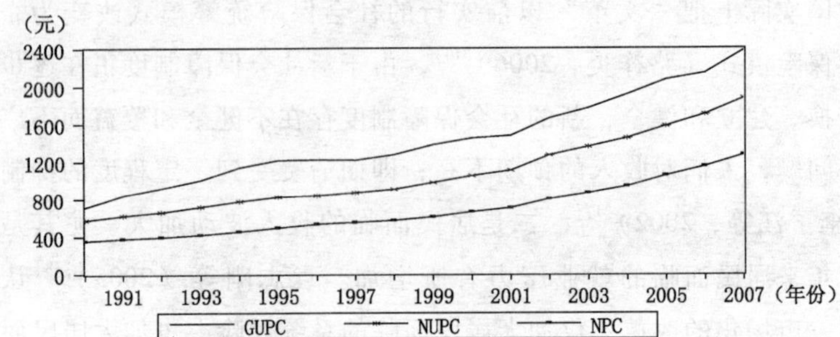

图 7－4 广东城镇（GUPC）、全国城镇（NUPC）和全国居民（NPC）消费性支出比较图

（三）改革过程的非平稳性增强居民预防性储蓄动机

通过对广东居民收入和消费协整方程的稳定性检验发现，1989 年无论是 F 统计量还是对数似然比都显示在 93% 的显著水平上经济关系发生了变化，1990 年的 F 统计量在 88% 的水平上显示经济关系的变化，对数似然比在 94% 的显著水平上显示经济结构发生变化。这表明改革的过程并不平稳，主要原因有两个。第一，外部制度环境的变化。1978 年以前消费者面临消费选择非自由、价格的非弹性、“统包”的社会保障制度、流动性约束限制（孙凤，2002）[19]。1979—1991 年时期，消费者选择相对自由但未真正自由、消费品价格逐步放开、流动性和预算约束有所松动。1992 年以后消费者选择自由，消费品价格出现充分弹性，买方市场逐步形成，消费信贷制度逐步建立，市场经济改革使消费者面临的系统风险和个体风险在增大，消费者逐步由原始型向具有前瞻性的新古典消费者转变。第二，消费者行为的变化。1978 年以前的广东省消费者同全国消费者一样，无风险预期，也无时间偏好，追求现期效用的最大化。1979—1991 年时期，广东省消费者的消费行为逐渐理性，出现跨时效用最大化

的要求，风险预期和时间偏好迅速增加。1992 年以后，广东省消费者逐渐成为理性的消费主体，规避风险和应对不确定性的心理增强。城镇居民都已经具有跨时平滑的特点（孙稳存，2002）[20]。广东省居民同样也经历了上述变化。这种非平稳的结构冲击增加了居民进行预防性储蓄的动力。

四、化解高储蓄倾向促进消费的增长

（一）健全社会保障制度，提高社会保障水平

提高社会保障水平可以有效缓解收入、就业和未来支出的不确定性对居民消费的抑制作用。当前社会保障工作要做好以下几个方面工作：一是要建立、扩大和完善农村社会保障制度，解除农村居民的后顾之忧，促进农民消费倾向的提升；二是要扩大和完善失业保险、医疗保险和工伤事故保险制度，扩人上述保险的覆盖面，使居民在改革中有效规避市场化所带来的系统风险和非系统风险，国家财政要加大对这方面的投入；三是切实做好原有社会基本养老保险的个人账户的充实工作。有条件的机构可以开展补充保险。

（二）保持改革的连续性和平稳性

ECM 模型分析表明，1990 年后收入和消费之间的协整关系对消费逆向调整的力度加大，经济结构变化的冲击作用加强，消费和收入之间的关系可能更容易出现波动，消费本身也可能更容易起伏。因此，在转轨时期，保持各项改革措施尤其是涉及到居民生活和工作的改革措施的连续性，对消费和经济的发展非常重要。改革不能操之过急。

（三）抑制医疗、住房和教育等消费价格的过快增长

目前医疗和住房消费的价格过高，其价格涨幅也较大，居民

不敢消费，这也是促使储蓄率较高的一个原因。因此应该抑制医疗和住房等消费价格的过快增长，满足中低收入者的住房需要，并提高城市的综合承载能力。同时要积极开展消费信贷，引导消费预期，扩大农村消费市场的作用。清理教育乱收费，抑制教育费用的过快增长。

（四）增加对贫困人口的转移支付力度

中国城镇 2000—2004 年的贫困人口分别为：2295 万人、2883 万人、3766 万人、3912 万人、4071 万人，城镇贫困人口有增加的趋势。这主要是由于城镇人口的基数上升、城镇居民收入差距的扩大和低收入者的收入增长赶不上基本消费需求额的增长等原因造成的。除最低收入组构成贫困人口的主体外，低收入组居民有"渗透"进入贫困人口的趋势。缩小城镇居民收入分配差距是解决城镇相对贫困的有效措施（骆祚炎，2006）[21]。应该增加政府转移支付的力度，在减少贫困的同时促进全社会消费水平的提高，为构建和谐社会做出贡献。

（五）创造条件扩大居民资产财富效应

中国城镇和农村居民 20 世纪 90 年代中期以来，财产性收入占可支配收入的比例大致在 2% 左右，与美国相比存在很大差异。美国居民仅股票收入占家庭财产的比例，1945 年为 16%，1968 年为 26%，1990 年为 12%，1997 年为 28%，1998 年为 30%，1999 年为 35%—38%（骆祚炎，2008）[22]。由于中国居民年可支配收入相对于财产更少，财产性收入占人均财产的比例更低。中国现阶段风险资产的缺乏，以及风险资产的广度和深度难以配比居民的投资选择，产生强制性银行储蓄，其中包括一部分预防性出现。当前，要促进股市的平稳发展，防止股市替代效应和负面效应的产生，发展银行理财和证券市场业务，增加居民家庭金融资产，要提高家庭金融资产占整个国家金融资产的比重，促进财富效应的发挥。当前在全球金融危机的背景下，各国要采取协调的行动，维持资本市场、外汇市场稳定，既要通过适当的经济刺激计划来促进实体经济和虚拟经济的发展，又要防止过度的刺激和货币贬值引发后续更为严重的问题，防止资产价格的过度波动。当前各国还要在经济刺激计划、对国际金融机构的改革及国际金融领域的监管等方面取得新的平衡，对国际储备货币制度和国际货币体系进行系列改革，进一步提高"金砖四国"和新兴经济体在国际事务中的发言权和代表性，使国际货币体系及国际金融市场结构更好地反映当前世界经济发展的现实。

第四节 农村居民支出预期和预防性储蓄分析

一、数据来源及数据平稳性

（一）数据来源及其说明

本研究数据主要来源于《广东统计年鉴》1980—2006 年各期。数据覆盖 1980—2005 年。原始数据说明如下。第一，部分数据之间有矛盾，在处理时以数据平滑技术修正数据或以最近的统计指标为标准。例如，《广东统计年鉴 2005》认为，广东农村居民 2000 年每人平均住房支出为 378.9 元，但是《广东统计年鉴 2001》则认为该项支出为 369.6 元。在此，取 369.6 元作为指标。再如，《广东统计年鉴 1995》认为，广东农村居民 1993

年平均住房支出为236.2元，但《广东统计年鉴1994》则认为该项支出为131.9元。在此，取236.2元作为指标。第二，1993年及以前年度的文化教育支出包括文娱书报和文化服务支出。第三，1993年及以前年度的医疗保健指出为医药卫生用品和医疗费用之和。第四，1981—1984年的三项支出数据不能直接通过统计年鉴获得，采用一定的增长率模拟出来。1986年和1987年的三项支出数据按照同样办法处理。

（二）数据平稳性特征

数据之间的拟合必须要保持平稳性，否则可能产生伪回归的问题。把公式（7-12）中的变量看作水平值，通过检验发现这些变量均不满足平稳性条件。分别对公式（7-12）中的消费、居民可支配收入和不确定性变量（已经取对数值）求1阶差分，这些序列平稳。对预期的两项支出占居民消费的比例求对数，该序列经ADF单位根检测满足平稳性条件。对利率求自然对数和差分后序列平稳。结果见表7-5。上述检验均在96%的显著水平上成立。Δc、Δy、GC^2、*ratio* cost、*rate* 分别代表消费、收入、消费的波动、三项支出预期和利率。

表7-5　　各变量单位根检验结果表

变量	类型	ADF值	1%临界	5%临界	10%临界	结论
Δc	(c,0,1)	-3.416497	-3.752946	-2.998064	-2.638752	平稳
Δy	(c,0,0)	-4.485939	-3.769597	-3.004861	-2.642242	平稳
GC^2	(c,0,1)	-3.710151	-3.752946	-2.998064	-2.638752	平稳
log(*ratio* cost)	(c,0,2)	-3.119073	-3.788030	-3.012363	-2.646119	平稳
d(log(*rate*))	(c,0,0)	-3.536233	-3.737853	-2.991878	-2.635542	平稳

注：（c，0，2）中的2表示滞后2阶，0表示无趋势，c表示带截距项。

二、教育和医疗支出的比重不断增加

（一）三项支出占比在波动中上升

从表7-6和图7-5可以看出，广东农村居民教育、医疗和居住等支出占当年消费支出的比重在逐年增加。三项支出占居民消费的比重，最高达到31.62%，最低为27.86%，平均比例为22.05%，该比重在波动中呈现上升的趋势。支出增加同样导致农村居民产生未来支出增加的预期（2006年教育和医保有所下降）。在三项支出中，居住支出占比在波动中有所下降。

表7-6 广东农村居民三项支出及其占居民消费的比重

年份	教育(元)	居住(元)	医保(元)	教育占比	居住占比	医保占比
1980	7.4	40	4	0.033	0.180	0.018
1981	9	46	5	0.034	0.173	0.019
1982	11	54	7	0.035	0.173	0.022
1983	14	64	8	0.043	0.195	0.024
1984	15	74	9	0.043	0.214	0.026
1985	16	77	12	0.041	0.198	0.031
1986	27	82	13	0.059	0.181	0.029
1987	46	89	14	0.084	0.163	0.026
1988	51	97	22	0.074	0.142	0.032
1989	68	134	30	0.078	0.154	0.034
1990	67	175	33	0.072	0.188	0.035
1991	72	110	34	0.076	0.117	0.036

续表

年份	教育(元)	居住(元)	医保(元)	教育占比	居住占比	医保占比
1992	95	128	40	0.089	0.121	0.038
1993	131	236	44	0.094	0.169	0.031
1994	180	282	63	0.096	0.149	0.033
1995	245	346	68	0.109	0.153	0.030
1996	289	435	93	0.112	0.168	0.036
1997	315	381	100	0.120	0.146	0.038
1998	318	423	101	0.119	0.158	0.038
1999	317	415	99	0.119	0.157	0.037
2000	313	379	100	0.118	0.143	0.038
2001	290	375	119	0.107	0.139	0.044
2002	302	441	117	0.107	0.156	0.041
2003	306	470	137	0.104	0.161	0.047
2004	314	495	153	0.097	0.153	0.047
2005	361	530	204	0.097	0.143	0.055
2006	303	634	197	0.078	0.163	0.051

注：数据来源于《广东统计年鉴》1980—2007 年各期。

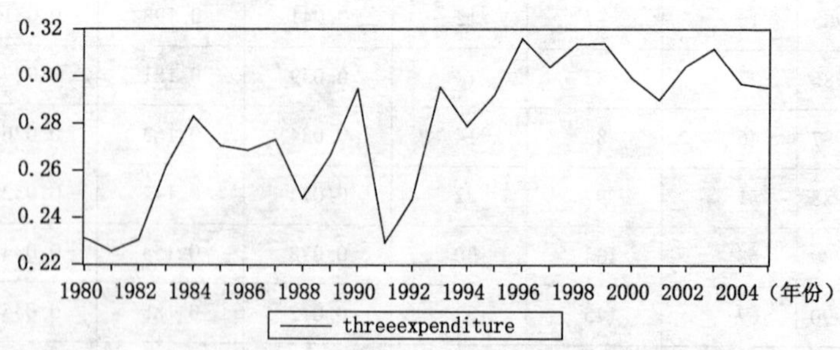

图 7-5 三项支出占广东农村居民消费的比重变化图

（二）教育和医疗支出的比重稳定增长

从图 7－6 和图 7－7 中可以看出，在三项目支出中，广东农村居民教育和医疗保健支出呈现不断上涨的趋势，住房支出占居民消费的比重则在波动中有降低的趋势。对农村居民来说，教育和医保支出的压力在不断增加，这意味着农村居民的支出增长预期主要来自教育和医疗保健。农村居民住房一般是自建，没有实现商品化，农村居民更少感受到商品房的价格上涨，故其支出虽然在增长，但是其增长速度相对不快。在这一点上，广东农村居民和全国农村居民一样。同时，广东农村居民居住支出比重有所下降。因此，本研究在处理广东农村居民支出预期时，只考虑教育和医疗保健因素，而把住房支出因素排除在外。这一点同城镇居民支出预期的处理上是有较大差别的。教育和医疗保健支出占比 1980 年为 5.13%，1985 年为 7.22%，1990 年为 10.72%，1995 年为 13.88%，2000 年为 15.6%，2005 年为 15.23%。两项支出相对于三项支出来说，增长趋势更加明显。

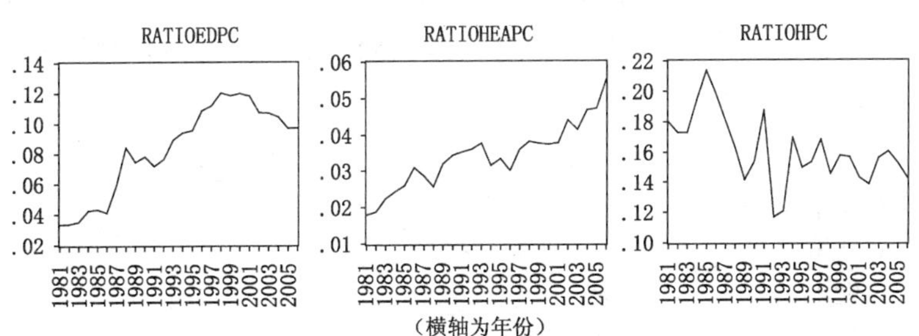

图 7－6　教育、医保和住房支出占居民消费的比重（从左至右）

（三）关于“两项支出”占居民消费支出的预期

对两项支出占居民消费比例进行预期是困难的，尤其假定消

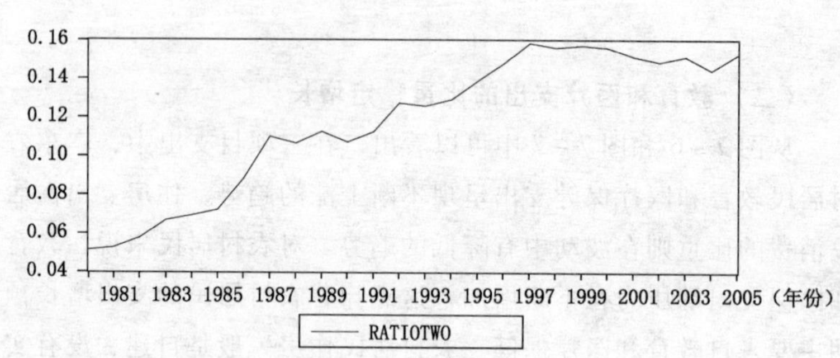

图 7-7 教育和医疗保健支出占农村居民消费比重的时间变化图

费者是理性预期的消费者时。理性预期在长期收入的预期上是难以实现的，同样在两项支出上也难以实现。实际上理性预期更多地取决于一种心理感受和对未来的看法，这种看法很难在消费者的一生中实现。本研究对该比例的预期借鉴弗里德曼求持久收入的方法（同第三节的方法）。即：

$$ratio\ \mathrm{cost}_t = (real\ \mathrm{cost}_t + real\ \mathrm{cost}_{t-1} + real\ \mathrm{cost}_{t-2})/3 \tag{7-15}$$

其中，*real* cost 代表各期三项支出的实际比例。*ratio* cost 从其本意上讲是理性预期，但在实际的数据处理上采取适应性预期的研究方法。其变化趋势见图 7-8。

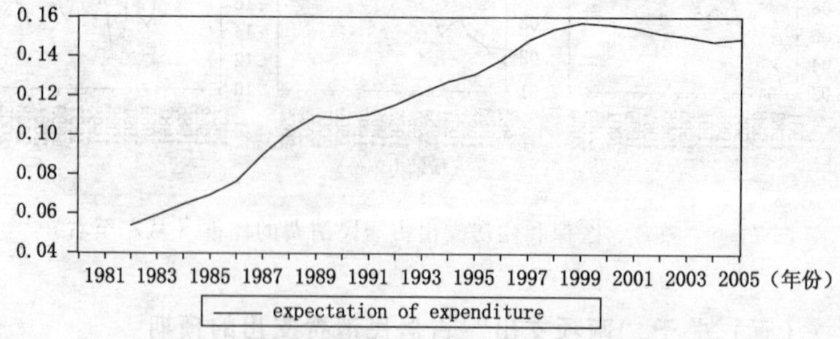

图 7-8 预期的两项支出占居民消费支出比例变化图

三、实证分析结果的说明[①]

（一）线性回归分析

经过线性拟合得到如下回归方程（7－16）：

$$\Delta c_t = 0.426\Delta y_t + 0.05r_t + 95.95avg(GC^2)_t + 0.009ratio\ \cos t_t \quad (7-16)$$[②]

该方程拟合优度达到 0.9423，各项系数的 T 值均符合要求，各系数的 P 值至少达到 93% 以上。该方程不存在自相关问题，也不存在异方差问题。方程基本符合要求。方程（7－16）表明，预防性储蓄动机较高，其系数为 95.59；两项支出预期对农村居民消费的影响相对较小，其系数为 0.009。影响广东农村居民的消费行为的因素中，预防性储蓄是重要因素，支出预期因素的作用相对较弱。

（二）VAR 检验

为了从数据的统计性质上来分析问题，在此使用向量自回归模型来检验（滞后一期）。得到拟合方程如下：

$$\Delta c_t = 0.138\Delta c_{t-1} + 0.574\Delta y_{t-1} + 0.062r_{t-1} - 6.22avg(GC^2)_{t-1} - 0.012ratio\ \cos t_{t-1} + 0.006 \quad (7-17)$$

该方程的根模均小于 1，表明方程符合稳定性要求。从该方程

---

① 在方程（7－16）中，预防性动机变量与因变量有关，此时使用 OLS 可能产生有偏估计，最好使用 TSLS 方法估计。但是，通过试用几组工具变量来拟合方程，发现这些拟合方程拟合情况均不符合要求。因此本研究在此采用前述办法来大致说明分析问题。

② 上述方程中之所以未采用两项支出的对数差分，一是因为该序列平稳性不符合要求，另一方面是因为即使支出的对数差分成为自变量，方程的拟合情况也不理想。故在此直接使用两项支出的对数值作为自变量。从理论上讲，支出预期可以改变消费支出，这样来拟合方程从理论上讲可行。

看，预防性动机的系数值为 -6.22，而两项支出预期的系数为 0.006，预防性动机因素对农村居民消费行为的影响仍然要大于支出预期因素。从该 VAR 检验的脉冲响应函数和方差分解看，在未来第 1 期，消费习惯对消费者行为影响最大。从方差分解看，在未来第 2 期，消费习惯对消费的影响仍然最大，达到 94%，收入因素次之，达到 3%，而预防性动机和支出预期因素对消费影响最小，其影响程度分别为 0.015%、0.001%。在第 3 期之后，预防性动机和支出预期因素对消费的影响进一步趋小。

因此，从实证分析结果得到的总体结论是，广东农村居民消费的影响因素中，消费习惯和收入因素仍然是主要变量，预防性储蓄和支出预期因素次之。预防性储蓄动机对消费的影响要超过支出预期的影响[①]。

四、实证分析的涵义及其启示

从影响农村居民消费的影响因素看，应该采取如下措施促进农村消费增长。

(一) 建立和完善农村地区社会保障，降低预防性储蓄动机

健全社会保障制度和提高社会保障水平可以有效缓解收入、就业的不确定性对居民消费的抑制作用。当前农村社会保障还存在许多问题。一是参保率低，覆盖面窄，保障不足；二是政府责任特别是财政扶持需要加大力度；三是基金保值增值存在较大问题。为此，当前要做好关于在农村建立社会保障制度必要性的讨

① 以上分析结论是在以 2005 年及以前年度资料为样本得出的结论。2006 年开始到现在，住房等消费价格上涨较快，2007 年以来居民基本食物价格例如猪肉等也上涨较快。近 2 年来是物价变化是否改变了居民的消费行为，需要新的数据进行验证。但是由于统计数据滞后的原因，本研究目前不能进行分析。

论，明确认识，根据农村地区的具体情况因地制宜地开展多种形式的社会保险制度，扩大农村居民的参保面，解除农村居民的后顾之忧，提高农民消费倾向。

（二）加强农村公共品的供给

在两项支出中，教育具有准公共产品的性质，医疗保健部分具有准公共产品的性质。如果国家财政能够在教育和医疗保健等方面为居民提供支持，将会缓解居民对支出增长的预期，从而释放出更多的储蓄。目前，财政对教育整体投入不足且教育资源的配置不均衡，公共卫生服务的发展明显滞后于经济发展且严重不均等，这要求政府树立公共财政的观念，优化财政支出结构，尽可能为最广大的居民提供服务（夏杰长，2006）[23]。要逐步加大对“三农”资金的投入，建立以工补农、以城带乡的长效机制，建立符合公共财政框架的农村公共品供给模式。

（三）加大对农村贫困居民转移支付力度，提高农村居民可支配收入水平

根据扩展的线性支出系统 ELES 分析，中国农村按照总消费口径计算的贫困人口 2002—2004 年分别为：2699 万人、3827 万人、3323 万人（骆祚炎，2006）[24]。这说明近年农村贫困问题仍需引起足够的重视。对贫困人口增加转移支付，既有助于贫困人口摆脱贫困，也有助于消费的扩大。不仅如此，中国农村贫困人口的收入分布呈现“两端分化”的特征。即人均纯收入小于 100 元和收入 400 元以上的群体构成农村贫困人口的主体。这要求实行结构性的扶贫政策。因此，对最低收入者和最贫困地区加大财政转移支付力度，对贫困人口中的“较高”收入者和地区做好开发式扶贫。

（四）抑制教育和医疗保健等消费价格的过快增长

随着中国经济转型的深入，教育和医疗保健等消费价格的过快增长加剧了农村居民的储蓄心理。虽然从 2005 年以前的统计结果看，支出预期对消费的影响有限，但是从近年来的实际情况看，农村居民在子女教育等费用上的负责较重。这一方面要依靠国家和社会给这些困难群体提供助学贷款来解决问题，另一方面抑制教育和医疗保健费用的过快增长也是当前促进居民消费的重要手段。

第五节 广东与全国居民支出预期与预防性储蓄比较

一、广东城镇与全国城镇居民的比较

（一）全国城镇居民支出预期等因素对消费的影响检验[①]

1. 全国城镇居民的教育、医疗保健和住房支出比重不断增长。

从表 7－7 可以看出，全国城镇居民三项支出不断增加，其占居民消费支出的比例呈现上升趋势。居住占居民消费的比重从 1990 年的 4.77% 增加到 2006 年的 10.18%。教育占居民消费的比重最高，从 1990 年的 8.76% 增加到 2006 年的 13.83%。医疗保健支出占居民消费的比例从 1990 年的 2.03% 上涨到 2006 年的

---

① 该部分观点可参考文献：骆祚炎．教育、医保和住房支出压力对城镇居民消费影响的 VAR 分析［J］．广东商学院学报．2007，（1）：58—62。

7.14%。三项支出占比均有一定的增长趋势。

表 7－7 中国城镇居民三项支出及其占居民消费的比重

（人均指标）

单位：元、%

年份	教育	居住	医疗保健	教育占比	居住占比	医保占比
1990	112	61	26	8.76	4.77	2.03
1991	139	87	36	9.56	5.98	2.48
1992	173	124	51	10.35	7.42	3.05
1993	194	140	57	9.19	6.63	2.70
1994	251	193	83	8.80	6.77	2.91
1995	331	284	110	9.36	8.03	3.11
1996	375	301	143	9.57	7.68	3.65
1997	448	359	180	10.70	8.58	4.30
1998	499	408	205	11.52	9.42	4.73
1999	567	454	246	12.28	9.84	5.33
2000	670	565	318	13.41	11.30	6.36
2001	737	611	343	13.88	11.51	6.46
2002	902	624	430	14.96	10.35	7.13
2003	934	699	476	14.34	10.74	7.31
2004	1032	734	528	14.37	10.22	7.35
2005	1097	809	601	13.82	10.18	7.56
2006	1203	904	620	13.83	10.40	7.14

注：1. 原始数据来源于《中国统计年鉴》各期的居民家庭抽样调查数据。2. 从2002年起，城镇住户调查对象由原来的非农业人口改为城市市区和县城关镇区。3. 1991年和1992年的支出构成同1993年以后年份相比发生变化。该两年无法查阅到医疗保健指标，而且住房（只有房租）和教育文化消费（分别以文艺和书报杂志体现）无法直接查到。但是1990年数据却可以直接通过《中国统计年鉴2005》得到。1991年和1992年数据是根据1990年与1993年之间的增长速度模拟出来的。4. 教育消费占比＝教育支出÷居民的消费支出。其他依此类推。

2. 全国城镇居民的数据来源及平稳性。

全国城镇居民数据主要来源于《中国统计年鉴》1990—2005 年各期。数据覆盖 1990—2004 年。消费、收入、三项支出均采用人均指标。把公式（7－12）中的变量看作水平值，通过检验发现这些变量均不满足平稳性条件。分别对公式（7－12）中的消费、可支配收入和不确定性变量（已经取对数值）求 1 阶差分，这些序列平稳。对预期的三项支出和利率求对数和 1 阶差分，该序列经 ADF 单位根检测基本满足平稳性条件。结果见表 7－8。Δc、Δy、GC^2、*ratio* cost、*rate* 分别代表消费、收入、消费的波动、三项支出预期和利率。

表 7－8　　各变量单位根检验结果表

变量	类型	ADF 值	1% 临界	5% 临界	10% 临界	结论
$d(\Delta c)^*$	(c,0,2)	－3.091648	－4.297073	－3.212696	－2.747676	平稳
$d(\Delta y)^*$	(c,0,2)	－3.450550	－4.297073	－3.212696	－2.747676	平稳
$d(GC^2)$	(c,0,1)	－3.675845	－4.200056	－3.175352	－2.728985	平稳
d(log(*ratio* cost))	(c,0,3)	－3.185963	－4.297073	－3.212696	－2.747676	平稳
d(log(*rate*))	(c,0,0)	－2.641333	－4.057910	－3.119910	－2.701103	基本平稳

注：1.（c，0，3）中的 3 表示滞后 3 阶，0 表示无趋势，c 表示带截距项。2. 上述结论除利率之外在 95% 的显著水平上成立。利率变量 d（log（*rate*））在 11.01% 的水平上显著。3.“＊”指该检验是以固定滞后 2 阶进行，而不是连续 2 阶滞后。

3. 关于“三项支出”占居民消费支出预期的测算。

对三项支出占居民消费比例进行预期是困难的。理性预期在长期收入的预期上是难以实现的，同样在三项支出上也难以实现。本研究对该比例的预期借鉴求持久收入的方法（与本章第三节方法相同），即：

$$ratio\ \mathrm{cost}_t = (real\ \mathrm{cost}_t + real\ \mathrm{cost}_{t-1} + real\ \mathrm{cost}_{t-2})/3 \tag{7-18}$$

其中，*ratio* cost 代表各期三项支出的实际比例。*ratio* cost 从其本意上讲是理性预期，但在实际的数据处理上采取适应性预期的研究方法。其变化趋势见图 7－9。

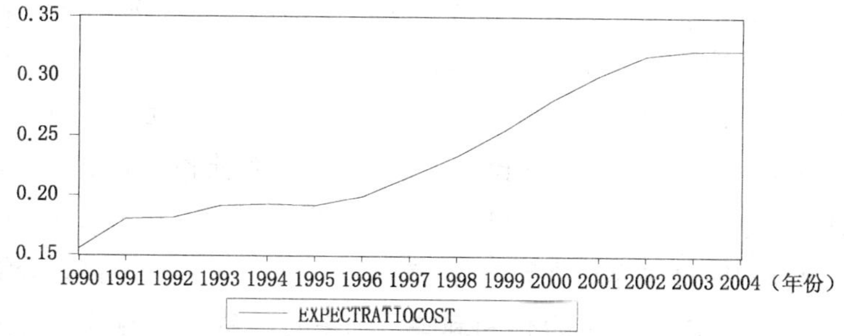

图 7－9　预期的全国城镇居民三项支出变化图

4. 未来支出增长等压力对消费影响的 VAR 分析。

第一，VAR 模型的拟合。经过模拟可以得到如下 VAR 方程[①]：

$$\begin{aligned} d(\Delta c_t) = & -1.26d(\Delta c_{t-1}) + 2.09d(\Delta y_{t-1}) \\ & -0.03d(\log(rate_{t-1})) - 46.83d(avg(GC_{t-1}^2)) \\ & -0.89d(\log(ratio\ \mathrm{cost}_{t-1})) - 0.05 \end{aligned} \tag{7-19}$$

检验结果表明，AR Roots 检验根模均小于 1，VAR 模型稳定性好，滞后阶数标准检验表明滞后 1 阶合适。模型符合要求。可以看出，居民消费自身、可支配收入、不确定性对消费的影响系数较大，支出预期对消费的影响系数为 －0.89，表明支出增加的预

① VAR 模型中还有 4 个方程，由于与本研究主题关系不密切，在此省略。

期使当前消费减少，从而使储蓄增加。利率对消费的影响最小。

第二，脉冲响应函数表明支出预期对全国城镇居民消费产生较大影响。从上述各因素对居民消费的未来影响看，第一期居民消费自身对消费影响最大。第二期开始，居民可支配收入对消费的影响达到0.0249，超过消费自身的影响，同时支出预期因素对消费的影响达到0.0166，显著超过不确定性对消费的影响系数0.0026。第三期，消费自身和支出预期因素对消费的影响最大，分别达到0.0224、0.0222。第四期延续第三期的格局。第四期以后，消费自身对居民消费的影响最大，其次是居民的支出预期因素，再次分别是居民可支配收入、不确定性和利率。从各期影响总体看，居民消费对消费自身的影响最大，从第三期开始支出预期因素成为对消费影响的第二大因素，其他影响因素分别是可支配收入、不确定性和利率，利率对消费的影响最小（见表7-9）。

表7-9　各因素的冲击对中国城镇居民消费影响的脉冲响应函数

期限	消费自身	支出预期	可支配收入	不确定性	利率
1	0.049513	0.000000	0.000000	0.000000	0.000000
2	0.024861	0.016628	0.027762	0.002624	0.003714
3	-0.022497	0.022157	-0.001195	-0.007644	0.000228
4	-0.011270	0.009606	0.012957	-0.000349	-0.016979
5	-0.018428	0.006607	-0.004902	0.004428	-0.005412
6	-0.010919	-0.002113	-0.001319	0.002303	-0.008740
7	-0.004464	-0.004660	-0.005585	0.003735	-0.001187
8	0.001156	-0.005964	-0.003421	0.001326	0.000558
9	0.004631	-0.004555	-0.002337	0.000525	0.003045
10	0.005268	-0.002426	-0.000418	-0.000681	0.003103

第三，方差分解也说明支出预期对全国城镇居民未来消费产生较大的影响。从表7－10和图7－10的方差分解看，消费习惯对消费影响最大，逐步稳定在62%的水平，可支配收入对消费的影响基本稳定在14.8%左右的水平，支出预期因素对消费的影响略低，稳定在14.6%的水平。影响程度最低的是利率和不确定性。

表7－10 各因素的结构冲击对中国城镇居民消费影响的方差分解

单位:%

期限	消费	可支配收入	支出预期	利率	不确定性
1	100.0000	0.000000	0.000000	0.000000	0.000000
2	74.18974	18.62819	6.682229	0.333363	0.166474
3	68.83742	14.86528	14.77330	0.266535	1.257457
4	63.07855	16.01455	14.64499	5.147103	1.114813
5	63.89804	15.23969	14.27895	5.238960	1.344362
6	63.69721	14.78320	13.89461	6.242080	1.382906
7	63.14969	15.05738	14.03751	6.180206	1.575208
8	62.69007	15.11845	14.46397	6.137932	1.589584
9	62.47590	15.07110	14.64930	6.223539	1.580164
10	62.48071	14.97599	14.64121	6.325320	1.576774

（二）广东城镇居民与全国城镇居民的比较

第一，脉冲响应函数对各因素影响消费的比较。以消费作为受影响的因素，脉冲响应函数检验表明，广东城镇居民预防性动机对消费的影响在未来第一期达到最大，其影响值为0.0144，其后对消费的影响开始降低。预防性动机的影响和利率对消费的

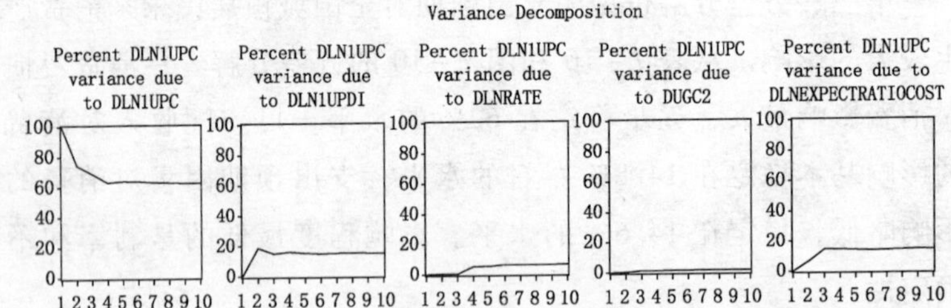

图 7－10　各影响因素对全国城镇居民消费的方差分解贡献

（从左至右分别为：消费习惯、收入、利率、不确定性和支出预期）

影响过程和程度比较接近，对消费影响最小的是支出预期因素，这与全国城镇和全国居民相比存在较大差异。

第二，方差分解对各因素对居民消费的比较。从前面分析可以看出，广东城镇居民预防性动机对消费的影响基本稳定在 5% 的水平。广东城镇居民预防性动机对消费的影响程度显著高于全国城镇居民，全国城镇居民的预防性动机对消费的贡献度在所有各期均不超过 1.6%。对未来消费影响最大的是消费习惯，这说明当前的消费水平、消费习惯对未来消费有很大的惯性影响。这一点同全国城镇居民一样。同时，广东城镇居民支出增长预期对消费的影响最小，其对消费变化所做的贡献不超过 3.6%，而全国城镇居民支出增长的预期对消费的影响从第 3 期开始基本稳定在 14% 的水平，其影响较显著。

第三，较高的市场化程度增加城镇居民面临的不确定性。广东是最先在全国进行市场经济体制改革和探索的地区，在首批开放的特区中，广东境内就占三个。广东地区的市场化程度较高。例如，广东城镇居民利率对消费的变化具有较大贡献度，其对消费的影响从第 4 期开始基本稳定在 14% 的水平，全国城镇居民利率对未来消费的贡献度基本稳定在 6% 的水平，广东城镇居民对利率更敏感①。在以市场为取向的改革中，广东城镇居民面临的不确定性较强。一是居民的社会保障由过去的企业保障改为社会保障（在这之前按照1969年2月财政部下发的《关于国营企业财务工作中几项制度的改革意见（草案)》的规定，中国实际上把过去在文革以前实行的社会保险统筹模式改变为企业保险模式（骆祚炎，2006)[25]），由于新社会保障制度正在逐步转换、建立和健全，新的社会保障制度存在不健全和覆盖面不广等问题，人们对收入的预期不高，即期消费受到一定程度的抑制(李子江等，2002)[26]。二是居民面临的收入波动加大，尤其是近年来居民面临的就业压力有所增加。袁志刚等（2005)[27]认为，市场化的改革不仅加大居民面临的系统风险，也加大居民面临的个体风险，城镇居民的消费行为由此产生变异。城镇居民预防性动机由此增强。

第四，较高的消费水平减弱支出增长预期对消费的作用。广东城镇居民1990—2004年的消费支出平均是全国城镇居民消费支出的1.6倍，其中最低倍数达到1.48，最高倍数达到1.82。广东城镇居民1990—2004年的消费支出平均是全国居民消费支出的2.85倍，其中最低的倍数达到2.5，最高的倍数达到3.36。广东城镇居民三项支出1990—2004年平均是全国城镇居民三项支出的1.03倍，其最高倍数为1.24，最低倍数为0.80（1990年、1991年、1992年、2001年和2003年前者比后者低）。广东城镇居民三项支出1993—2004年是全国居民三项支出的平均倍数为1.83，其最高倍数为2.08倍，最低倍数为1.47（见图7－

① 需要说明的是，利用VAR模型做方差分解时，解释变量的顺序对结果影响比较大。解释变量究竟以什么顺序进行排列，还需要认真研究。因此这里给出的数据是相对的，不能绝对地理解结果。总体来说，广东城镇居民和全国城镇居民都面临一定的不确定性。

11)。相比之下，广东城镇居民三项支出的倍数比后两者要低得多。这种现象导致广东城镇居民的三项支出占居民消费性支出的比例比全国城镇和全国居民要低，三项支出预期对广东城镇居民的影响相对较小，这使预防性动机对居民消费和储蓄的影响更加突出。

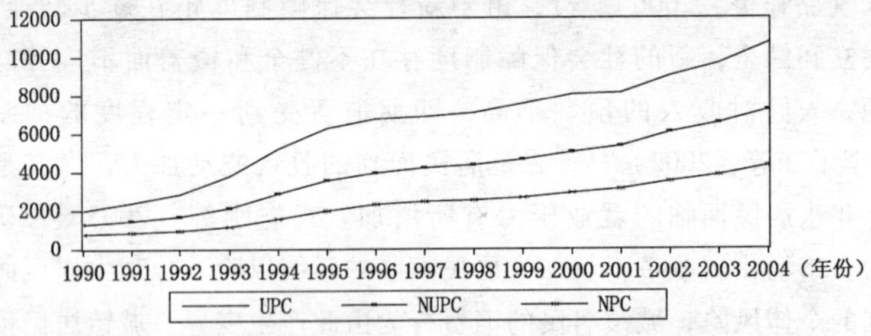

图 7－11 广东城镇（UPC）、全国城镇（NUPC）和全国居民（NPC）消费性支出比较图

二、广东农村与全国农村居民的比较

（一）全国农村居民支出预期等因素对消费的影响分析①

1. 教育和医疗保健支出占居民当年消费的比重不断增加。

改革开放以来特别是 1990 年以来，全国农村居民的储蓄倾向在波动中提高（见图 7－12）。教育、医疗保健和住房支出也在不断增加。从表 7－11 以看出，教育占农村居民消费的比重，从 1990 年的 5.36 增加到 2006 年的 10.79%，该比例的增长趋势很明显。医疗保健支出占居民消费的比例从 1990 年的 3.24% 上

① 该部分观点与如下文献有些区别：骆祚炎．教育和医保支出压力对农村居民消费影响的 VAR 分析［J］.统计与决策．2007，（22）：90－91. 这是因为本研究在此处增加了 2005 年和 2006 年数据样本，并增加了居住支出作为分析的对象。

涨到2006年的6.77%。在这里需要说明的是，与广东农村居民感受到教育、医疗保健和住房等三项支出的压力不同，广东农村居民居住支出占当年消费支出的比重有缓慢下降的趋势（从1980年的18%下降到2006年的16.3%），但全国农村居民住房支出比例则有缓慢上升的趋势。全国农村居民居住支出比重从1990年的13.88%增加到16.58%。鉴于以上理由，与广东农村居民的考察对象不同，本研究在考察支出对全国农村居民消费的影响时，同时考虑教育、医保和居住支出的影响。本研究拟直接从农村居民的教育、医疗保健和居住等支出的角度，结合预防性动机等其他因素，通过使用向量自回归VAR模型，来分析支出增长的预期对全国农村居民消费和储蓄形成的影响。

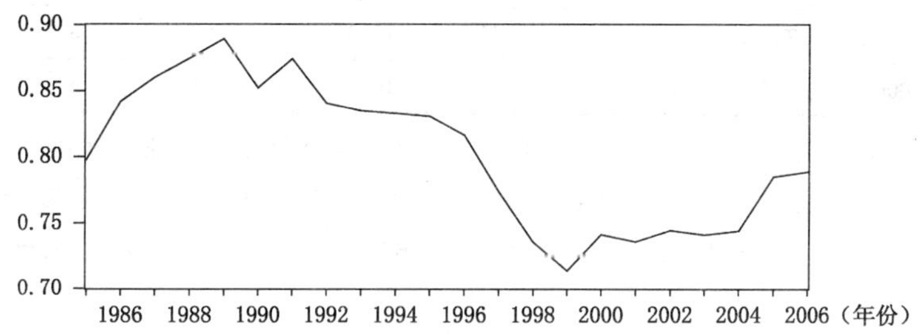

图7－12 农村居民储蓄倾向变化图

表7－11 中国农村居民三项支出及其占居民消费的比重（人均指标）

单位：元、%

项目	教育	居住	医保	教育占比	居住占比	医保占比
1990年	31.4	81.2	18.9	5.36	13.88	3.24
1991年	36.3	81.9	22.3	5.86	13.20	3.60
1992年	43.7	82.7	24.1	6.63	12.55	3.66
1993年	58.2	78.2	26.1	7.57	10.15	3.39
1994年	75.1	108.9	32.0	7.38	10.72	3.15

续表

项目	教育	居住	医保	教育占比	居住占比	医保占比
1995 年	102.3	147.7	42.4	7.81	11.28	3.24
1996 年	132.5	186.3	58.2	8.43	11.85	3.70
1997 年	148.2	198.3	62.5	9.16	12.26	3.86
1998 年	159.4	199.3	68.1	10.24	12.54	4.29
1999 年	168.4	203.7	70.1	10.68	12.92	4.44
2000 年	186.7	231.0	87.6	11.18	13.84	5.25
2001 年	192.6	249.9	96.6	11.06	14.35	5.55
2002 年	210.4	271.6	103.9	11.41	14.74	5.64
2003 年	235.8	278.2	115.8	12.13	14.32	5.96
2004 年	247.6	297.3	130.6	11.33	13.61	5.98
2005 年	295.5	342.3	168.1	11.56	13.38	6.58
2006 年	305.1	468.9	191.5	10.79	16.58	6.77

注：1. 该表原始数据来源于《中国统计年鉴》各期的居民家庭抽样调查数据。2. 农村居民支出包括总支出和现金支出两种口径。为计算支出压力对农村居民消费的影响，这里采用现金支出指标。教育占比 = 教育现金支出 ÷ 现金总支出。其他依此类推。

2. 全国农村居民数据来源、数据处理及 VAR 模型说明。

第一，数据来源。全国农村居民数据主要来源于《中国统计年鉴》1990—2007 年各期。数据覆盖 1990—2006 年。消费、收入和支出均采用人均指标。教育、医疗保健支出和居住支出在农村有两种口径：一是总的支出，二是现金支出。考虑到这些支出对农村居民储蓄的影响，本研究以现金支出为口径，而不把实物支出考虑在内。这三项支出的数据使用两种方法得到。

第二，数据平稳性处理。数据之间的拟合必须要保持平稳性，否则可能产生伪回归的问题。把公式（7 - 12）中的变量看作水平值，通过检验发现这些变量均不满足平稳性条件。分别对公式（7－12）中的消费、居民可支配收入和不确定性变量（已经取对数值）求1阶差分，这些序列平稳。对预期的支出占居民消费的比例求对数和1阶差分，该序列经ADF单位根检测满足平稳性条件（或基本满足平稳性条件）。结果见表7－12。

表7－12　　各变量单位根检验结果表

变量	类型	ADF值	1%临界	5%临界	10%临界	结论
$d(\Delta c)$	(0,0,1)	-2.563634	-4.004425	-3.098896	-2.690439	基本平稳
$d(\Delta y)$	(c,0,2)	-2.611243	-4.057910	-3.119910	-2.701103	基本平稳
$d(GC^7)$	(0,0,0)	-4.195588	-4.004425	-3.098896	-2.690439	平稳
d(log(*ratio* cost))	(0,0,0)	-1.692153	-2.754993	-1.970978	-1.603693	平稳
d(log(*rate*))	(0,0,0)	-1.605479	-2.728252	-1.966270	-1.605026	平稳

注：1.（c，0，2）中的2表示滞后2阶，0表示无趋势，c表示带截距项。2. 上述数据平稳的结论在5%的显著水平上成立。基本平稳意味着显著性水平在10%—11%之间。3. 同类型检验的临界值的差异与滞后阶数是固定还是连续有关，还与其他因素有关。

第三，VAR模型分析方法说明。VAR模型是基于数据的统计性质，把系统中每一个内生变量作为系统中所有内生变量的滞后值的函数来构造模型，从而将单方程回归模型推广到由多元时间序列组成的向量自回归模型。VAR模型克服了由于消费和收入等时间序列的非平稳性产生的伪回归现象，也克服了单方程协整检验遗漏掉重要关系变量的缺陷。利用VAR模型验证农村居民消费函数时从两方面进行。一是构造各种内生变量对居民消费的脉冲响应函数。二是进一步对各影响因素的方差进行分解，从而精确判断各因素对居民消费的影响程度。

3. 利用教育、医保和居住支出的预期来测算三项支出的压力。

对三项支出占居民消费比例进行预期是困难的，尤其假定消费者是理性预期的消费者时。理性预期在长期收入的预期上是难以实现的，同样在两项支出的预期上也难以实现。实际上理性预期更多地取决于一种心理感受和对未来的看法，这种看法很难在消费者的一生中实现。本研究对该比例的预期借鉴弗里德曼求持久收入的方法（方法同本章第三节），即：

$$ratio\ \mathrm{cost}_t = (real\ \mathrm{cost}_t + real\ \mathrm{cost}_{t-1} + real\ \mathrm{cost}_{t-2}) \div 3 \tag{7-20}$$

其中，*real* cost 代表各期三项支出的实际比例。因此 *ratio* cost 从其本意上讲是理性预期，但在实际的数据处理上采取适应性预期的研究方法。其变化趋势见图 7-13。

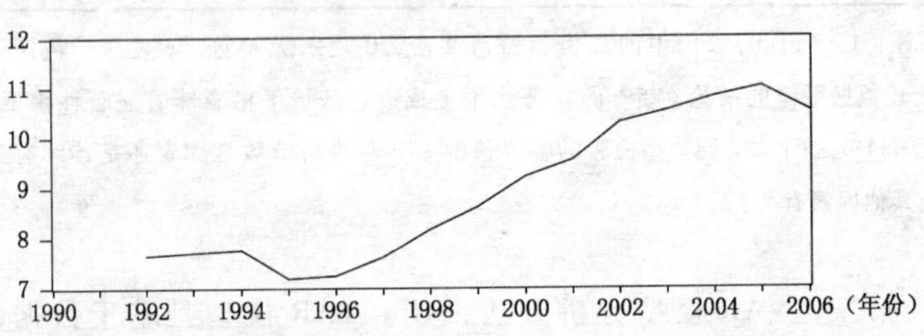

图 7-13 全国农村居民三项支出占居民消费支出比例变化的预期

4. 支出压力等因素对全国农村居民消费影响的 VAR 模型分析结果。

第一，VAR 模型建立及其检验。

经过模拟可以得到如下 VAR 方程①：

$$d(\Delta c_t) = -0.10d(\Delta c_{t-1}) - 0.58d(\Delta y_{t-1}) + 0.05d(\log(rate_{t-1})) + 144.48d(avg(GC_{t-1}^2)) - 0.66d(\log(ratio\ \mathrm{cost}_{t-1})) + 0.11 \quad (7-21)$$

模型检验结果表明，AR Roots 检验根模均小于 1，说明该 VAR 模型稳定性好。脉冲响应函数逐渐趋于 0，也表明模型稳定性好。滞后阶数标准检验表明该模型滞后 1 阶合适。模型基本符合要求。从该模拟方程可以看出，不确定性对消费的影响系数较大，支出预期对消费的影响系数为 -0.66，表明支出预期对当前消费起到微弱的抑制作用。利率对消费的影响最小。在有效样本中有 40% 的样本，消费波动的滞后值与消费符号相反，因此从总体上看，不确定性对居民当期消费的影响虽然符号为“正”但有时影响却可能为“负”。收入对消费的影响甚至为“负”的系数。这说明，方程（7 - 21）从静态上判断各因素对消费的影响还存在拟合数据同理论不一致的地方，还需要借助脉冲响应函数和方差分解来更深入地分析。

第二，脉冲响应函数表明预防性储蓄和支出预期对居民消费有一定影响。从脉冲响应函数可以看出，各因素对消费的未来影响看，未来第一期，消费习惯（自身）对消费的影响最大，其他因素无影响。未来第二期，消费习惯和可支配收入对消费有“正”的影响，而且影响系数相对较大；同时预防性储蓄和支出预期对消费有“负”的影响，其影响要小于前两者。从第三期

① VAR 模型中还有 4 个方程，由于与本研究主题关系不密切，在此省略。本研究还通过改变起始时间等办法建立其他 VAR 模型，虽然发现这些系数与理论更吻合，但是这些方程却不满足稳定性条件。从理论上说，对方程（7 - 21）还可以使用两阶段最小二乘法 TSLS 进行进一步的分析。本研究也尝试过进行 TSLS 分析，但效果都不如拟合方程（7 - 21）理想。

开始，各因素对消费的影响都逐渐趋小（见图7－14）。

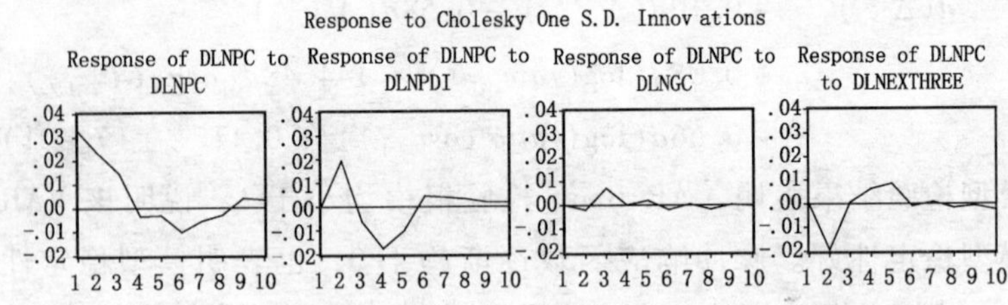

图7－14 消费对收入、支出预期、预防性储蓄和利率的脉冲响应（从左至右）

第三，方差分解说明支出预期对未来消费产生稳定的影响。从表7－13的方差分解看，农村居民消费自身对消费的影响最大，基本稳定57%的水平，预防性储蓄对消费的影响基本稳定在1.8%的水平，可支配收入对消费的影响基本稳定在25%左右的水平，支出预期因素对消费的影响基本稳定在14%的水平，利率对消费的影响基本稳定在0.38%左右的水平，利率对消费的影响程度最低（见图7－15）。从城镇居民来看，消费自身对消费影响仍然最大，基本稳定在62%的水平，可支配收入对消费的影响基本稳定在14.8%左右的水平，支出预期因素对消费的影响略低，稳定在14.6%的水平，不确定性对消费的影响稳定在1.5%左右，影响程度最低的是利率。由此可以看出，农村和城镇居民在支出预期因素和不确定性因素方面对消费的影响大致相同。

第四，实证分析的综合结论。综合以上分析，本研究认为，未来支出增长的压力和预防性动机对农村居民消费行为产生一定抑制作用，并促进居民储蓄倾向的提高。

表 7－13 各因素的结构冲击对居民消费影响的方差分解 单位：%

未来时期	消费习惯	收入	不确定性	支出预期	利率
1	100.0000	0.000000	0.000000	0.000000	0.000000
2	67.61244	15.86362	0.183467	16.12290	0.217566
3	67.72489	15.57271	2.035755	14.29461	0.372034
4	60.00712	23.96405	1.791091	13.90874	0.328997
5	56.76398	25.74321	1.794108	15.32032	0.378384
6	57.68792	25.33008	1.844173	14.74851	0.389317
7	57.80285	25.42650	1.823723	14.56136	0.385565
8	57.64865	25.52392	1.910262	14.53445	0.382715
9	57.76483	25.47959	1.900889	14.47270	0.381984
10	57.72570	25.43127	1.895989	14.56290	0.384145

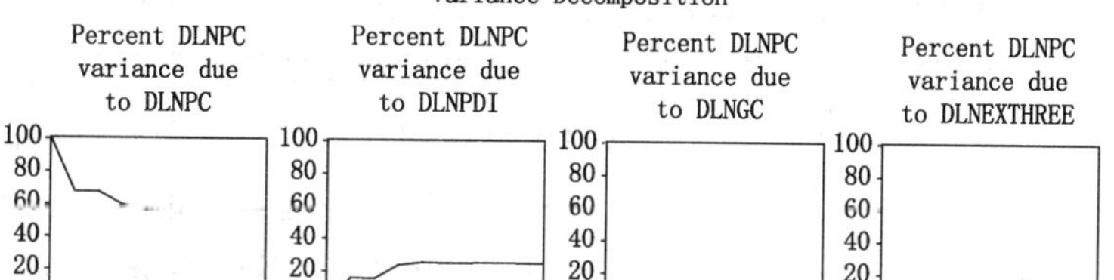

图 7－15 消费习惯、收入、不确定性和支出预期
对居民消费的贡献（从左至右）

（二）广东农村居民与全国农村居民支出预期等因素对消费影响的差异

1. 实证结果的比较[①]。方程（7－16）（见第四节）表明，

① 对两种居民在此不能进行拟合数据的绝对比较。因为对广东农村居民采用的是一般的线性方程，而对全国农村居民采用的是 VAR 模型。但是，两种居民支出预期和预防性动机对消费影响的相对强弱，却可以横向比较。

广东农村居民预防性储蓄动机较高，其系数为95.59；两项支出预期对农村居民消费的影响相对较小，其系数为0.009。影响广东农村居民的消费行为的因素中，预防性储蓄是重要因素，支出预期因素的作用相对较弱。对全国农村居民的消费分析发现，对居民消费影响最大的因素仍然是传统消费函数理论中的收入和消费习惯等因素，支出预期和预防性动机对消费有一定的抑制作用（在方差分解中，支出预期的作用要超过预防性动机的影响，但从静态看，预防性动机的影响要超过支出预期）。从总体上看，广东农村居民与全国农村居民具有一定的共性。

2. 教育和医疗保健支出压力是两种居民面临的主要压力之一。无论是广东农村还是全国农村居民，两种居民的居住支出占总支出的比重变化不大（前者比例有所下降，后者比例略有上升）。农村居民住房一般是自建，没有实现商品化，农村居民更少感受到商品房的价格上涨，故其支出虽然在增长，但是其增长速度相对不快。由于三项支出的比重在增加，这意味着农村居民面临的教育和医疗保健压力越来越大。因此，在农村地区实施教育保障和医疗保障，对于构建和谐社会和缩小城乡差异尤为重要。

3. 两种农村居民的预防性动机对消费的影响更大，说明农村居民也逐年面临市场经济改革过程中产生的各种不确定性和风险（包括系统性风险和居民面临的个体风险），这种预防性动机抑制了农村居民的消费。在农村地区和针对农村居民建立和完善社会保障体系成为当前迫切解决的问题。

4. 采取措施促进农村居民的消费增长。

第一，抑制教育和医疗保健等消费价格的过快增长。随着中国经济转型的深入，教育和医疗保健等消费价格的过快增长加剧了农村居民的储蓄心理。从教育消费的价格增长情况看，1994—

1997 年是较快增长时期，其增长环比分别达到 23.4%、24%、35.5%、19.3%。1997 年后大学实行大规模扩招，教育费用出现新的快速上涨，2000 年增长环比为 6.6%，2001 年增长环比达到 16.5%，其后增长速度有所下降，2005 年和 2006 年环比增长分别为：11.3%、9.2%。从医疗保健价格看，1993—1996 年是高速增长时期，增长环比分别为：7.1%、11.4%、10.7%、9%；2001—2006 年是又一个高速增长时期，增长环比分别为：13%、9.1%、7.6%、5.2%、19.6%、7.1%[①]。抑制教育和医疗保健费用的过快增长是当前促进居民消费的重要手段之一。

第二，健全农村社会保障制度，提高社会保障水平。健全社会保障制度和提高社会保障水平可以有效缓解收入、就业的不确定性对居民消费的抑制作用。当前农村社会保障还存在许多问题。一是参保率低，覆盖面窄，保障不足；二是政府责任特别是财政扶持没有到位；三是基金保值增值存在较大问题[②]。为此，当前要做好关于在农村建立社会保障制度必要性的讨论，明确认识，根据农村地区的具体情况因地制宜地开展多种形式的社会保险制度，扩大农村居民的参保面，解除农村居民的后顾之忧，促进农民消费倾向的提升。

第三，扩大财政的公共服务功能，加强农村公共品的供给。在两项支出中，教育具有准公共产品的性质，医疗保健部分具有准公共产品的性质。如果国家财政能够在教育和医疗保健等方面为居民提供支持，将会有力地缓解居民对支出增长的预期，从而

① 2005 年和 2006 年教育和医保支出环比增长数，是通过城镇和农村居民按照人口加权计算的整体居民的两项支出数量计算出来。

② 2006 年 11 月 25 日，劳动和社会保障部农村社会保险司副司长刘从龙，在中国社会科学院举办的第二届中国经济论坛上的讲话。该次论坛的主题是，全球经济失衡与中国经济发展。

释放出更多的储蓄，拉动消费并带动经济持续增长。目前，财政对教育整体投入严重不足且教育资源的配置很不均衡，公共卫生服务的发展明显滞后于经济发展且严重不均等，这要求政府树立公共财政的观念，优化财政支出结构，尽可能为最广大的居民提供服务（夏杰长，2006）[28]。要逐步加大对“三农”资金的投入，建立以工补农、以城带乡的长效机制，建立符合公共财政框架的农村公共品供给模式（吴孔凡，2006）[29]。

第四，通过产业发展带动农村居民可支配收入水平的提高。本研究的实证分析表明，居民可支配收入仍然是决定居民消费的主要因素。实际上，中国居民的消费对收入存在过度敏感性（（彭文平，2001）[30]、（杭斌等，2004）[31]），也表明居民可支配收入对消费的重要影响。《中共中央、国务院关于推进社会主义新农村建设的若干意见》提出，建设社会主义新农村的构想。建设新农村必须要有坚实的产业基础（周立群，2006）[32]，这也是提高农村居民可支配收入的根本手段。要发展品种优良、特色明显、附加值高的优势农产品。延长农业产业链条，使农民在农业功能拓展中获得更多收益。发展农产品加工、保鲜、储运和其他服务。支持发展农业产业化经营，培育带动力强的龙头企业。扩大养殖、园艺等劳动密集型产品和绿色食品生产。鼓励优势农产品出口。发展休闲观光农业。

第五，加大对农村贫困居民的转移支付力度。农村贫困问题仍需引起足够的重视。农村贫困人口的存在是制约农村消费扩大的重要瓶颈。对贫困人口增加转移支付，既有助于贫困人口摆脱贫困，也有助于消费的扩大。不仅如此，中国农村贫困人口的收入分布呈现“两端分化”的特征（骆祚炎，2006）[33]。即人均纯收入小于100元和收入400元以上的群体构成农村贫困人口的主体。这要求实行结构性的扶贫政策。因此，对最低收入者和最贫困地区加大财政转移支付力度，对贫困人口中的“较高”收入者和地区做好开发式扶贫。

参考文献：

[1] 龙志和、周浩明. 中国城镇居民预防性储蓄实证研究[J]. 经济研究. 2000，(11)：33—38.

[2] 汪红驹、张慧莲. 不确定性和流动性约束对我国居民消费行为的影响 [J]. 经济科学. 2002，(6)：22—28.

[3] 杜海韬、邓翔. 流动性约束和不确定性状态下的预防性储蓄研究——中国城乡居民的消费特征分析 [M]. 经济学（季刊）. 北京：北京大学出版社. 2005，(2)：297—315.

[4] Dynan Karen E. , “How Prudent are Consumers”, Journal of Political Economy, 1993, (101): 1104—1113.

[5] 万广华、张茵、牛建高. 流动性约束、不确定性与中国居民消费 [J]. 经济研究. 2001，(11). 35—44.

[6] 施建淮、朱海婷. 中国城市居民预防性储蓄及预防性动机强度：1999—2003 [J]. 经济研究. 2004，(10)：66—74.

[7] 臧旭恒、朱春燕. 预防性储蓄理论——储蓄（消费）函数的新进展 [J]. 经济研究. 2001，(1)：84—92.

[8] 朱宪辰、吴道明. 支出预期：对消费行为影响的估计 [J]. 数量经济技术经济研究. 2001，(6)：51—55.

[9] 骆祚炎. 中国城镇贫困人口的再估计 [J]. 经济体制改革. 2006，(3)：171—174.

[10] 朱宪辰、吴道明. 支出预期：对消费行为影响的估计 [J]. 数量经济技术经济研究. 2001，(6)：51—55.

[11] Marjorier. Flavin. The Adjustment of Consumption to

Changing Expectations about Future Income [J]. Journal of Political Economy. 1981, (89): 974—1008.

[12] J. y. Campbell and N. G. Mankiw, The Response of Consumption to Income, a Cross - Section Investigation [J]. European Economic Review. 1991, (35): 723—726.

[13] Dynan Karen E.. How Prudent Are Consumers [J]. Journal of Political Economy. 1993, (101, December): 1104—1113.

[14] 贺菊煌. 经济增长模型中的储蓄率内生化问题 [J]. 经济研究. 2005, (8): 54—59.

[15] 臧旭恒等. 居民资产与消费选择行为分析 [M]. 上海三联书店、上海人民出版社. 2001: 166.

[16] 骆祚炎. 当代中国股票市场发展思想研究 [M]. 中国社会科学出版社. 2006, 151.

[17] 李子江等. 消费函数模型的现实检验——对1978—1999年广东消费函数的实证研究 [J]. 学术研究. 2002, (2): 28.

[18] 袁志刚等. 居民储蓄与投资选择: 金融资产发展的含义 [J]. 数量经济技术经济研究. 2005, (1): 34—36.

[19] 孙凤. 消费者行为数量研究——以中国城镇居民为例 [M]. 上海三联书店、上海人民出版社. 2002: 70—75.

[20] 孙稳存. 中国消费函数的分析与估计 [J]. 经济科学. 2002, (6): 13—21.

[21] 骆祚炎. 我国城镇贫困人口规模再估算 [J]. 财经科学. 2006, (9): 82—89.

[22] 骆祚炎. 居民金融资产结构性财富效应分析: 一种模型的改进 [J]. 数量经济技术经济研究. 2008, (12): 97—110.

[23] 夏杰长. 中国财政政策转型: 从经济建设型转向公共

服务型 [J]. 经济学动态. 2006, (9): 9—13.

[24] 骆祚炎. 农村贫困人口分布及其结构性扶贫对策的实证研究 [J]. 财经论丛. 2006, (7): 15—20.

[25] 骆祚炎. 当代中国股票市场发展思想研究 [M]. 北京: 中国社会科学出版社. 2006, 151.

[26] 李子江等. 消费函数模型的现实检验——对 1978—1999 年广东消费函数的实证研究 [J]. 学术研究. 2002, (2): 28.

[27] 袁志刚等. 居民储蓄与投资选择: 金融资产发展的含义 [J]. 数量经济技术经济研究. 2005, (1): 34—36.

[28] 夏杰长. 中国财政政策转型: 从经济建设型转向公共服务型 [J]. 经济学动态. 2006, (9): 9—13.

[29] 吴孔凡. 公共财政视野下的农村公共品供给制度创新 [J]. 改革. 2006, (8): 69—73.

[30] 彭文平. 消费的过度敏感性假说及其在中国的应用 [J]. 上海经济研究. 2001, (5): 15—17.

[31] 杭斌等. 经济转型期中国城镇居民消费敏感度的变参数分析 [J]. 数量经济技术经济研究. 2004, (9): 24—28.

[32] 周立群. 建设新农村需要坚实的产业支撑 [J]. 改革. 2006, (7): 61—62.

[33] 骆祚炎. 农村贫困人口分布及其结构性扶贫对策的实证研究 [J]. 财经论丛. 2006, (7): 15—20.

第八章

促进居民消费的对策

根据前面理论分析和实证分析的结论，本章从收入、财富效应、支出预期与预防性储蓄等方面，提出促进居民消费的对策。

第一节 提高居民可支配收入

通过消费过度敏感性的状态空间模型检验发现，广东第二类消费者（即消费由当前收入决定的消费者）至少占到总消费人口的64%以上。这说明大部分广东省居民的消费由当期收入决定，消费对收入存在过度敏感性。从时间分布看，广东第二类消费者的比例在1987年后出现明显的增长。广东城镇居民和广东农村居民的消费过度敏感性基本相似[1]。因此，提高居民的可支配收入水平对于扩大广东居民的消费尤其重要。

一、提高居民的就业水平

在影响广东城镇居民未来消费的变量中，预防性动机的因素比较明显，支出预期因素对消费也有一定的抑制作用。这大致说明，广东城镇居民的消费受到预防性储蓄因素的影响要大于支出预期因素的影响。脉冲响应函数和方差分解也说明预防性动机对广东城镇居民消费具有明显的影响。同时，根据 VAR 模型检验，农村居民的预防性动机的系数值为 -6.22，预防性动机因素对农村居民消费行为的影响也较显著。从该 VAR 检验的脉冲响应函数和方差分解看，预防性动机对农村居民的未来消费也有一定影响[2]。

预防性动机主要是由于居民的收入面临波动引起，而收入的波动又与居民的就业波动息息相关。因此，提高城镇和农村居民的就业水平对于稳定提高居民收入，以及克服预防性动机对居民消费的抑制有显著的作用。对于城镇居民来说，可以通过如下措施增加就业。一是大力发展城镇家政服务业、社区服务业、旅游服务业、餐饮服务业、文化服务业、商业服务业、娱乐服务业等，吸纳更多的城镇居民就业。二是要做好城镇再就业培训和安置工作，使一部分下岗工人能够通过培训等及时再就业。对于农村居民来说，一方面要通过发展农业，发展农村经济使农民工能够及时就业，另一方面要建立农民务工人员进入城镇务工的有序渠道，并帮助进入城镇的农民务工人员解除后顾之忧等。

---

① 该部分的观点可参考第四章第二节、第四节和第六节的检验。

② 见第七章第三节和第四节的描述。

二、增加居民在初次收入分配中的比重

李扬（2007）[1]认为，1992 年以来居民部门的储蓄率实际在下降，造成这种状况的原因是劳动者在国民收入分配中的比重下降。工薪收入既是广东城镇居民收入的主体，也是近年来广东农村居民的收入主体。提高工薪收入是提高居民可支配收入的主要途径。1987—2005 年广东省城镇居民工薪收入占总收入的比例最低为 2000 年的 64.4%，最高为 2004 年的 85.6%，平均达到 70.9%。1987—2006 年的工薪收入比例分别为 73.9%、69.3%、66.3%、66.3%、64.3%、67.7%、66.8%、67.4%、66.0%、67.9%、72.6%、72.0%、67.0%、64.4%、66.7%、83.4%、84.1%、85.4%、75.5%、73.6%。虽然这种比例每年有一定的波动，但总体来说，稳中有升。工资性收入占广东农村居民人均纯收入的比例，在改革开放的初期很小，但随后呈现每年递增的趋势，2003 年及以后年份工资性收入超过经营性收入，成为农村居民最主要收入来源。1985—2006 年该收入比例分别为：6.1%、5.8%、6.2%、7.1%、7.4%、6.8%、5.5%、7%、21.6%、25.1%、26.4%、25.8%、26.2%、28.2%、30.4%、37.3%、41.7%、43.8%、48.5%、49.8%、54.6%、57.2%。其中，1993 年和 2000 年有较大幅度的上升，上升幅度分别达到：14.6%、7%（见表 8－1）。要提高工薪收入就必须提高居民在国民收入初次分配中的比重。一是要较大幅度提高企事业单位职工尤其是一线工作人员的工资。二是要建立职工同企业效益挂钩的工资增长机制。三是要建立居民工薪与物价挂钩的工资增长机制。通过这些措施，使居民能够分享经济增长和社会进步带来的好处。

表 8－1　　广东城镇和农村居民工薪收入占可支配收入的比重　　单位：%

城镇居民				农村居民			
年份	工薪收入占比	年份	工薪收入占比	年份	工资性收入占比	年份	工资性收入占比
2006	73.60	1996	67.91	2006	57.20	1996	25.80
2005	75.48	1995	65.98	2005	54.60	1995	26.40
2004	85.46	1994	67.43	2004	49.80	1994	25.10
2003	84.11	1993	66.77	2003	48.50	1993	21.60
2002	83.36	1992	67.74	2002	43.80	1992	7.00
2001	66.73	1991	64.26	2001	41.70	1991	5.50
2000	64.40	1990	66.32	2000	37.30	1990	6.80
1999	67.03	1989	66.28	1999	30.40	1989	7.40
1998	72.00	1988	69.34	1998	28.20	1988	7.10
1997	72.57	1987	73.93	1997	26.20	1987	6.20

注：1. 城镇居民数据说明：工薪收入 1987—2001 年统计口径为工资性收入，2002—2006 年统计口径为工薪收入。2. 农村居民数据说明如下：工资性收入 1985—1992 年统计口径为从集体统一经营中得到的收入，1993—1999 年统计口径为劳动者的报酬收入，2000—2006 年统计口径为工资性收入。3. 本表原始数据来源于《广东统计年鉴》1980—2007 年各期。

三、增强所得税的收入调节功能

缩小收入分配差距是提高全社会居民消费倾向和扩大消费的重要途径（袁志刚，2002）[2]。提高所得税的收入分配调节功能，要做到以下几点。一是建立所得税的起征点的正常调整机制。根据经济增长和社会发展水平的提高，适度提高所得税的起征点，使较低收入和中等收入群体能够得到更多的国民收入增长带来的好处。2007 年 12 月召开的十届全国人大常委会第三十一次会议通过对所得税进行调整的议案，决定 2008 年 3 月 1 日起将居民所得税的起征点提高到2000元，正是这种思想的反映，是为构建社会主义和谐社会所做的具体努力。二是要依法强化所得税的申报和征收工作，使符合纳税条件和纳税等级的人口能够依法纳税，增加国家财政收入的来源，使国家财政能够在保障社会公平，增加对贫困人口和贫困地区的转移支付方面发挥更大的作用。

四、加大对贫困群体的转移支付力度

随着中国经济的发展和国家对贫困问题的高度重视，中国的绝对贫困问题得到有效的解决。但是，相对贫困问题还将在较长时间内存在（骆祚炎，2006）①。这种相对贫困问题与收入差距的逐渐扩大有直接关系。从居民的收入结构看，广东农村居民的转移性收入所占可支配收入的比例较低（见表8－2）。例如，与城镇居民的转移性收入占比比较，广东农村居民的转移性收入占比2000—2006年分别少9%、12%、12%、13%、13%、10%、10%。加大对农村居民和城乡贫困群体的转移支付力度，提高其收入水平很有必要。

表8－2 广东省城镇和农村居民转移性收入比例的比较 单位:%

城镇居民				农村居民			
年份	转移收入占比	年份	转移收入占比	年份	转移收入占比	年份	转移收入占比
2006	15.60	1996	12.89	2006	5.10	1996	6.30
2005	15.53	1995	14.48	2005	4.90	1995	6.70

① 骆祚炎．中国城镇贫困人口的再估计［J］．经济体制改革．2006，（3）：171—174；骆祚炎．农村贫困人口分布及其结构性扶贫对策的实证研究［J］．财经论丛．2006，（4）：15—20。

续表

城镇居民				农村居民			
年份	转移收入占比	年份	转移收入占比	年份	转移收入占比	年份	转移收入占比
2004	16.13	1994	14.28	2004	3.20	1994	7.00
2003	17.03	1993	14.34	2003	3.60	1993	9.10
2002	16.96	1992	15.42	2002	4.80	1992	0.40
2001	16.97	1991	17.88	2001	4.60	1991	0.20
2000	14.96	1990	16.85	2000	5.90	1990	0.10
1999	13.83	1989	16.88	1999	6.30	1989	0.60
1998	14.28	1988	15.35	1998	6.30	1988	0.60
1997	13.30	1987	13.02	1997	6.50	1987	0.70

注：1. 农村居民转移性收入 1985—1992 年统计口径为从经济联合体得到的收入，1993—2005 年统计口径为转移性收入。2. 本表原始数据来源于《广东统计年鉴》1980—2007 年各期。

通过 ELES 分析法并结合城镇居民的收入分布情况可以发现，城镇居民 2000—2004 年的城镇贫困发生率分别为：5%、6%、7.5%、7.47%、7.5%（骆祚炎，2006）[3]。因此，应该加大对城镇贫困人口的财政转移支付力度。同时，根据扩展的线性支出系统 ELES 分析，中国农村按照总消费口径计算的贫困人口 2002—2004 年分别为：2699 万人、3827 万人、3323 万人（骆祚炎，2006）[4]。这说明近年农村贫困问题仍需引起足够的重视。对贫困人口增加转移支付，既有助于贫困人口摆脱贫困，也有助于消费的扩大。不仅如此，中国农村贫困人口的收入分布呈现“两端分化”的特征。即人均纯收入小于 100 元和收入 400 元以上的群体构成农村贫困人口的主体。这要求实行结构性的扶贫政策。因此，对最低收入者和最贫困地区加大财政转移支付力度，对贫困人口中的“较高”收入者和地区做好开发式扶贫。

从广东情况看，近年来高收入和低收入组之间的收入差距越来越大。广东城镇居民2002—2006年最高收入组的平均收入和最低收入组的平均收入差别分别为：34375元、37074元、37991元、39851元、43818元①。广东农村居民2002—2006年最高收入组的平均收入和最低收入组的平均收入差别分别为：6841元、7252元、7923元、8251元、8975元。收入差别的扩大，意味着加大对广东城镇和农村低收入群体的转移支付已经刻不容缓。

第二节 改善居民收入结构

一、提高居民财产性收入

党的十七大提出要增加居民财产性收入。财产性收入的增加使居民消费更加平滑，有利于消费的稳定增长。从广东情况看，财产性收入占可支配收入的比例过低。例如，从表8-3可以看出，2006年城镇居民该比例为3.20%，农村居民也仅为4.30%。美国股票收入占家庭财产之比，1945年为16%，1968年为26%，1990年为12%，1997年为28%，1998年为30%，1999年为35%—38%②（刘建江等，2000）[5]。由于广东居民可支配收入比美国家庭财产要低很多，所以上述比例差距更大。提高财产性收入，必须提高资产的增殖程度。资产增殖程度的提

① 通过《广东统计年鉴》查到的2001年低收入组的平均可支配收入要较多地高于2002—2004年的低收入组的平均可支配收入。统计数据之间不太吻合，对于统计数据需要认真解读。

② 1999年美国数据为本节估计数。

高，首先要依赖国家经济投入产出效益的提高，这要求中国加快建设创新型国家的步伐，大力进行科技创新，开发出技术含量高、有市场且附加值高的产品。其次，要规范各种市场，特别要加强证券市场的规范和发展，形成股市等市场稳定发展的预期。再次，要规范各类市场主体，基金、证券公司和上市公司要形成有效的分配法则，使居民不仅从市场获得资本利得收益，还能享受投资带来的分红等收益。最后，在中国目前储蓄和储蓄率过高的情况下，要鼓励国内资本走出去，获得更高的投资收益，开辟更多的居民投资渠道。

表8－3　广东城镇和农村居民财产性收入占可支配收入（纯收入）比例（%）

城镇居民	2006	2005	2004	2003	2002	2001	2000	1999	1998	1997	1996	1995
	3.2	2.57	2.70	2.40	2.10	4.70	4.40	4.70	4.30	4.90	4.50	4.00
	1994	1993	1992	1991	1990	1989	1988	1987	1986	1985	1984	1983
	3.90	3.20	2.80	0	0	0	0	0	—	—	—	—
农村居民	2006	2005	2004	2003	2002	2001	2000	1999	1998	1997	1996	1995
	4.3	3.6	5.60	4.50	3.60	3.00	2.00	1.70	1.60	1.50	1.70	1.80
	1994	1993	1992	1991	1990	1989	1988	1987	1986	1985	1984	1983
	1.50	0.90	10.00	9.10	8.10	8.50	8.10	9.00	10.30	10.60	—	—

注：1. 本表原始数据来源于《广东统计年鉴》1980—2007年各期。2. 城镇居民1987—1991年财产性收入很少，因此将其假定为0。3. 农村居民财产性收入1985—1992年统计口径为其他非生产性收入，1993—2004年统计口径为财产性收入。

二、增加城镇居民家庭经营性收入

广东省城镇居民收入来源包括，工薪收入，转移性收入，经营性收入和财产性收入（各种收入占可支配收入的比重见表8－4）。其中，工薪收入是广东省城镇居民收入的主体。1987—

2005年工薪收入占总收入的比例最低为2000年的64.4%，最高为2004年的85.6%，平均达到70.9%。1987—2006年的工薪收入比例分别为73.9%、69.3%、66.3%、66.3%、64.3%、67.7%、66.8%、67.4%、66.0%、67.9%、72.6%、72.0%、67.0%、64.4%、66.7%、83.4%、84.1%、85.4%、75.5%、73.6%。虽然这种比例每年有一定的波动，但总体来说稳中有升。经营性收入占总收入的比例在1987—2000年比较稳定，2000年以后这种比例急剧下滑。最低比例为2002年和2003年的5%，最高比例为1991年的17.9%，平均比例为12.48%。2000—2006年该比例分别为：16.3%、11.6%、5%、5%、5.4%、6.4%、7.6%。由于城镇居民主要收入来源是工薪收入，这决定广东城镇居民的消费对收入存在过度敏感性[①]。从表8-5可以看出，1980—2005年$\alpha\lambda$所占比例平均为54%以上，1988年以后基本稳定在60%以上的水平，1994年以后稳定在65%以上。总体上讲，有一种较缓慢的上升趋势。由于α是收入的边际消费倾向，它小于1，因此可以大致肯定λ在1988年以后至少要高于60%，1994年以后至少达到65%，即广东省城镇居民第二类消费者（即消费主要由当前收入决定的所谓短视型消费者）至少占到总消费人口的60%以上。通过使用多种形式的状态空间模型检验，均可以发现第二类消费者占所有消费者的比例高于60%。从这里可以看出，经济体制改革中存在的大量不确定性和风险对居民的消费支出行为产生明显影响，居民不能形成稳定的预期，加之居民资产的财富效应微弱，居民消费对当期收入的依赖程度加大。

---

① 见第四章第四节。

表 8-4　　广东城镇居民经营性收入与工薪收入占比的比较

单位：%

年份	工薪收入占比	经营性净收入占比	年份	工薪收入占比	经营性净收入占比
2006	73.60	7.60	1996	67.91	14.70
2005	75.48	6.42	1995	65.98	15.55
2004	85.46	5.40	1994	67.43	14.40
2003	84.11	5.00	1993	66.77	15.69
2002	83.36	5.00	1992	67.74	14.06
2001	66.73	11.61	1991	64.26	17.87
2000	64.40	16.25	1990	66.32	16.84
1999	67.03	14.44	1989	66.28	16.86
1998	72.00	9.43	1988	69.34	15.33
1997	72.57	9.23	1987	73.93	13.04

注：1. 城镇居民数据说明：工薪收入 1987—2001 年统计口径为工资性收入，2002—2006 年统计口径为工薪收入；1987—1991 年城镇居民财产性收入很少，因此将其假定为 0。2. 本表原始数据来源于《广东统计年鉴》1980—2007 年各期。

表 8-5　　广东城镇居民 $\alpha\lambda$ 的时间变化情况

项目	1980	1981	1982	1983	1984	1985	1986
$\alpha\lambda$	0	0	—	0.3913	0.4193	0.6127	0.6103
项目	1987	1988	1989	1990	1991	1992	1993
$\alpha\lambda$	0.5646	0.6279	0.6349	0.6278	0.5755	0.6515	0.6211
项目	1994	1995	1996	1997	1998	1999	2000
$\alpha\lambda$	0.6427	0.6697	0.6712	0.6763	0.6774	0.6750	0.6699
项目	2001	2002	2003	2004	2005	2006	2007
$\alpha\lambda$	0.6695	0.6505	0.6716	0.6636	0.6718	—	—

第三节 促进居民资产平稳增长

通过第五章和第六章的分析可知，广东城镇和农村居民拥有的资产具有财富效应，但是这种财富效应较微弱。金融资产和住房资产对居民的消费均有一定促进作用。发挥资产财富效应是促进居民消费的一条重要途径。当前，这条途径更加值得重视。中共十六届六中全会《中共中央关于构建社会主义和谐社会若干重大问题的决定》提出，到 2020 年合理有序的收入分配格局基本形成，家庭财产普遍增加，人民过上更富足的生活。党的十七大提出要增加居民财产性收入和扩大内需。这实际上已经提出财富效应对于改善人民生活和扩大内需的重要作用。要发挥资产的财富效应，就必须使居民人均资产的价值稳定增长。从总体上看，广东城镇居民和农村居民的资产规模与发达国家相比偏低，居民资产的增殖性不强，股票资产和住房资产的价值波动较大。这些都是在发挥资产财富效应的过程中需要解决的问题。

一、促进居民财产的增加

居民资产较少促使居民为了应付不确定性和未来支出的增长，增加储蓄，从而成为制约财富效应发挥的重要原因。以广东城镇居民家庭为例。2000—2006 年居民平均资产分别为 91937 元、99359 元、112398 元、112926 元、119960 元、147199 元、170276 元（名义数据）。2000 年以前居民资产的水平更低。美国 2000 年、2003 年家庭资产总额分别为 494250 亿美元、541680 亿美元（孙元欣，2006）[6]，美国 2000 年和 2002 年（没查到

2003 年人口数）人口数分别为 28222 万人、28837 万人[①]，按照 1 美元 = 8 元人民币的汇率折算[②]，则美国人均个人资产总额 2000 年、2003 年分别为：1401035 元、1502736 元。广东城镇居民 2000 年、2003 年人均资产只相当于美国居民人均资产的 6.56%、7.51%，换句话说，美国居民人均资产 2000 年、2003 年分别是广东城镇居民的 15.24 倍、13.30 倍。2000—2005 年广东农村居民平均资产分别为 9998 元、10309 元、11577 元、13946 元、15670 元、18032 元（名义数据）。2000 年以前居民资产的水平更低。广东农村居民 2000 年、2003 年人均资产只相当于同年美国居民人均资产的 0.71%、0.93%。广东农村居民 2005 年的人均资产总额也只相当于美国 2003 年人均资产的 1.19%。为了增加居民的资产，首先应该采取措施增加居民的可支配收入（例如增加就业和提高劳动效率等）；其次应该改善居民收入分配状况，通过税收和财政支付等手段使收入向更多的农村居民倾斜等。

二、发展多层次金融市场

广东城镇居民同美国居民相比，其金融资产所占比重过低。金融资产是居民主要的增殖资产，金融资产的比重过低会减弱资产对消费的作用。从前面分析[③]可以看出，1995 年、2000 年、2003 年广东城镇居民金融资产占比分别为：21.69%、37.16%、35.14%，而美国该比例同期为 66.20%、68.69%、63.40%，

① 从《国际统计年鉴 2004》第 120 页查找得到。

② 2005 年 7 月进行人民币汇率形成机制改革以来，截至 2007 年 12 月下旬，人民币对美元的汇率已经突破 1 美元 = 7.36 元人民币的关口。汇率经常变动，本研究只是以 1 美元 = 8 元人民币作粗略的说明。

③ 见第五章第五节和第六节的分析。

美国数据几乎是广东城镇居民的2倍。中国居民金融资产的占比与美国相比显得更低。由此造成的后果是，居民财产性收入占可支配收入的比例过低。例如广东城镇居民2004年该比例为2.70%，而美国股票收入占家庭财产之比，1945年为16%，1968年为26%，1990年为12%，1997年为28%，1998年为30%，1999年为35%—38%（刘建江等，2000。1999年美国数据为本研究估计数）①。由于广东居民可支配收入比美国家庭财产要低很多，所以上述比例的差距更大。广东农村居民存在同样的情况。2000年、2003—2005年广东农村居民金融资产占比分别为：35.35%、45.85%、48.04%、48.26%，而美国该比例1995年达到66.20%。由此造成的后果是，居民财产性收入占可支配收入的比例过低。例如广东农村居民2005年该比例为3.60%，同样大大低于美国股票收入占家庭财产之比。由于广东农村居民可支配收入比美国家庭财产要低很多，所以上述比例的差距更大。中国现阶段风险资产的缺乏，以及风险资产的广度和深度难以配比居民的投资选择，产生强制性银行储蓄。现阶段银行储蓄的增殖程度有限，这就是造成财富效应过低的直接原因之一。因此，要发展多层次金融市场，增加居民投资的品种和渠道，提高资产的增殖能力。当前要积极发展股票市场、企业债券市场和国债市场和QDII等制度。

三、增加人均拥有的住房资产价值

房价的大幅度上涨使不拥有属于自己住房的居民的消费受到较大抑制，会抵消住房拥有者的消费增长。现在房价过高，房价

---

① 刘建江等．股市对经济增长的贡献：美国案例［J］．世界经济．2000，（6）：23—24。

上涨过快，住房资产价值可能出现泡沫。要按照中央经济工作会议的要求，对于投资房、第二套房可以加大力度进行调节（例如，提高首付比例，提高利率，限制第二套房的抵押等），对于不规范的住房诸如小产权房等，要加紧进行清理，对于经济适用房要采取更加规范的措施，防止经济适用房变为以投资为目的的住房。

加大财政政策对中低收入群体的住房保障支持力度。人均拥有的住房资产价值是住房资产发挥财富效应的基本条件。人均拥有的住房价值包括住房价格和人均拥有的住房面积等方面。住房价格上升固然能够增加人均住房资产价值，但是让更多的居民拥有属于自己的住房才是增加人均拥有住房价值更重要的因素。当前一个突出的矛盾是，住房价格上涨过快，导致没有住房的人或租房者为购买住房增加储蓄从而减少消费，住房持有者因为房价上涨带来的消费增长被部分抵消。因而从全社会看人均拥有的住房资产的价值上升缓慢，住房资产财富效应表现弱化。这种情况在城镇表现尤其突出。由于城镇人口的基数上升，城镇居民收入差距的扩大和低收入者的收入不多，有相当多的人口不拥有属于自己的住房，这在限制了住房资产财富效应。

四、维持股票市场稳定发展的预期

居民资产发挥财富效应的一个重要条件是资产价格的平稳变化。维持股票市场稳定的预期对于股票资产财富效应的发挥尤为重要。从股市看，以上海股市综合指数收盘价为例，1992 年为 241.2 点，此后开始下降，1995 年为 113.24 点，1997 年达到 381.29 点，1998 年大幅度上涨到 1146.7 点，2000 年达到高峰 2073.48 点。此后股市急速下挫，2002 年股指跌落到 1337.65 点。2007 年 9 月 21 日上证综合指数达到 5400 点。2007 年 11

月，股票指数下跌1000多点。虽然当前的股市好于往年，但股指波动仍然很剧烈。中国股市受到政策因素、制度因素、行政干预因素、上市公司质量因素和机构炒作因素等方面的影响而出现了难以意料的预期，必须规范发展。一是要健全机构投资者制度，建立规范的机构投资者进入和退出机制。二是加强对证券市场发行和交易的监管，尤其是做好信息披露工作，使投资者公平交易。三是加强政策的可预见性、透明度和权威性，促进股市的平稳运行。

五、防止美国“次贷”危机的负面影响在中国重演

由于住房的过度投资和投机等因素引起美国房地产出现较大的泡沫，房地产泡沫的破灭使住房价值迅速降低，借款人出现还款的巨大压力，美国投资者的再投资和消费能力降低，消费意愿出现萎缩，部分银行和基金出现流动性短缺问题，美国国内经济增长动力不足，并且通过进口等渠道影响到其他国家的出口。美国“次贷”危机中暴露出来的房地产财富效应的负面作用值得中国借鉴。为防止这种负面作用在中国重演，一要防止房价上涨演变为住房泡沫，二要加强对住房购买者的信用评级，谨防次级信用贷款者，三要防止以房地产抵押等方式融资导致的信用过度膨胀，同时防止资产证券化过程中的信用膨胀，四要维持国内储蓄和投资的大体平衡，防止缺乏储蓄支持的经济增长，五要加强对中国企业出口的引导，防止美国“次贷”危机对中国出口形成的冲击，六要加强对经常账户和资本账户的监管，防止美国“次贷”危机中的逐利资本对中国资本市场和货币市场形成冲击。

第四节 健全社会保障体系

根据第七章的分析，广东城镇居民和农村居民具有一定的预防性动机。建立和完善社会保障体系可以缓解预防性动机对消费的负面影响。

一、广东省实施社会保障体制改革的情况

（一）有关社会保险的政策实施情况

广东省各社会保险政策实施情况如下（各年保险人数见表 8－6）。

1. 1990 年广东省开始进行职工社会工伤保险试点。

2. 1993 年 6 月广东省政府颁布《广东省职工社会养老保险暂行规定》，1994 年 8 月开始广东省机关和事业单位建立社会基本养老保险个人账户，1998 年起社会养老保险向非国有企业覆盖，2003 年 6 月有 6 个市养老保险实行市级统筹。

3. 1996 年颁布并实施《广东省职工失业保险暂行规定》，1998 年 7 月 1 日起失业保险由职工工资总额的 1% 提高到 3%。

4. 2002 年广东全省所有地级以上市全部实施基本医疗保险制度。

5. 广东省人大 2002 年 7 月 25 日审议并通过《广东省失业保险条例》，2002 年 10 月 1 日起开始执行。《广东省工伤保险条例》2004 年 2 月 1 日起实施。

表 8－6　　广东省历年参加社会保险人数情况　　单位：万人

项目	养老保险	失业保险	医疗保险	工伤保险	生育保险
2006 年	1728	1214	1421	1868	465
2005 年	1424	1131	1034	1605	419
2004 年	1227	1006	877	1215	377
2003 年	1146	954	718	1120	331
2002 年	1083	890	530	1050	259
2001 年	1183	820	350	990	250
2000 年	998	749	124	961	232
1999 年	797	441	79	836	210
1998 年	736	422	63	767	217
1997 年	676	393	47	760	193
1996 年	657	460	24	735	173
1995 年	600	424	24	722	158
1994 年	622	418	20	583	75
1993 年	616	394	—	450	80
1992 年	589	—	—	349	63
1991 年	551	—	—	153	—
1990 年	540	330	—	—	—
1989 年	515	309	—	—	—
1988 年	451	—	—	—	—
1987 年	273	—	—	—	—

注：1. 本表数据主要根据《广东年鉴》各期整理。《广东统计年鉴》、《广东财政年鉴》和《中国统计年鉴》关于广东省的社会保险情况较少。2006 年人数是根据《广东统计年鉴（2007）》整理出来。2. 1998 年医疗保险人数根据 1997 年和 1999 年人数求平均数估计出来。

（二）广东省居民社会保障覆盖情况

从表 8－7 看，广东省实施社会保险覆盖面最好的是养老保险，从1987年4.68%提高到2006年的21.47%，养老保险的覆盖面逐年扩大。失业保险1993年以来稳定扩大，从1993年的5.99%扩大到2006年的15.08%。医疗保险的覆盖面逐年扩大，近年来的增长幅度较大，从1994年的0.29%增长到2006年的17.66%。工伤保险的覆盖面稳定增长，从1991年的2.41%扩大到2006年的23.21%。女工生育保险的覆盖面同样稳定增长，从1992年的0.97%扩大到2006年的5.78%。总体来看，广东省的社会保障情况具有如下特点：第一，截至2006年，五个社保险种都已经具备。第二，参加保险的覆盖面还有很大的发展空间。第三，养老保险和工伤保险的覆盖面最高。女工生育保险覆盖面最低。

表8-7　广东省居民参加社会保险覆盖面情况（%）

年份	养老保险	失业保险	医疗保险	工伤保险	女工生育
1987	4.68	—	—	—	—
1988	7.61	—	—	—	—
1989	8.55	5.13	—	—	—
1990	8.65	5.28	—	—	—
1991	8.68	—	—	2.41	—
1992	9.11	—	—	5.40	0.97
1993	9.36	5.99	—	6.84	1.21
1994	9.30	6.25	0.29	8.71	1.12
1995	8.84	6.25	0.35	10.64	2.33
1996	9.53	6.67	0.35	10.66	2.51
1997	9.64	5.60	0.67	10.84	2.75
1998	10.34	5.93	0.87	10.78	3.05
1999	10.92	6.04	1.08	11.46	2.88
2000	13.31	9.99	1.65	12.82	3.09

续表

年份	养老保险	失业保险	医疗保险	工伤保险	女工生育
2001	15.64	10.84	4.63	13.09	3.30
2002	14.16	11.64	6.93	13.73	3.39
2003	14.84	12.35	9.30	14.50	4.29
2004	15.72	12.89	11.24	15.67	4.83
2005	18.03	14.32	13.09	20.32	5.30
2006	21.47	15.08	17.66	23.21	5.78

注：1. 本表根据表 8－5 的各社保险种的人数与广东省各年户籍总人口相除得到。2. 1998 年医疗保险人数覆盖面根据 1997 年和 1999 年的情况估计出来。3. 其他打“—”号表示本研究没有查到相应的数据。

二、健全城镇居民社会保障体系

1989—2006 年广东城镇居民人均社会保险基金余额（保险基金每年都有支付，其余额和其缴纳额不相等）分别为：33、47、71、108、131、157、203、251、280、248、288、359、410、558、739、958、1215、1558（单位：元）①。广东城镇居民的社会保障不仅保障范围需要扩大，保障水平也需要提高。当前城镇居民社会保障体系建设要做好以下几个方面工作：一是继续扩大基本养老保险的范围，特别是要使一些低收入者和失去生活能力的人纳入到社会保障体系中来。二是要扩大医疗保险和工伤保险的范围，切实解决居民医疗保健等方面的需要。三是要扩大失业保险的覆盖面，并能使参保者能够真正享受失业保险的保

① 根据《中国统计年鉴》和《广东年鉴》等各期整理计算。社会保险基金估算方法为，根据广东省居民与全国居民可支配收入或人均纯收入的倍数来计算相应的社会保险基金水平。公式为：广东省城镇居民人均社会保险基金 = 广东省城镇居民人均可支配收入 ÷ 全国城镇居民人均可支配收入 × 全国城镇居民人均社会保险基金。在此基础上，再根据《广东统计年鉴》提供的数据进行部分修正。

障。目前，广东居民的女工生育保险的覆盖面最小，还需要继续完善并扩大保障面。四是国家财政要加大对社会保障的投入，使居民在改革中有效规避市场化所带来的系统风险和非系统风险。五是切实做好原有社会基本养老保险的个人账户的充实工作。六是对有条件的机构和单位，鼓励其开展补充保险。七是要从制度上预防养老保险等制度造成收入差距扩大现象，公务人员和行政事业单位（这些单位虽独立预算但不以盈利为目的）人员要享受同样的保障制度和保障待遇。

三、建立和完善农村地区社会保障

健全社会保障制度和提高社会保障水平可以有效缓解收入、就业的不确定性对农村居民消费的抑制作用。樊潇彦、袁志刚、万广华（2007）[7]认为，20 世纪 90 年代中期以来，中国城镇居民收入风险显著上升，农村家庭面临更大的收入风险。1989—2006 年广东农村居民人均社会保险基金余额（保险基金每年都有支付，其余额和其缴纳额不相等）① 分别为：3、5、6、10、13、16、22、26、33、31、41、52、65、98、133、177、235、316（单位：元）。广东农村居民的社会保障水平偏低，需要提高。当前农村社会保障还存在许多问题。一是参保率低，覆盖面窄，保障不足。实际上，在表 8 - 7 的描述中，五种社会保险主要是在城镇居民开展，农村居民五种社会保险的覆盖面要比上述相应的数据要低得多。对农村居民来说，一是基本养老保险和医疗保险是当前最需要建立和完善的险种。二是政府责任特别是财政扶持需要加大力度。三是要做好基金保值增殖的工作。为此，当前要做好关于在农村建立社会保障制度必要性的讨论，统一认

① 农村居民社会保险基金余额的计算方式同城镇居民。

识，根据农村地区的具体情况因地制宜地开展多种形式的社会保险制度，扩大农村居民的参保面，解除农村居民的后顾之忧，提高农民消费倾向。

第五节 抑制居住等支出的过快增长

根据第七章的有关分析，居民的教育、医疗保健和居住支出等不断增长，三项支出占居民当年消费支出的比重逐年上升(其中，广东农村居民和全国农村居民主要表现为教育和医疗保健支出比重的上升，农村居民的住房支出的比重变化不大)，使居民产生未来支出上升的预期。抑制住房价格的过快增长，抑制教育和医疗保健等费用的过快上升，也是刺激居民消费的一条途径。

一、抑制房价的过快上涨

按照世界银行的标准，发达国家的房价收入比一般在1.8—5.5倍之间，发展中国家合理的房价收入比在3—6倍之间，我国目前的房价收入比已超过7.8倍，上海、北京、广州等地的房价收入之比则更高。上海80平方米的住宅价格相当于每户一年可支配收入的27.5倍[8]。这意味着住房价格上涨1%，全国居民的收入必须增长7.8%，才能抵消房价上涨的影响。但是近年来的住房价格上涨过快，而居民收入的增长远达不到该比例关系的要求。全国2001—2006年房屋销售价格环比增长指数分别为2.2%、3.7%、4.8%、9.7%、7.6%、5.5%，但是全国居民2001—2006年的可支配收入增长率分别为：10.2%、12.8%、10.6%、9.9%、11.9%、11.6%，可支配收入的增长远没有达到 1∶7.8 的要求。一些大中城市的住房价格上涨更快，住房价格和居民收入的矛盾更为突出。上海 2001—2005 年的房屋销售价格环比增长指数分别为 4.4%、7.3%、20.1%、15.9%、9.7%，北京该指数 2005 年为 6.7%，2006 年为 8.8%，广州市 2003—2006 年该指数分别为：-0.3%、2.7%、4.7%、6.2%，深圳市 2003—2006 年该指数分别为：2.2%、4.6%、12.3%、7.2%（上述住房价格指数根据《中国统计年鉴》整理得到）。广州市和深圳市 2007 年上半年的住房价格上涨指数要显著高于往年。其他诸如居民用地价格指数，房屋租赁价格指数也在以较高速度增长。在住房价格上涨尤其是大幅度上涨的情况下，没有住房的人或租房者会为购买住房而增加储蓄减少消费，住房持有者因为房价上涨而带来的消费增长被部分抵消，住房资产财富效应表现微弱。现在房价过高，房价上涨过快，住房资产价值可能出现泡沫。当前要按照中央经济工作会议的要求，对于投资房、第二套房可以加大力度进行调节（例如，提高首付比例，提高利率，限制第二套房的抵押等），对于不规范的住房诸如小产权房等，要加紧进行清理，对于经济适用房要采取更加规范的措施，防止经济适用房变为以投资为目的的住房。货币政策要适当加大对中低收入者住房融资的支持。同时要通过财政政策加大对经济适用房的投资力度，满足中低收入者的需要。2006 年下半年以来，在美国发生的“次贷”危机演化为全球金融危机，对中国的出口和实体经济形成较大影响，中国 GDP 的增速 2008 年以来呈现较大的下跌趋势，中国的房地产市场也受到较大影响，交易出现较大萎缩，房价有一定程度的下降。如何既要保持房地产交易的活跃，又要防止住房价格的大幅度上涨，使居者有其屋，是宏观调控和微观监督中的一个重要课题。在短期内对房地产价格的波动幅度实行一定幅度的控制是一个可以考虑的办法，住房公积金制度需要让更多的居民直接受益。

二、多种措施促进教育和医疗服务的公平

从前面分析可知，教育和医疗保健支出占广东农村居民当年消费支出的比重逐渐上升（见图8-1），教育、医疗保健和住房支出占广东城镇居民当年消费支出的比重逐年上升（见图8-2），广东城镇居民教育和医疗保健支出比重同样上升。随着中国经济转型的深入，教育和医疗保健等消费价格的过快增长加剧了城镇居民和农村居民的储蓄心理。虽然从统计结果看，支出预期对消费的影响有限，但是从近年来的实际情况看，城镇居民和农村居民在子女教育等费用上的负担较重，物价上涨加剧了这种支出。根据中国人民银行的调查，2003年第一季度，有20.22%的居民储蓄动机是“攒教育费”，稳居居民储蓄动机的首位。2004年第4季度的问卷表明，“攒教育费”仍是居民储蓄的首要目的，以下依次是“养老”、“买房装修”和“预防意外”，占比分别为18.9%、14.1%、11.8%和10.7%。2006年第三季度，城镇居民对“物价过高”的判断由一季度的13.1%上升到三季度的15%。2007年第4季度数据表明，64.7%的被调查者预期物价上涨①。这一方面要依靠国家加大对教育和医疗保健方面的投入，来解决教育和医疗保健的公平问题，另一方面要对教育和医疗保健体制和机制进行部分改革，防止过度市场化带来的教育和医疗服务方面的不公平。对于部分困难群体，国家和社会要通过多种形式给这些困难群体提供资助来解决教育和医

① 中国人民银行的调查数据分别见：《2003年第一季度中国人民银行城镇储户调查问卷》[A]；《2004年第四季度中国人民银行城镇储户调查问卷》[A]；《2006年第三季度中国人民银行城镇储户调查问卷》[A]；《2007年第四季度中国人民银行城镇储户调查问卷》[A]。

疗困难。同时，还要采取措施加强对教育和医疗保健等费用的监督，防止其过快增长。

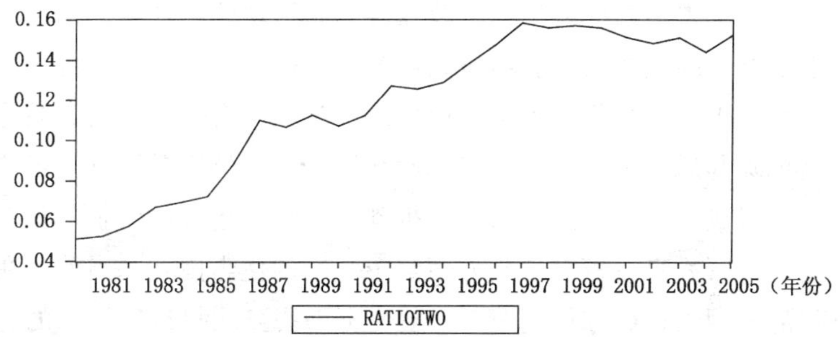

图 8－1　教育和医疗保健支出占广东农村居民消费比重的时间变化图

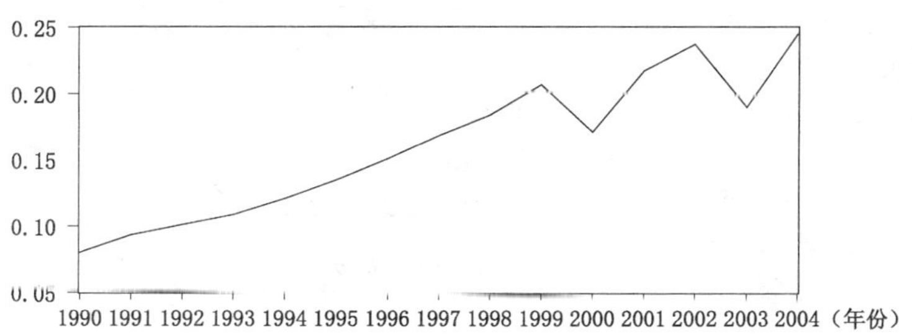

图 8－2　广东城镇居民教育、医疗和住房支出占消费支出的比重

三、加强对农村公共品的供给

在农村居民的两项支出中，教育具有准公共产品的性质，医疗保健部分具有准公共产品的性质。如果国家财政能够在教育和医疗保健等方面为居民提供支持，将会缓解居民对支出增长的预期，从而释放出更多的储蓄。目前，财政对教育整体投入不足且教育资源的配置不均衡，公共卫生服务的发展明显滞后于经济发展且严重不均等，这要求政府加强公共财政的观念，优化财政支

出结构，尽可能为最广大的居民提供服务（夏杰长，2006）[9]。当前农村教育投入规模和教育质量和城镇存在很大的差别。大学扩招后升学率提高更多的是城镇地区，农村地区的升学率提高不快就是这个问题的反映。本研究认为，可以考虑对进入农村地区从事教育工作的教师和大学毕业生给予类似政府公务员或者的待遇，免除其后顾之忧，并根据其所在地区的岗位情况进行一定的补贴，形成农村教育发展的长效机制。同时，还可以对企业到农村地区进行教育投资在税收方面给予一定的优惠措施。当前正在进行的全国农村医疗体制改革，要充分考虑到农村地区居民的利益和需要。要逐步加大对“三农”资金的投入，建立以工补农、以城带乡的长效机制，建立符合公共财政框架的农村公共品供给模式。

第六节 货币政策应该关注资产价格变化

一、物价稳定和金融稳定需要同时关注

影响居民资产价值变化的因素不仅有物价，还有资产市场的价值变动，在很多情况下后者对居民资产价值的影响更加直接，资产市场由此对居民消费产生重要影响。同时，资产市场的变化往往成为经济周期波动的导火索，从宏观上对全社会消费水平产生重大影响。1929—1933 年世界性经济大危机，和实际上始于 2006 年下半年的美国“次贷”危机并最终演化成为全球的金融危机，其始作俑者都与资产价格有很直接的关系。1929—1933 年的大危机，与股票市场价值的急剧下降有直接的关系。当前的

全球金融危机，其导火索是房地产市场价格下降和随后引发的证券市场价格大幅度下降。在过去的100多年左右，银行信用的强烈扩张和资产价格的上升，几乎都领先于所有的银行危机和大多数的经济衰退，而在危机发生之前，通货膨胀率却较低。危机发生前后，经济学家们讨论最多的是，如何使价格稳定。货币政策因而在稳定物价方面发挥着重要作用。但是，由于该种理论和思想的原因，起因于资产价格上涨和信贷膨胀的大危机却显得如此严重甚至被拖延了。这表明，货币政策仅仅关注物价稳定目标是不够的。

奥地利和国际清算银行（BIS）的经济学家认为，资产价格膨胀更可能发生在低的稳定的通货膨胀环境中。按照这种理论，货币政策可以简单地通过稳定物价水平而促使资产价格膨胀。不论资产价格上升是否由基本经济因素引起，如果货币政策被动地允许银行信用扩张而推动资产价格上涨的话，则这种资产价格上升就可能发展成为资产价格泡沫。因此，除非政策制定者能够抑制这种资产价格上升，否则就会导致资产价格崩溃并引起实体经济出现低迷。奥地利学者倾向于把资产价格上升和通货膨胀等同。例如，奥地利学者发现在1923—1929年间，虽然美国的消费者价格指数没有发生大的变化，但是由于联邦政府过松的货币政策和银行信用的快速上升却使该时期成为通货膨胀率快速上升的阶段之一（Rothbard，1983）[10]。

另一种相似的观点是一种金融不平衡（financial imbalance）的理论。金融不平衡理论认为，指快速增长的信用与快速增长的资产价格及快速增长的投资相关联。这种金融不平衡的累积将导致金融危机和宏观经济的不稳定。Borio等（2002）[11]认为，低通货膨胀率可能刺激了资产价格膨胀，不管在资产价格膨胀背后发挥作用的因素是什么。由于产生对未来宏观经济乐观的预期，低通胀率可能使资产价格在实际经济增长的情况下，上涨的幅度超过实际经济没有增长情况下的上涨幅度。同样情况下（低通胀率），在中央银行的物价稳定承诺可信的情况下，生产者价格指数在短期内对需求不敏感，而产出和利润则对需求的变化更加敏感。同时，通货膨胀的较少出现也使得货币政策制定者在面临需求扩张压力时延迟使用紧缩性货币政策。

同时，仅仅关注物价稳定保持低通货膨胀率，会忽视其他影响经济稳定的金融因素。在通货膨胀目标制下的信用增加，可能使通货膨胀不像以前那样对资源使用中的一些变量那么敏感。Eva Srejber（2004）[12]认为，低通货膨胀率会导致对产出缺口和过分宽松的货币政策的一种误判，其他一些对通货膨胀产生影响的因素更多的是一种泡沫现象，产价格上涨能够导致公司利润增加，并拓展公司的利润边界，这些潜在的负面影响因素在低通货膨胀率环境中被忽视了。许多研究认为，资产价格尤其是住房资产价格在不利的宏观经济运动中会导致金融不稳定，资产价格的猛烈上涨会增加资产价格随后回调的风险，并对金融机构的稳定性造成迅速的影响。这些研究认为，资产价格的崩溃在金融不稳定和宏观经济的不稳定中，在历史上发挥了重要作用（Goodhart等，2007a）[13]。根据以上观点，金融不稳定会抑制物价和经济交易使它们处于意愿的水平之下，中央银行应该对资产价格超出总需求和通货膨胀发展路径的运动作出反应。本研究认为，货币政策在物价稳定和金融稳定之间要进行一个权衡，两种稳定都应该得到关注。

二、资产价格波动对实体经济产生影响

资产价格通过财富效应、托宾 Q 效应、现金流效应和金融加速器效应等机制影响实体经济。其中，资产价格通过财富效应

影响居民消费，通过托宾Q效应和现金流效应影响企业投资，通过金融加速器效应影响信贷并导致宏观经济发生波动。香港金融管理局（金融管理局季报2002年8月，Bank Lending and property prices in Hong Kong）认为，国际经验表明，资产价格波动往往导致金融的脆弱和银行系统的危机。在资产价格上涨的过程中，银行往往扮演加速器的角色，而在资产价格下跌的过程中，银行往往遭受较大的损失。本研究重点从金融加速器效应的角度讨论资产价格波动对实体经济的影响。

金融加速器效应是指，对经济的逆向冲击可能因为信贷市场的恶化而被放大，这种效应是由于借贷过程中代理成本在商业周期中的内生变化而引起。这种理论认为，当经济衰退来临时，面临高额代理成本的借款人在扩展的信用中只能获得较少份额的信用，而在经济下降过程中损失较大的份额（例如消费者、小公司或者那些资产负债情况不好的公司）。信贷市场不完美导致最初的反向冲击通过信贷市场状态的改变被加剧和传递，揭示信贷市场存在逆的或正的“小冲击，大波动”的现象（small shocks, large cycles）。该理论表明，资产价格上升使借贷变得更加便宜，因而导致信用供给的增加，而较低的融资成本等金融成本又推动投资增加和证券价格，这些反过来使金融成本更进一步降低。这种金融加速器具有非对称性。在经济繁荣时，资产价格的上升使借贷更加便利（通过一些更高价值的金融资产和实物资产等作为抵押）。当情况相反时，加上紧缩性货币政策的作用，这些资产的价值下降，居民的金融状况恶化。特别是，如果资产价格在经济繁荣时由于过度乐观而价价格过高的话，则经济紧缩时资产的价格下降得更大，居民金融状况恶化得更快。在这种情况下，银行就会对自己的资产负债表和借款人的资产负债表的状况变化作出反应。物价和经济活动水平因而出现下降。最坏的情况是，银行的信贷就会大量减少以至影响到金融稳定。

金融加速器效应可以通过投机和投资行为而得到强化。资产价格的初期上升由于基本经济因素的推动是合理的，这会吸引部分短期投资者并推动资产价格进一步上升。此时，投机者对资产价格上涨的作用增强，甚至最后只有投机者继续推动资产价格上升。投机者虽然知道资产价格已经过分膨胀，但是他们不知道价格何时开始下降。一种轻微的变化信号可能导致资产价格下跌和大规模的卖出。在高度发达的金融市场，那些判断资产价格上涨过度的投资者可以通过一些对冲性的操作来获利。但在资产价格下降的过程中，追求短期回报的这种机制，将使采用这种对冲措施的投资者数量相对不足。实证研究表明，投资者的这种风险偏好在经济活动处于上升期时要增加，从而使资产价格产生进一步的膨胀，当资产价格泡沫破灭后，对实体经济将产生相当大的负面影响。

Kiyotaki 等（1995）[14]对这种影响机制进行了分析。假设存在 0 期和 1 期。企业在 0 期进行投入。其投入分别是固定要素 K（例如土地、固定生产设备等）和可变生产要素 x_1（原材料、劳动力等）。在第 1 期结束后，企业可以把固定生产要素以每单位 q_1 的价格出售。第 1 期结束后，企业的产出为 $a_1f(x_1)$，该函数是一个递增的凹函数（即边际产出会下降）。企业在 0 期的总现金流为：初始的产出 $a_0f(x_0)$，从过去继承下来的负债 r_0b_0（r_0 是负债的总的实际利率），加上新的借款 b_1。这样在 0 期的可变生产要素投入为：

$$x_1 = a_0f(x_0) + b_1 - b_0r_0 \qquad (8-1)$$

上述借款在 1 期的利率为 r_1。企业通过上述关系使产出最大化。在信息非对称的情况下，贷款者（包括法院等仲裁机构）很难掌握企业的交易活动，因此通过以借款者的固定生产要素进行抵押的形式来保证贷款者的权利。在上述假定下，借款人获得的借款为：

$$b_1 \leqslant (q_1/r)K \tag{8-2}$$

把上述两式合并得到企业在0期投入的可变生产要素满足：

$$x_1 \leqslant a_0f(x_0) + (q_1/r_1)K - r_0b_0 \tag{8-3}$$

企业投入的产出最大化要满足 $a_1f'(x_1) = r_1$。这个等式的含义是，企业资金流的边际价值要和外部融资资金的边际价值相等，或者企业的边际产出和边际成本相等，两者之间的差额可看作企业融资的代理成本（$a_1f'(x_1) - r_1$）。如果企业的净资产小于最大化条件，则要受到公式（8－3）的约束。公式（8－3）包括如下几方面的含义。第一，企业现金流或者抵押资产的价值下降导致其净资产减少，将会增加企业外部融资的代理成本（$a_1f'(x_1) - r_1$），使借款者减少支出和产出水平。这是金融加速器效应一个方面的含义。第二，一些变量反过来影响到企业的净资产、自出和产出水平。企业初期的现金流 $a_0f(x_0)$ 减少，或者企业固定生产要素的价格 q_1 下降，或者企业在初期的负债 b_0 增加，都会减少企业的净资产并使企业可用资金 x_1 下降。第三，如果抵押约束不存在，当预期的利率上升时，企业支出和产出水平也会下降。这是因为当利率 r_1 提高时，为了使产出最大化就要满足 $a_1f'(x_1) = r_1$，企业要尽可能提高资金的产出效率，这必然导致企业可变要素投入 x_1 的下降。第四，如果融资（抵押）约束存在，则预期利率 r_1 的提高将直接减少（q_1/r），使企业可用资金 x_1 减少并减少企业净资产。初期的资金成本 r_0 上升（如果资金成本是变动的，例如浮动利率）也会导致相同的结果。以上金融加速器机制是在信贷是安全并不存在信用违约等假定条件下得到的结论。然而，完全的信贷安全和不存在信用违约的情况是不存在的。在这种情况下，金融加速器效应将表现更加明显。Heitor Almeida（2006）[15]专门从住房价格的变化角度来分析金融加速器效应的存在。本研究认为，这种通过资产价格波动，到银行信用波动，再到宏观经济波动的循环金融加速器机制，显然是经济周期的一种重要作用机制。抑制资产价格的波动成为抑制经济周期波动的重要对象。

三、资产价格可以作为宏观经济的指示器之一

一些研究认为，资产价格可以作为宏观经济的指示器之一。从资产价格的信息中判断出市场预期，主要依赖于资产价格的结构模型，把资产价格分离成可估计的组成部分。资产价格被认为与实际经济因素有联系，不仅因为资产价格具有前瞻性，还因为它们可能直接导致基本经济因素的变化，或者因为资产价格对外在冲击产生共同的反应。

一些文献的研究表明，资产价格可以作为宏观经济的先行指标（leading indicator）。Clerc（2003）[16]认为，在某些情况下，资产价格和金融变量对实际的产出和通货膨胀率具有一定的预测作用，当然这个结论在统计上的显著性处于边缘水平。而且，他还发现货币供应量和诸如石油价格等其他变量作为先行指标做得很好。通过把各种金融指标组合起来，预测的可靠性得到了改善。Nobili（2006）[17]利用贝叶斯VAR模型和时序系数，发现在欧元区一些标准的金融指示器指标中，如产出曲线的斜率和信用风险保证金，对产出和通货膨胀没有或者是只具有微不足道的预测作用。Kannan（2006）[18]检验了印度的资产价格对通货膨胀和经济活动的预测力。他发现股票价格可以作为通货膨胀的先行指标，但是对产出缺口却缺乏解释力。Altissimo et al（2003）[19]检验银行利率对意大利实体经济活动的预测力，他们认为金融价格作为未来经济状态的指示器发挥着重要的作用。

既然一些文献认为资产价格在一定程度上可以作为经济的先行指标，因此如何从资产价格的变动中获取有用信息变得非常关键。Peter Hördahl 等（2006）[20]认为，政策制定者能够利用资产价格信息来分析有关市场预期。例如未来的利率，汇率等。特别是，中央银行能够利用短期利率及其派生的金融工具来推测货币政策前景的市场预期。Ferrero 等（2005）[21]以欧元区和美国1992—2004 年的数据为例检验了隐含在期货合同中的利率价值，发现期货倾向于过高地估计利率，而且美元期货比欧元期货偏离得更大，美元期货中的偏离倾向于反周期（countercyclical），而欧元期货的偏离倾向于顺周期（procyclical）。如果利用期货来预测即期汇率就必须对这种偏离进行调整，从而取得更好的对未来汇率走势、经济计量模型或一致性预期（consensus expectations）的预测。另一种正在被中央银行越来越多使用的重要金融指示器，是隐含的资产价格或资产回报的风险中立密度（risk - neutral density）。这种密度函数从期权或其他金融衍生工具中推导出来。这种模型首先确定一个无风险利率（risk - free interest rate）作为时间的贴现率，使用一个调整的（风险中性）概率密度函数而不是实际的概率密度函数来估计未来支付的期望值，给定一组金融衍生产品的价格，这种模型能够推导出无风险密度函数。这种函数能够提供未来资产价格或回报的完整分布，而不是仅仅提供平均值及方差，因而成为一种很有用的工具。这种模型的主要缺陷是，概率密度函数不能反映投资者的实际分布状况，除非这些投资者是风险中性的。因而，在这种概率密度函数中还必须考虑到风险溢价因素。Craig et al（2003）[22]检验了隐含的无风险密度函数“预期”法兰克福指数（DAX）中资产价格极端变化的准确程度，他们得到了一个很强的负偏度。这意味着市场对资产交易中的损失分配了一个更高的概率。他们也发现实际的密度函数和无风险密度函数存在显著的差异，他们认为这是由于20世纪90年代资产价格的大幅上涨和随后的资产价格下跌所引起的。Tabak（2006）[23]同样认为政策制定者和金融制度利用隐含的概率密度函数是可以的。该论文利用实际的货币汇率选择权资料，发现一个月期的隐含无风险利率密度在预测实际的一个月期的分布时非常好。在假定一个特殊类型的效用函数的情况下，相对无风险规避（relative risk aversion）系数能够被估计出来。基于上述理由，本研究认为中国货币当局应该加强在资产价格对预测宏观经济波动风险方面的研究，为居民消费提供一个更稳定的环境。

四、货币政策应该关注资产价格

越来越多的国家在20世纪90年代开始采用通货膨胀目标制。价格稳定目标、中央银行的独立性、政策的透明度和长期的可持续性的公共财政，都作为稳定物价和经济的重要手段。后凯恩斯主义者认为真实冲击和货币冲击都会短暂地对实体经济产生影响。在20世纪90年代末期资产价格上升和负债增加已经在许多国家产生。信用和二级市场借助高额的回报能够在全世界创造货币来增加投资。然而通货膨胀率却一直维持在较低的水平。周期似乎被拉长了而且扁平了，特别是在经济的扩张阶段。但是通过前述文献可以发现，仅保持物价稳定不能够完全减少经济周期中由于资产价格变化而引起的波动，分析表明资产价格可以作为宏观经济的先行指标之一，在当代经济环境下，货币政策应该更多地关注资产价格变化。

Borio and Lowe等（2002）[24]认为，中央银行不应该仅关注通货膨胀目标。他们认为，过度的信用创造能够加剧资产获得的高杠杆率，即使在低的和稳定的通货膨胀率环境中，资产错配也可能发生。过度的信用膨胀首先表现为金融不平衡和资产价格的膨胀，随后在产出和通货膨胀上表现出来。中央银行仅仅关注通货膨胀目标就会失去对不断增长的金融不平衡的观察。这些金融不平衡就会造成银行和公司资产负债表的紧张，这样金融不稳定的可能性被增强，商业周期被放大。Bordo 等（2002）[25] 把泰勒规则进行了拓展（该规则认为以利率为代表的货币政策与产出缺口和通货膨胀缺口之间存在一定的关系），把资产价格纳入到泰勒规则中，认为货币政策与资产价格也存在一定联系。其含义为货币政策除了关注通货膨胀目标外，还应该关注资产价格目标。

面对资产价格膨胀货币当局可以采取前瞻性的（proactive）货币政策。Michael and David（2004）[26] 认为，1994—2000 年间的美国资产市场繁荣时期，资产价格的爆炸性上升往往领先于金融危机和经济交易萎缩的发生，一些经济学家认为，通过抑制资产价格的上升，货币政策可以限制金融不稳定对实体经济造成的不利影响。如果股票价格的上升是一种非理性繁荣（irrational exuberance）造成的结果，资产市场就会对实体经济构成一种威胁，这时候就需要对货币政策进行调整来促使市场参与者对资产价格进行更加实际的重新估价。Pierre 等（2007）[27] 认为，资产价格，尤其是包括实际汇率、资产回报和住房价格的组合，是欧洲央行在面对通货膨胀和产出缺口时进行政策决策时的信息来源。资产价格形成影响了核心欧元区国家（法国、德国和意大利）的通货膨胀率和产出缺口。Park（2006）[28] 也建议货币政策应该积极地应对资产价格泡沫。他的理由是，价格稳定本身不能保证经济稳定且持续的增长，而且不动产价格泡沫的破灭会产生许多问题。例如，经济衰退和金融不稳定，而这些会导致大量的经济浪费。大量的研究表明，政策制定者在应对资产价格泡沫进行最佳的政策抉择时，时间范围（time horizon）显得特别重要。

本研究认为，当中央银行不考虑资产价格和信用膨胀时，经济波动产生的成本可能更高。其中一种可能的原因是经济达到零利率环境时的高额成本，我们的研究必须在信用周期、风险行为，和如何识别资产价格和信用膨胀在何时会导致经济出现大的下降等方面得到强化。

参考文献：

[1] 李扬．中国高储蓄率问题探究——1999—2003 年中国资金流量表的分析 [J]．经济研究．2007，(6)：14—26.

[2] 袁志刚．消费理论中的收入分配与总消费 [J]．社会科学．2007，(2)：69—76.

[3] 骆祚炎．农村贫困人口分布及其结构性扶贫对策的实证研究 [J]．财经论丛．2006，(7)：15—20.

[4] 骆祚炎．我国城镇贫困人口规模再估算 [J]．财经科学．2006，(9)：82—89.

[5] 刘建江等．股市对经济增长的贡献：美国案例 [J]．世界经济．2000，(6)：23—24.

[6] 孙元欣．美国家庭资产统计方法和分析 [J]．统计研究．2006，(2)：46—47.

[7] 樊潇彦、袁志刚、万广华．收入风险对居民耐用消费品消费的影响 [J]．经济研究．2007，(4)：124—136.

[8] 赵晓：我们见证中国房价历史性下跌 [EB/OL]．http：//news.wuhan.soufun.com/466560.htm，2005－07－21.

[9] 夏杰长．中国财政政策转型：从经济建设型转向公共服务型 [J]．经济学动态．2006，(9)：9—13.

[10] Rothbard, Murray. America's great depression. Fourth Edition [R]. New York: Richardson and Synder. 1983.

[11] Borio, Claudio and Lowe, Philip. Asset prices, financial and monetary stability: exploring the nexus [R]. Working paper No. 114. Bank for International Settlements. July 2002.

[12] Eva Srejber. What role do asset prices and credit play in monetary policy. Speech by Ms Eva Srejber, First Deputy Governor of the Sveriges Riksbank, at The Adam Smith, Seminars, Thun, Switzerland, 30 June 2004.

[13] Goodhart, Charles A. E. and Boris Hofmann. House Prices and the Macroeconomy: Implications for Banking and Price Stability [R]. Oxford University Press, Oxford. 2007a.

[14] Kiyotaki, Nobuhiro, and John Moore. Credit Cycles [R]. NBER Working Paper. No. 5083. Apr. 1995.

[15] Heitor Almeida, Murillo Campello and Crocker Liu. The Financial Accelerator: Evidence from International Housing Markets [J]. Review of Finance. 2006: (10): 321—352.

[16] Clerc L. Do asset prices tell us something about future initiation and output growth in the Euro area? [R]. Mimeo. Bank of France/European Central Bank, January. 2003.

[17] Nobili A. Assessing the predictive power of financial spreads in the euro area: does parameter instability matter? [R]. Forthcoming in *Empirical Economics* earlier version published as: *Temi di discussione*. No. 544. 2006.

[18] Kannan R. Asset price and monetary policy – Indian experience [R]. Paper presented at the BIS Autumn Economists Meeting. 30—31. October. Basel. 2006.

[19] Altissimo F, E Gaiotti and A Locarno. Is money informative? Evidence from a large model used for policy analysis [J]. Economic Modelling. 2003, (22): 285—304.

[20] Peter Hördahl and Frank Packer. Understanding asset prices: an overview [R]. BIS Working Papers No 34. 2006. Autumn Meeting of Central Bank Economists: Understanding asset prices: determinants and policy implications. March 2007.

[21] Ferrero G and A Nobili. Futures contract rates as monetary policy forecasts [R]. Mimeo. Bank of Italy. 2005.

[22] Craig B R, E Glatzer, J Keller and M Scheicher. The forecasting performance of German stock option densities [R]. Deutsche Bundesbank Research Centre, Discussion Paper Series 1. Economic Studies No. 17. 2003.

[23] Tabak B M. Forecasting exchange rate density: the case of Brazil [R]. Paper presented at the BIS Autumn Economists Meeting. October. 2006. Basel.

[24] Borio, C. and P. Lowe. Asset Prices, Financial and Monetary Stability: Exploring the Nexus [R]. BIS Working Papers. No. 114. July. 2002.

[25] Bordo M. D. and D. Jeann. Boom busts in asset prices, economic instability, and monetary policy [R]. NBER Working Paper. No. 8966. 2002.

[26] Michael D Bordo; David C Wheelock. Monetary Policy and Asset Prices: A Look Back at Past U. S. Stock Market Booms [R]. Review - Federal Reserve Bank of St. Louis. ABI/INFORM Global. pg. 19—44. 2004.

[27] Pierre L. Siklos & Martin T. Bohl. Asset Prices as Indi-

cators of Euro Area Monetary Policy: An Empirical Assessment of Their Role in a Taylor Rule [R]. Open Econ Rev. DOI 10. 1007/s11079 - 007 - 9063 - 3. 2007.

[28] Park S J. Asset prices and monetary policy - Korean experience [R]. Paper presented at the BIS Autumn Economists Meeting. October. Basel. 2006.

附 录

相关研究成果

（以广东省自然科学基金课题名义公开发表）

[1] 骆祚炎．居民金融资产结构性财富效应分析：一种模型的改进［J］．数量经济技术经济研究（CSSCI）．2008，（12）：97—110.

[2] 骆祚炎．城镇居民金融资产和不动产财富效应的比较分析［J］．数量经济技术经济研究（CSSCI）．2007，（11）：56—65.

[3] 骆祚炎．中国居民金融资产与住房资产财富效应的比较检验［J］．中国软科学．2008，（4）：40—47.

[4] 骆祚炎．财富效应理论研究新进展［J］．经济学动态（CSSCI）．2007，（6）：105—109.

[5] 骆祚炎．消费过度敏感性的状态空间模型检验——基于广东数据的分析［J］．当代财经（CSSCI）．2007，（1）：12—16.

[6] 骆祚炎．广东省居民资产财富效应的VEC模型分析［J］．消费经济（CSSCI）．

2007，(1)：7—10.

[7] 骆祚炎. 居民资产结构、资产规模与消费变动关系研究——基于广东数据的协整检验和VAR模型分析 [J]. 经济体制改革 (CSSCI). 2007，(2)：168—172.

[8] 骆祚炎. 金融资产与住房资产财富效应的比较检验——以广东省为例 [J]. 南方金融 (中文核心). 2007，(6)：8—11.

[9] 骆祚炎. 1980年以来广东居民消费函数协整检验 [J]. 消费经济. 2008，(1)：84—87.

[10] 骆祚炎. 1985年以来中国居民消费过度敏感性的实证检验——基于状态空间模型的分析 [J]. 经济经纬 (CSSCI). 2007，(5)：18—21，103.

[11] 骆祚炎. 农村居民家庭财产及其财富效应的实证检验 [J]. 福建论坛 (CSSCI). 2007，(3)：30—34.

[12] 骆祚炎. 基于流动性的城镇居民住房资产财富效应分析——兼论房地产市场的平稳发展 [J]. 当代经济科学 (CSSCI). 2007，(4)：51—56.

[13] 骆祚炎. 教育和医保支出压力对农村居民消费影响的VAR分析 [J]. 统计与决策 (CSSCI). 2007，(22)：90—91.

[14] 骆祚炎. 支出增长预期对居民消费和储蓄的影响分析——兼评预防性储蓄理论的不足 [J]. 山西财经大学学报 (CSSCI). 2007，(8)：33—38.

[15] 骆祚炎. 我国金融资产与不动产财富效应的时间特征及其含义 [J]. 上海金融 (CSSCI). 2007，(11)：23—27.

[16] 骆祚炎. 从化解高储蓄的角度谈消费的扩大——参加"首届中国经济论坛"有感 [J]. 消费经济 (CSSCI). 2006，(2)：31—34.

[17] 骆祚炎. 教育、医保和住房支出压力对城镇居民消费影响的 VAR 分析 [J]. 广东商学院学报. 2007, (1): 58—62.

[18] 骆祚炎. 农村居民金融资产与住房资产财富效应比较分析——以广东省为例 [J]. 广东商学院学报. 2008, (2): 70—75.

[19] 骆祚炎. 广东省居民收入结构及其对消费的影响分析 [J]. 广东商学院学报. 2007, (5): 29—33.

后 记

本研究是我在主持广东省自然科学基金课题的过程中完成的。该课题已经于2007年结题。从2005年10月开始研究到现在，历时4年。在该课题结题的时候，我以广东省自然科学基金的名义，在《数量经济技术经济研究》、《经济学动态》、《中国软科学》等杂志公开发表15篇论文。结题后作者继续以广东省自然科学基金的名义发表后续研究成果4篇。作者将这些成果进行汇总，统一体例，对先前的一些研究进行适当修正，遂成此书。

无论从长期还是从短期看，消费问题在中国都是值得研究的。从长期看，中国居民边际消费倾向长期偏低，需要提高。从短期看，中国面临全球金融危机的负面影响在加深，出口增速下滑幅度较大，GDP增速下降较快。在此情况下，通过扩大消费来拉动内需显得特别重要。自从凯恩斯提出消费倾向递减的规律后，居民消费行为和消费函数发生了系列变化。从当前看，收入仍然是影响中国居民消费的主要因素，资产价值变动对居民消费的影响正日益受到重视。除此之外，中国居民还面临诸如教育、医疗和住房等支出加大的压力，社会保障制度建设相对滞后导致居民的预防性动机较强。正如复旦大学袁志刚教授所说，市场化的改革不仅加大居民面临的系统风险，也加大居民面临的个体风险，城镇居民的消费行为由此产生变异。其实，农村居民的消费行为也逐渐变异。

本研究力图有所创新。把财富效应引入消费函数并对此进行系列分析，应该说是本书的一个特色。本研究对国际上的财富效应理论进行了梳理，不仅分析传统的财富效应理论，也研究当代财富效应的理论动态。以此为基础，对各种居民资产的整体财富效应，金融资产与不动产的财富效应比较，以及财富效应的时间特征等问题进行分析。同时，本研究引入居民支出预期因素，结合预防性储蓄动机对居民消费进行解释，这是一个有益的尝试。较全面的实证分析是本书的另外一个特色。在此，笔者想说一点题外的话。现在个别媒体或个别所谓的研究，把某一两项变量当作实体经济的先行指标，据此认为全球金融危机对中国经济的影响已经如何。笔者认为，撇开这些观点的背景和目的不谈，这种类型的说法是不科学的，有误导公众之嫌，于社会和经济无益，可能加剧经济波动。社会科学是一项庞大的系统工程，经济交易活动尤其复杂，如果仅凭一两项所谓的先行指标就能够判断经济的冷暖，世界不早就可以摆脱危机了吗？全球金融危机的出现为我们这代人提供了一个活生生的素材和样本，期待有志者能够藉此机会潜心研究，为中国经济和人类社会发展作出有益的贡献。

虽然本研究有一些创新，但是作者感到还有大量的问题值得深入研究。例如，财富效应的“六比较”问题，财富效应的“三性”问题，财富效应的“二挤”问题，财富效应的稳定性问题，财富效应的非对称性问题等。在研究财富效应时，如何把资产市场价格波动与之更好地结合起来同样值得研究。从现有文献看，资产价格波动通过财富效应、托宾Q效应、现金流效应和金融加速器效应对实体经济产生影响，资产价格是否作为货币政策的调控目标一直存在较大争议。这些问题的逐步解决，将为居民消费增长提供一个更加稳定的环境。

之所以能够做一些研究，得益于我老师的培养和学界同仁的关心。我首先要感谢我的博士生导师复旦大学经济学院叶世昌教授。老先生为人师表，潜心治学，执着追求，谦虚谨慎，不图名利。这些是人格的力量，不断地激励着我，鞭策着我。我要感谢我的硕士生导师，湖南大学金融学院的博士生导师曾令华教授。曾老师知识渊博，治学严谨，逻辑严密，为人正派，在学习和生活上给我无数的指导和帮助，回想起来仍感动不已。我要感谢中国人民银行支付结算司欧阳卫民司长。欧阳卫民司长在百忙中抽出宝贵的时间对我的研究进行指导，并欣然作序。本书在出版前，经过三位校外专家的匿名评审，专家以高度负责的态度提出了很多中肯的建议，广东商学院学术委员会进行指导和表决，在此表示深深的感谢。借此机会，我要感谢广东商学院副校长曾小彬教授，深圳大学党委副书记、博士生导师陶一桃教授，湖南师范大学商学院尹世杰教授、邓国用教授、刘茂松教授、李军教授和马佰钧教授，复旦大学经济学院院长袁志刚教授，复旦大学经济学院马涛教授，上海社会科学院博士生导师钟祥财教授，广东商学院金融学院左柏云教授，广东商学院金融学院院长邹新月教授、深圳市委党校熊哲文教授，广东商学院金融学院文彬副教授、段军山副教授、刘晓星教授，广东商学院人事处副处长喻为斌教授，广东外语外贸大学管理学院曾坤生教授，广东商学院研究生处处长林洪教授，广东商学院科研处处长傅道忠教授，广东商学院科研处陈红丽副处长和宋文静老师。我还要感谢浙江巨鹰集团股份有限公司董事长陈照先生，总经理傅金国先生，党委书记周金梅先生，副总经理汤曙东先生，他们在事业上给予我很多支持。对广东商学院金融学院各位领导和老师的支持，在此一并致谢。

这几年，除了教学工作外，我就干了这一件事。我深感科研工作的艰辛，在商品大潮中和改革开放的前沿地带，专心学术研究尤其不易。但是，既然走上了这条路，就得继续走下去。谨以此书献给我的伟大母亲。谨以此书表达对我家人的感谢。我的女儿天资聪颖，学习进步，使我十分欣慰，希望她取得更大的成绩，实现自己的理想。

本书的不足之处，敬请各位学界同仁批评指正。

骆祚炎

2010年1月16日于羊城